· 高等院校精品课程教材 ·

管理信息系统

Management Information Systems

贺盛瑜　孙艳玲　主编

中国人民大学出版社
· 北 京 ·

前言

管理信息系统是管理科学、信息科学、系统科学和行为科学等多学科综合发展起来的边缘性、综合性、系统性学科，理论基础宽厚，实践指导性强。

管理信息系统是经济管理类专业的必修课程。从技术的角度讲，这门课程是计算机科学技术在管理领域的应用，它综合运用数据结构、数据库、软件工程、程序设计语言和计算机网络等先导课程的知识，是决策支持系统、办公自动化及其他业务信息系统分析与设计等课程的基础。作者经过多年的教学实践认为，对于经济管理类专业，管理信息系统这门课程不侧重于讲解技术本身，重点在于理清管理学原理和方法与现代信息技术应用的关系、管理的革新与信息技术改造的关系、管理的需求与信息系统实现的关系。

基于以上考虑，本书每章开篇有引导案例，篇尾有综合案例，书后附了5个信息系统实验。本书的编写突出了实际案例和实验形式，将管理科学、信息科学、系统科学和行为科学的理论与实践紧密结合起来，强调将信息技术和信息系统灵活应用于经济管理活动的意识和能力的培养。全书的内容按信息系统的理论基础、信息系统的生命周期和信息系统应用的思路进行安排。第Ⅰ篇为基础篇，第Ⅱ篇为开发篇，第Ⅲ篇为管理篇，第Ⅳ篇为实验。

第Ⅰ篇包括第1章导论、第2章管理信息系统的概念、第3章组织与管理信息系统。

第Ⅱ篇包括第4章管理信息系统建设概述、第5章管理信息系统规划、第6章管理信息系统开发。

第Ⅲ篇包括第7章管理信息系统项目管理、第8章管理信息系统的评价与运行管理。

附录实验包括财务管理系统、工资管理系统、供应链管理系统、电子政务及电子商务。

全书的分工如下：成都信息工程学院贺盛瑜、孙艳玲编写全书的大纲，并负责全书的统稿、审核、修改、定稿；孙艳玲编写第1章、实验一、实验二、实验三、实验五；张利华编写第4章和第5章；袁碧玉编写第6章；李阳旭编写第8章、实验四；张鹏、李阳旭编写第7章；宁波工程学院经济与管理学院张晓东编写第2章和第3章。

本书在编写过程中参考和引用了国内外大量的教材、著作、论文和网站中的内容。由于篇幅有限，本书仅列举了主要参考文献。在此对这些作者表示衷心的感谢！

限于编者的学识和水平，书中不足之处敬请广大读者批评指正。编者 E-mail：sun. yan. lin@163. com。

贺盛瑜　孙艳玲

2012 年 11 月于成都

目录
CONTENTS

第Ⅰ篇　基础篇

第1章　导　论 …… 3
　第1节　系统概述 …… 4
　第2节　信息概述 …… 14
　第3节　信息化概述 …… 23
第2章　管理信息系统的概念 …… 31
　第1节　管理信息系统概述 …… 32
　第2节　管理信息系统的结构 …… 34
　第3节　管理信息系统的发展历程 …… 41
　第4节　信息系统与其他学科的关系 …… 45
第3章　组织与管理信息系统 …… 53
　第1节　组织信息化阶段模型 …… 54
　第2节　组织层次与组织中的信息流 …… 61
　第3节　组织对管理信息系统的影响 …… 66
　第4节　管理信息系统对组织的影响 …… 70

第Ⅱ篇　开发篇

第4章　管理信息系统建设概述 …… 81
　第1节　管理信息系统建设的影响因素 …… 82
　第2节　管理信息系统的生命周期 …… 89
　第3节　管理信息系统的开发方法 …… 95
第5章　管理信息系统规划 …… 103
　第1节　管理信息系统规划概述 …… 105

第 2 节 管理信息系统规划的主要方法……108
第 3 节 业务流程再造……112
第 6 章 管理信息系统开发 ……125
第 1 节 系统分析……126
第 2 节 系统设计……145
第 3 节 系统实施……172

第Ⅲ篇 管理篇

第 7 章 管理信息系统项目管理 ……189
第 1 节 信息系统项目管理概述……190
第 2 节 信息系统项目建设的组织方式……197
第 3 节 信息系统项目管理……202
第 8 章 管理信息系统的评价与运行管理 ……231
第 1 节 管理信息系统的评价……232
第 2 节 管理信息系统的运行管理……235
第 3 节 管理信息系统的维护……237
第 4 节 信息资源管理……238

第Ⅳ篇 实 验

实验一 财务管理系统 ……247
实验二 工资管理系统 ……257
实验三 供应链管理系统 ……262
实验四 电子政务……274
实验五 电子商务……279

主要参考文献……283

第 I 篇

基础篇

第1章 导论

本章重点

1. 了解系统的概念
2. 理解系统科学与系统工程
3. 掌握信息的含义和属性
4. 理解信息化的概念
5. 了解信息化与信息系统的关系

引 例

我国古代系统工程思想应用的典范——都江堰

战国时期（大约公元前250年），李冰父子率众修建了举世闻名的伟大水利枢纽工程——都江堰，使成都平原千万亩农田告别了水旱灾害，成为“天府之国”。都江堰的三大主体工程——鱼嘴、飞沙堰、宝瓶口，蕴涵着极大的科学价值与现实功用，其目标是利用岷江上游的水资源灌溉川西平原，追求的效益还有防洪与航运。它运用系统工程学原理来进行的山水兼治、“宽域”综治，到今天仍备受科技界的推崇，并被誉为“人类系统工程之惠泽千秋的古典范例”。

系统工程学研究的对象是复杂的系统。首先，系统工程是从整体出发，合理开发、设计、实施和运用系统科学的工程技术，根据总体协调的需要，综合应用自然科学和社会科学中有关的思想、理论和方法来达到最佳的目的。贝塔朗菲强调，任何系统都是一个有机的整体，它不是各个部分的机械组合或简单相加。他用亚里士多德的“整体大于部分之和”的名言来说明系统的整体性，反对那种以局部说明整体的机械论观点；同时认为，系统中各要素不是孤立地存在着，每个要素在系统中的特定位置上起着特定的作用。

都江堰是一个集历史跨度、科技含量、工程规模、灌区范围、社会效益、文化影响等特质于一身的系统工程。这样的系统工程是举世无双、泽被千秋的；而且，都江堰还具有时空的纵横性——不仅泽被千秋，而且惠泽华夏。

都江堰的工程系统由“鱼嘴”岷江分水工程、“飞沙堰”分洪排沙工程、“宝瓶口”工程以及120个附属工程等巧妙合成。该水利工程具有系统工程学里结构复杂、因素众多等特征，它的整体性是显而易见的。

多年致力于系统工程研究的钱学森教授

强调，系统工程学是与自然科学、社会科学等并列的大门类科学，它对人类各领域的推动力是十分强大的。作为经典的特例，都江堰集多学科于一身，无疑是中华文明乃至世界文明历史上的一个标杆，是系统工程的典范。

管理信息系统是个什么样的系统？它要借鉴哪些系统工程思想？如何体现系统特征呢？

资料来源：改编自 http：//wenzuofu. blog. 163. com/blog/static/。

第1节 系统概述

一、系统

（一）系统的概念

“系统”（system）一词来源于古希腊语，是由部分构成整体的意思。今天人们从各种角度研究系统，对系统下的定义不下几十种。如“系统是诸元素及其顺常行为的给定集合”，“系统是有组织的和被组织化的全体”，“系统是有联系的物质和过程的集合”，等等。系统论则试图给出一个能描述各种系统共同特征的一般的系统定义，通常把系统定义为：由处于一定环境中的一组相互关联、相互作用、相互配合的部件为完成特定目标、按一定的结构组成的有机整体。在这个定义中包括了系统、要素、结构、功能四个概念，表明了要素与要素、要素与系统、系统与环境三方面的关系。

1. 系统的特征

（1）目标性。一个系统有一个总目标，组成这个系统的各个部件都为实现这个系统的目标作出贡献。输出响应就是系统目标性的反映。

（2）整体性。系统整体功能不是各个组成部件功能的简单叠加，而是表现为各个组成部件所没有的新功能。作为集合的整体的功能比所有子系统的功能之和要大，即整体大于部分之和，1+1>2。系统的整体性体现了系统具有边界，系统的边界是系统与其环境的分界线。

（3）相关性。系统中的各部件不是独立地存在，每个部件在系统中起着特定的作用。各部件相互联系、相互依存、相互制约，构成一个不可分割的整体。

（4）结构性和可分性。系统的结构有静态和动态两方面的含义。从静态的角度来看，系统的结构是指组成系统的部件有哪些；从动态的角度来看，系统的结构是由部件组成的，部件处于运动的状态，相同部件，结构不同，则功能不同。通过调整系统结构，满足用户需求的功能。

根据系统的可分性，将复杂系统分成较小的系统，较小的系统又可以再分解，直到分解的子系统确保相关子系统功能的实现，从而保证系统总目标的实现。

(5) 环境适应性。任何系统都不能孤立地存在，必须处于一定的环境中。一个系统要生存和具有活力，就必须适应环境的变化。

2. 系统的组成

系统一般由输入部分、处理部分、输出部分和反馈机制四部分组成（如图1—1所示）。

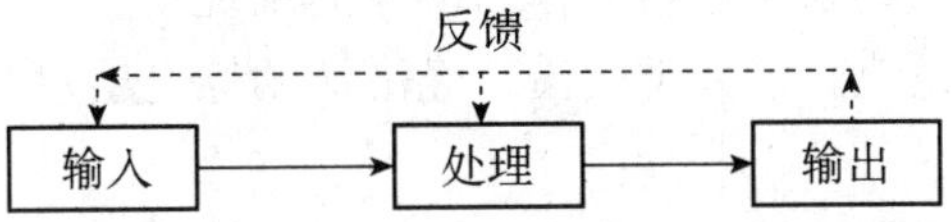

图1—1 系统的组成

系统是通过输入和输出与环境发生关系的，输入是指所有由环境进入系统并被处理的元素，可以是物质、能量或信息，输出是指从系统向其环境传输的元素，是经系统转换的结果。系统通过其边界与外界进行物质、能量和信息的交换。

（二）系统的分类

系统是多种多样的，可以根据不同的原则和情况来划分系统的类型。

1. 按复杂程度分类

根据系统的复杂程度，可以把系统分为三类九等。三类即物理类、生物类和人类。物理类分为静态结构系统、简单动态系统和反馈控制系统；生物类分为细胞系统、植物系统和动物系统；人类分为人类系统、社会系统和超越系统（如图1—2所示）。

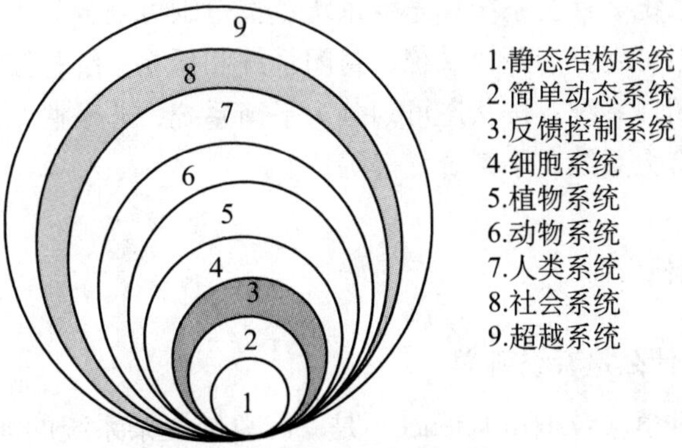

图1—2 系统按复杂程度的分类

由图1—2可以看出，系统的复杂性由内向外不断变化。

(1) 静态结构系统。是最简单的系统，如房子、桥梁等。

(2) 简单动态系统。按预定的规律变化，如时钟。

(3) 反馈控制系统。能自动调整（如控制机械），控制物体沿着某种轨道运行，当因为偶然的干扰使运动偏离预定要求时，系统能自动调节。

(4) 细胞系统。是比物理系统更高级的系统。它具有新陈代谢的能力，能自繁殖，有生命。

（5）植物系统。是由细胞群体组成的系统。它显示出单个细胞所没有的作用，比细胞系统复杂，但其复杂性比不上动物系统。

（6）动物系统。它有学习能力和寻找目标的能力。

（7）人类系统。人有较强的存储信息的能力，语言能力、学习能力、目标能力都超过动物。人类系统还指人作为群体的系统。

（8）社会系统。是人类政治、经济活动等上层建筑的系统。组织是社会系统的形式。

（9）超越系统。它不仅包含地球以外的天体，而且包括我们所不知道的任何其他东西。

2. 按抽象程度分类

根据系统的抽象程度，可以把系统分为三类：概念系统、逻辑系统和实在系统。

（1）概念系统。是人们根据系统的目标和以往的知识初步构思出的系统雏形，虽然在各个方面还不太完善，有许多地方还很含糊，但是它表述了系统的主要特征，描绘了系统的大致轮廓。

（2）逻辑系统。是在概念系统的基础上构造出的原理上可行的系统，它考虑了总体的合理性、结构的合理性和实现的可能性，但没有给出实现的具体条件。

（3）实在系统。也称物理系统，它是完全实现的系统、完全确定的系统、看得见摸得着的系统、可以使用的系统。

此外，系统按人类干预的情况可划分为自然系统和人工系统；按学科领域可划分为自然系统、社会系统和思维系统；按范围可划分为宏观系统和微观系统；按与环境的关系可划分为开放系统、封闭系统和孤立系统；按系统内部结构可划分为开环系统和闭环系统；按状态可划分为平衡系统、非平衡系统、近平衡系统和远平衡系统，还有大系统、小系统，等等。

二、系统科学

（一）什么是系统科学

系统科学（system science）是一门总结复杂系统的演化规律，研究如何建设、管理和控制复杂系统的科学，是由以系统为研究对象的基础理论和应用开发学科组成的学科群。它着重考察各类系统的关系和属性，揭示其活动规律，探讨有关系统的各种理论和方法。

狭义地讲，系统科学是指一门科学，它包括理论基础和实践应用两个部分。理论基础是指对系统的特性和规律进行阐明的系统论；实践应用则是指系统工程，即将系统分析与工程技术结合起来，解决管理中的规划、设计、研究、制造、试验与使用的科学方法。如第二次世界大战中的“曼哈顿计划”、三峡工程的设计等。

广义地说，系统科学是指一组学科群，是在当代科学发展的前沿所产生的一组揭示自然界和社会、无机界和有机界、非生命界和生命界，物质运动的普遍联系和共同规律的横向学科群。其代表性学科是控制论、信息论、系统论。

我们现在说的一般系统论是广义系统论，也就是系统科学。贝塔朗菲把广义系统论研究的领域划分为以下三个方面：一是关于“系统”的科学和数学系统论；二是系统技术，既包括“纯粹”的系统技术，也包括系统技术的应用，涉及控制论、信息论、运筹学和系统工程等领域；三是系统哲学，研究系统论在哲学方面的性质，包括系统的本体论、认识论、价值论等方面的内容。贝塔朗菲关于广义一般系统论研究领域的划分，到其晚年发表《一般系统论的历史和现状》一文一直没有改变。这一关于系统科学体系的富有探索性和启发性的构想，在系统研究领域产生了广泛的影响。其提出的“整体大于它的各部分的总和”，是对基本的系统问题的一种描述，这是系统论最基本的思想。

（二）系统科学知识体系

系统科学知识体系的结构根据其理论概括程度的高低，可以划分为三个层次：

(1) 系统的基础理论。奥地利生物学家贝塔朗菲创立的一般系统论，比利时物理学家和化学家I. 普利戈金及布鲁塞尔学派提出的耗散结构理论，德国物理学家H. 哈肯倡导的协同学，分别从生物学、物理学和化学等不同学科出发，探讨共同的系统理论正在形成系统的基础理论学科——系统学。

(2) 系统的技术科学。指运筹学、系统方法和计算机科学技术。运筹学包括数学规划、博弈论、排队论、库存论、决策理论、搜索论和网络技术等。系统方法是合理地研究和处理有关系统的整体联系的一般科学方法论。系统方法在唯物辩证法的指导下，运用系统理论，为研究和设计各种系统客体提出基本的原则，引导人们有效地解决各种现实课题。计算机科学技术主要是电子计算机的应用，这是系统研究和开发的必要工具，它使复杂系统的大量数据的定量分析得以实现。系统的技术科学这一层次是一个中间环节，它为系统理论运用于系统工程提供了重要的方法和手段，具有应用理论学科的性质。

(3) 系统工程技术。指系统工程或系统分析。在国外，广义的系统分析与系统工程并无区别，含义几乎相同，两种专门术语交互使用。狭义的系统分析则是一种决策方法，用于决策阶段，而系统工程则用于管理活动全过程。在中国统称系统工程。系统工程是组织管理的技术和方法，具有应用学科的性质。

（三）系统科学的发展

系统科学发端于20世纪20年代，奥地利生物学家贝塔朗菲倡导的机体论就是一般系统论的萌芽，与此同时，英国军事部门的科学家在研究和解决雷达系统的应用问题的过程中提出了运筹学，这就是系统工程的萌芽。

40年代，美国贝尔电话公司在发展通信技术时使用了系统工程的方法。美国研制原子弹的曼哈顿工程，是系统工程的成功实践。美国国防部设立的系统分析部在军事决策方面运用了系统方法。50年代，系统科学的理论研究和教学工作全面展开。贝塔朗菲等人编撰了《一般系统论年鉴》，H. H. 古德和 R. E. 麦克霍尔完成了专著《系统工程》。美国的麻省理工学院等院校开设了系统工程的课程。

60 年代，系统科学在西方和苏联得到了广泛的传播。系统的理论研究取得了重要的成果，贝塔朗菲完成了专著《一般系统论：基础、发展、应用》，使系统工程的应用取得了明显的效果。美国阿波罗登月计划的实现，就是一个突出的范例。

70—80 年代，系统科学广泛应用于经济、政治、军事、外交、文化教育、生态环境、医疗保健、行政管理等部门，并取得了令人满意的结果。

系统理论目前的趋势和特点如下：

第一，系统论与控制论、信息论、运筹学、系统工程、电子计算机和现代通信技术等新兴学科相互渗透、紧密结合的趋势。

第二，系统论、控制论、信息论正朝着“三归一”的方向发展，现已明确系统论是其他两论的基础。

第三，耗散结构论、协同学、突变论、模糊系统理论等新的科学理论从各方面丰富了系统论的内容，有必要概括出一门系统学作为系统科学的基础科学理论。

第四，系统科学的哲学和方法论问题日益引起人们的重视。在系统科学的这些发展形势下，国内外许多学者致力于综合各种系统理论的研究，探索建立统一的系统科学体系的途径。

（四）系统科学与管理

管理学的系统论思想，实际上是在用系统的方法解决管理问题的过程中形成的，它是辩证唯物主义认识论和唯物辩证法理解管理客体运动达到一定阶段的结果，是马克思主义哲学运用新的科学方法论认识管理运动的反映。

系统论在管理学中具有普遍意义：首先，凡是管理形态，其内部各组成部分之间总是存在一定的相互作用，整体和部分的功能总不能绝对地同一。那种组成部分之间作用较弱、结构水平低、系统特性不太明显的所谓管理非系统，只不过是管理系统的特殊形式。其次，系统概念作为管理普遍具有的整体规律性的概括和总结，同样具有哲学上的认识论意义和方法论价值。

系统论归纳了管理的整体性及其与部分的相互关系。它能帮助人们更深刻地认识管理的相互联系和相互作用，从而从本质上更深刻地认识管理。学习系统的思想，对于我们深刻理解管理信息系统是十分重要的。

三、系统工程

（一）系统工程的定义

系统工程（systems engineering）是一门综合性极强的新学科，起源于第二次世界大战。它以系统论、运筹学、控制论、信息论、可靠性理论等组成的系统科学为基础理论，以电子计算机为主要手段，以数学化、模型化、定量化为主要特征，对所研究的由若干元素或单元组成的系统进行分析、设计、控制或决策管理，并充分考虑到系统内部元素之间以及系统与环境之间的各种复杂关系，其目标是使系统在总体上尽可能达到最佳。

由于系统工程是一门新兴的交叉学科，尚处于发展阶段，还不够成熟，因此至今还没有统一的定义。现有的几种定义列示如下：

美国切斯纳（1967）：虽然每个系统都是由许多不同的特殊功能部分组成的，且这些功能部分之间存在相互关系，但每一个系统都是完整的整体，每一个系统都有一定数量的目标。系统工程是按照各个目标进行权衡，全面求得最优解的方法，并使各组成部分能够最大限度地相互协调。

日本工业标准JIS8121（1967）：系统工程是为了更好地达到系统目的，对系统的构成要素、组织结构、信息流动和控制机构等进行分析与设计的技术。

美国莫顿（1967）：系统工程是用来研究具有自动调整能力的生产机械，以及像通信机械那样的信息传输装置、服务性机械和计算机械等的方法，是对这些机械的研究、设计、制造和运用。

美国质量管理学会系统委员会（1969）：系统工程是应用科学知识设计和制造系统的一门特殊工程学。

日本寺野寿郎（1971）：系统工程是为了合理开发、设计和运用系统而采用的思想、步骤、组织和方法等的总称。

大英百科全书（1974）：系统工程是一门把已有学科分支中的知识有效地组合起来以解决综合化问题的工程技术。

苏联大百科全书（1976）：系统工程是一门研究复杂系统的设计、建立、试验和运行的科学技术。

日本三浦武雄（1977）：系统工程与其他工程的不同之处在于它是跨越许多学科的科学，而且是填补这些学科边界空白的一种边缘科学。因为系统工程的目的是研制系统，而系统不仅涉及工程学领域，还涉及社会、经济和政治等领域，为了适当解决这些领域的问题，除了需要某些纵向技术以外，还要有一种横向技术把它们组织起来，这种横向技术就是系统工程。

我国学者钱学森（1978）：系统工程是组织管理的技术。他把极其复杂的研制对象称为系统，即由相互作用和相互依赖的若干组成部分结合成具有特定功能的有机整体，而且这个系统本身又是它所从属的一个更大系统的组成部分。系统工程则是组织管理这种系统的规划、研究、设计、制造、试验和使用的科学方法，是一种对所有系统都具有普遍意义的科学方法。它应用定量分析和定性分析相结合的方法和电子计算机等技术工具，强调最优化，充分地发挥人力、物力的潜力，通过各种组织管理技术使局部和整体的关系协调。

系统工程的主要任务是根据总体协调的需要，把自然科学和社会科学中的基础思想、理论、策略和方法等横向联系起来，应用现代数学和电子计算机等工具，对系统的构成要素、组织结构、信息交换和自动控制等功能进行分析研究，借以达到最优化设计、最优控制和最优管理的目标。

系统工程的第一次应用及这个名词的提出是在1940年，美国贝尔实验室在研制电话通信网络时，将研制工作分为规划、研究、开发、应用和通用工程等五个阶段，提出了排队论原理。1940 年，美国研制原子弹的“曼哈顿计划”应用了系统工程原理进行协调。自觉应用系统工程方法取得重大成果的两个例子是美国的阿波罗登月计划和北欧跨国电网协调方案。

（二）系统工程方法

系统工程的基本方法是：系统分析、系统设计与系统的综合评价（性能、费用和时间等）。系统工程的应用日趋广泛，至 20 世纪 70 年代已发展出许多分支，如经营管理系统工程、后勤系统工程、行政系统工程、科研系统工程、环境系统工程、军事系统工程等。

最常用的系统工程方法是由系统工程创始人之一霍尔创立的，称为三维结构图（如图 1—3 所示）。

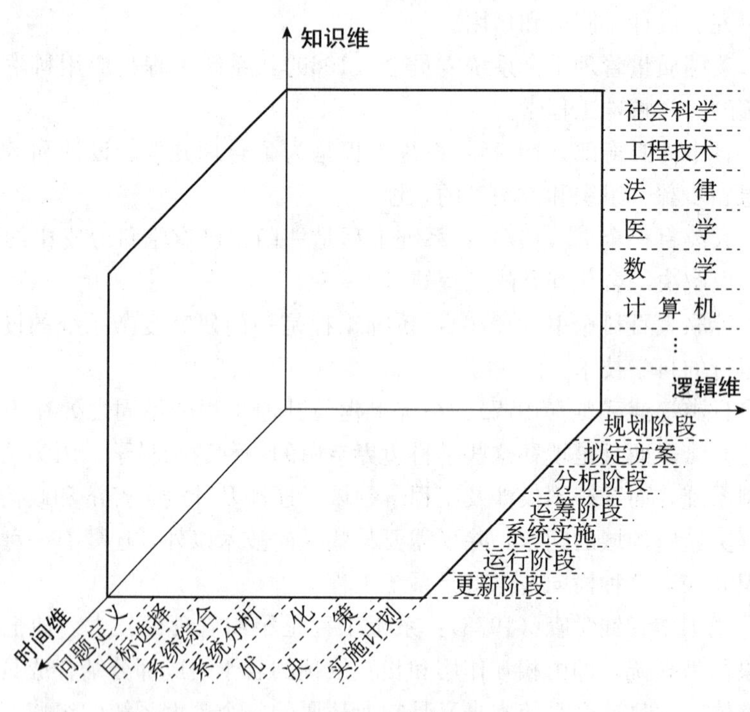

图 1—3 系统工程的三维模型

（1）时间维。表示系统建设在时间上的阶段划分，他把整个建设过程分成规划、拟订方案、分析、运筹、系统实施、运行、更新七个阶段。

（2）逻辑维。表示处理问题的逻辑步骤，即问题定义、目标选择、系统综合、系统分析、优化、决策、实施计划。

（3）知识维。表示系统建设所涉及的知识领域，如社会科学、工程技术、法律、医学、数学、计算机、管理、艺术等。

霍尔的三维模型为系统方法在复杂系统建设中的应用提出了一个总体结构框架。这也是人们长期从事复杂的工程技术、社会经济、管理系统建设所积累的经验的科学概括，对于建设各类复杂系统具有一般的指导意义。三维模型中时间维中阶段的划分，逻辑维中问题处理步骤的安排，以及知识维中所涉及的学科领域，对于不同类型的系统或系统建设中不同方面的问题，要根据具体情况进行调整和增减。具体的建设方法与问题的解决方案，同样要针对问题酌情选用。

系统工程理论应用

都江堰工程分析

都江堰系统工程在整体架构上切合了霍尔的“三维论”的原理及系统工程学的五大原理：整体原理、目的原理、分解协调原理、控制原理、协同原理，其特征无不一一对应。

一、逻辑维

逻辑维的基本要点包括明确问题、系统方案综合、系统分析、决策与实施等，其方式涵盖了运用系统工程方法解决大型工程项目的逻辑过程。

与西方有所不同的是，我国古代科学不是建立在对单个事物进行抽象、分析、演绎、推理等基础之上，而是更多地侧重于对事物现象的观察、总结与理解，注重实际与实用，具有明显的感性思维的特点。

都江堰的建造是在考证了诸多因素、经过分析判断后加以实施的。为了“辟沫水之害”，李冰从客观环境出发，“因高卑之宜，驱自行之势”，“乘势利导、因地制宜”的指导思想和工程实施原则让他合理地利用自然倾斜的地形，不打坝，只修堰，既消除了岷江的水害，又使工程同时具备航运与灌溉之利。如果没有李冰多方面的设计、分析、方案综合等符合逻辑科学的思维与方法，就没有后来的都江堰。

逻辑维里涵盖的自组织控制原理、分解协调原理很好地说明，都江堰体现了在庞大的水利工程里运用分析、综合方法带来的最佳效应。

1. 自组织控制原理

“自组织控制”一词具有可以对系统进行结构调整和参数调整的意义，用于从技术角度来界定各种问题。

都江堰工程的渠首形成一个分级控制系统，渠网内的各级渠首、水库也是分级控制的。在第一级控制中，起自然控制作用的是百丈堤和鱼嘴分水堤；第二级控制是顺水埂和飞沙堰；第三级控制是宝瓶口及辅助工程。鱼嘴分水堤利用弯道环流的水力作用使内江多分水少进沙；飞沙堰利用坝前的螺旋流配合离堆泄洪排沙；宝瓶口利用“瓶颈”式的形状控制洪水。这三级控制可纳入自然控制的范围。

都江堰引水口的流量泥沙控制是根据岷江水和沙的特性及河段地形地貌条件，配合自然物体，恰当部署基本建筑物分级完成的。整体工程根据环境的变化调整自身的功能：当流量小时，鱼嘴、飞沙堰、宝瓶口及相应辅助设施主要发挥引水功能；而当流量大时，它们又发挥着控制洪水、排泄泥沙的作用。从自然控制的角度看，都江堰具有自组织控制的特点。

2. 分解协调原理

像都江堰这样浩大的工程往往都会遇到下列难题：(1) 河道中水流要素变化对工程的影响；(2) 在引水的同时引来大量泥沙；(3) 引水口附近河段的河床演变对引水口的正常使用有影响。都江堰工程利用分解协调的方法成功地解决了上述三个难题，达到了预想的目的。

根据分解协调综合原理，分解确定相对独立、层次不同的子系统，而后进行综合过程设计，并形成最佳系统。都江堰工程的成功，很好地将系统的目标分解成若干子目标，每个子目标由一个子系统完成，而每个子过程又对应一个系统的子结构。各个子系统和子结构合起来，使系统具有了整体的功能。分解协调原理基于系统的可分解性和可协调性，体现了整体与部分的辩证统一。都江堰的建造在整体系统与分解协调方面达到了完美的辩证统一：百丈堤、顺水埂、虎头岩、凤楼窝、离堆既有特定的功能，又起着环境与系统之间、子系统与子系统之间的契合作用。

二、时间维

时间维所阐述的是一个具体的系统工程在时间范围内从制定规划到研制、运行、更新的过程。

从秦昭襄王五十一年到21世纪，其间的跨度可谓久远。对都江堰来说，"时间维"不具有短期性，而是无限绵延的。20世纪70年代，罗马尼亚的朋友参观都江堰后，赞叹这项工程是人类历史上"永恒的工程"。确实，放眼世界，人类历史上创建的伟大工程不知有多少，但留存至今的又有多少呢？"功用"既废，更谈不上什么更新了。比如埃及金字塔、古罗马斗兽场、希腊雅典神殿等，那些过去辉煌的古代文明，于今看来不过是失去实际功用的"死遗迹"。而都江堰却大不一样，至今2 260余年来，一直发挥着多重意义的功用。

都江堰在建设之初是有目的的：既有治水的目的，也有经济和军事的目的。

河流与人类的生存发展息息相关。过去，由于水资源的分布及流量多变，往往容易形成洪水和干旱两个极端。这一问题在修建都江堰之前尤为突出。战国后期，出于政治、军事需要，必须修建控制工程以"驯服"岷江。其目的性表现为控制洪水的泛滥，并由此转换为满足生活用水、灌溉、通航的需要。

由于天然来水的不确定性，系统总要受到环境的干扰，因此系统的实际输出和目的值之间总是存在偏差。所以，宝瓶口的实际水位根据变化采取相应的措施，枯水时采取拦水措施，洪水时采取泄洪措施，基本上达到了控制洪水和引水的目的。总的说来，在技术上，都江堰从修建起至今达到了其目的。

三、知识维

系统工程除了要求为完成上述各步骤、各阶段所需的某些共性知识，还需要其他学科的知识和各种专业技术，如工程、建筑、商业、法律、管理、社会科学和文化艺术等。各系统工程所对应的知识结构是不同的。

毋庸置疑，都江堰是集众多知识领域之大成者。值得一提的是，都江堰"天人合一"的观念是人与自然间关系的一种理想境界，它超越了冰冷的知识结构，为我们带来了厚重的价值温度。

都江堰系统工程经久不衰的奥秘之一，就在于它能够在社会变革与发展的需求之中与时俱进地发展自己。透过历史的演进我们可以看到，都江堰以其富有创造力的科学精神和博大精深的人文精神，担负起为人类谋福利的责任。在都江堰保护和未来发展的问题上，我们既要重视"天人合一"、"人水和谐"的理性目标，又要考虑与人类生存相关联的社会经济发展对水的需求的现实目标，做到在维护历史文化的同时，更加充分地发挥其现实功能，只有这样，才有存在的现实合理性，才是都江堰未来发展的走向。

都江堰水利工程协同与整体的运行规律，依赖于庞大的知识支撑。一切经验、实践、整体的统筹、协同是知识维在整个系统工程运用中的主要因素。

1. 协同原理

人与自然是彼此关联的，人具有主观能动性，可对自然进行调整、改造。人类在征服自然、改造自然时必须按自然规律来调整人与自然的关系。否则，自然将会对人类产生反作用。

都江堰工程的"因势利导"，是充分利用地形特点来修建工程，用系统科学术语来说，就是人地协同。在长期的治水实践中，"道法自然"、"人水和谐"的治水理念被具体化为"乘势利导、因时制宜"的治水原则；"三字经"、"六字诀"、"八字格言"等丰富的治水经验被物化为杩槎、竹笼、羊圈、干砌卵石等传统工程技术。这些理念、经验和技术充分显示了人地协同的智慧。

都江堰 2 260 余年的历史，是一部不断调整、协调同步的历史。这也是它巍然于时光深处、经久传诵的法则。

2. 整体原理

都江堰水利工程由百丈堤、鱼嘴、飞沙堰、宝瓶口、人字堤等组成。这些工程的位置、结构、尺寸、高低、方向、角度等，与岷江的河势、两岸的山势，以及不同季节上游河道的来水来沙条件相互结合，共同组成一个有机完善的整体，以达到巧妙引水、分水、泄洪、排沙等目的。

这些构成整体系统的关键部分相互补益、依存，缺一不可。可以说，没有鱼嘴就不可能把岷江水按内外江合理分配，并把大量泥沙排入外江；没有宝瓶口的束水和离堆的顶托壅水作用，洪水就越不过飞沙堰；没有飞沙堰，宝瓶口就会被泥沙淤积，岷江水就不可能流入成都平原。可见，整体大于各孤立部分之和，只有认识到总体的重要性，才能将各部分的特性、要素结合在一起，从而达到最佳的效果。

资料来源：改编自 http：//wenzuofu. blog. 163. com/blog/static/。

（三）系统工程的特点

学习系统工程方法论为管理大规模的复杂系统提供了较科学的思想方法，其特点主要体现在以下方面：

（1）系统工程研究问题一般采用先决定整体框架，后进行详细设计的程序，一般是先进行系统的逻辑思维过程总体设计，然后对各子系统或具体问题予以研究。

（2）系统工程方法以系统整体功能最佳为目标，通过系统综合、系统模型分析来调整系统的结构，使之达到整体最优化。

（3）系统工程研究强调系统与环境的融合，近期利益与长远利益相结合，社会效益、生态效益与经济效益相结合。

（4）系统工程研究是以系统思想为指导，综合集成各学科、各领域的理论和方法。

（5）系统工程研究强调多学科协作，根据研究问题涉及的学科和专业范围，组成一个知识结构合理的专家体系。

（6）各类系统问题均可以采用系统工程的方法来研究，因此系统工程方法具有广泛的适用性。

（7）强调多方案设计与评价。

具体地讲，运用系统工程方法进行思考、分析和处理系统问题时应遵循的一般程序为：1）明确问题；2）选择目标；3）形成方案；4）建立模型；5）方案优化；6）做出决策；7）付诸实施；8）评价。这对我们开发与应用信息系统具有重要的指导意义。

第2节　信息概述

一、信息的概念

（一）什么是信息

信息（information）是管理信息系统的重要组成部分，管理信息系统对管理的作用和贡献，取决于有没有足够多的和高质量的信息，而能否得到高质量的信息取决于人们对信息的认识。那么什么是信息呢？

信息可以说是当代社会使用最多、最广、最频繁的词汇之一，它不仅在人类社会生活的各个方面和各个领域被广泛使用，而且在自然界的生命现象与非生命现象研究中也被广泛使用。到目前为止，对信息尚未有一个统一的定义。

“信息”的英文单词是“information”，它来源于拉丁文，原意是解释、陈述。“信息”一词在台湾、香港及澳门被译为“资讯”。《辞海》中解释为：“信息”是客观存在的消息、情况、情报。有信息是数据，信息是消息，信息是控制的指令，信息是加工知识的原材料，信息是知识等说法，有关信息的定义不下百种。

最早把信息作为科学对象来研究的是通信领域。1948 年，信息论的创始人、美国科学家香农（C. E. Shannon）在研究广义通信系统理论时把信息定义为信源的不定度，即信息被看作用以消除信宿对信源发出何种消息的不确定性的东西。信息是通信的内容，通信的直接目的就是消除接收端（信宿）对于发出端（信源）可能会发出哪些信息的不确定性。

从控制论的观点看待信息比从哲学的高度看待信息更加具体化。1950 年，控制论之父、美国数学家维纳（N. Weiner）指出，“信息既不是物质，也不是能量，信息是人与外界相互作用的过程中，同外部世界相互交换的内容的名称”；“接收信息和使用信息的过程，就是我们适应外界环境的偶然性过程，也是我们在这个环境中有效地生活的过程”。这里维纳把人与外界环境交换信息的过程看成是一种广义的通信过程。

由于信息概念的复杂性，在定义信息时必须十分注意定义的条件。不同条件限定下的信息可以有不同的定义表述。因此，为了得到清晰准确的认识，应当根据不同的条件，区分不同的层次来给出信息的定义。

本体论层次的信息：在最一般的意义上，亦即没有任何约束条件，我们可以将信息定义为事物的存在方式和运动状态的表现形式。这里的“事物”泛指存在于人类社会、思维活动和自然界中的一切可能的对象，“存在方式”指事物的内部结构和外部联系，“运动状态”则是指事物在时间和空间上变化信息的载体所展示的特征、态势和规律。

宇宙间的一切事物都在运动，都有一定的运动状态和状态改变的方式，也就是说，一切事物都在产生信息，这是信息（在本体论层次上）的绝对性和普遍性。而不同的事物具有不同的运动状态和状态变化方式，这是个体论层次上信息的相对性和特殊性。这是最广泛意义上的信息，是无条件的信息。在本体论层次的信息定义中没有出现主体的因素，因此，本体论意义上的信息与主体的因素无关，不以主体的条件为转移。

认识论层次的信息：主体所感知或表述的事物存在的方式和运动状态。主体所感知的是外部世界向主体输入的信息，主体所表述的则是主体向外部世界输出的信息。

在本体论层次上，信息的存在不以主体的存在为前提，即使根本不存在主体，信息也仍然存在。在认识论层次上则不同，没有主体就不能认识信息，也就没有认识论层次上的信息。

引入主体这一条件，本体论层次的信息定义就转化成了认识论层次的信息定义；取消主体这一条件，认识论层次的信息定义就转化成了个体论层次的信息定义。这是由于引入了主体这一条件，认识论层次的信息概念就具有了比本体论层次信息概念更丰富的内涵。首先，作为认识的主体，他具有感觉的能力，能够感觉到事物运动状态及其变化方式的外在形式；其次，他也具有理解能力，能够理解事物运动状态及其变化方式的内在含义；最后，他具有目的性，因而能够判断事物运动状态及其变化方式对其目的而言的效用价值。而且，对于正常的人类主体来说，事物的运动状态及其变化方式的外在形式、内在含义和效用价值这三者之间是相互依存、不可分割的。因此，在认识论层次上研究信息问题时，“事物的运动状态及其变化方式”就不像在本体论层次上那样简单，它必须同时考虑到形式、含义和效用价值三个方面的因素。

维纳认为，“信息就是信息，不是物质也不是能源”，对照本体论和信息的定义可以看出，“事物的运动状态及其变化方式”虽然源于事物，但并不是事物本身，更不是能量。可见，维纳的判断与本体论信息和认识论信息是相通的。同样可以看出：能够用来消除事物所具有的不定性的东西，不是别的，正是“事物的运动状态及其变化方式”。由此，本体论信息和认识论信息与香农的信息概念也是相通的。

在语言学中语法学、语义学和语用学分别研究符号之间的关系、符号自身的含义以及语言使用者的意向。许多信息学家借用它们来讨论一般的信息，认为相关的研究应当包含信息语法、信息语义和信息语用三个层次的内容。

中国学者钟义信教授提出了包括信息的外在形式、内在含义和效用价值的“全信息”概念。把仅仅涉及外在形式因素的信息部分称为语法信息；把涉及内在含义因素的信息部分称为语义信息；把涉及效用价值因素的信息部分称为语用信息。换言之，认识论层次的信息乃是同时涉及语法信息、语义信息和语用信息的全信息（如图 1—4 所示）。

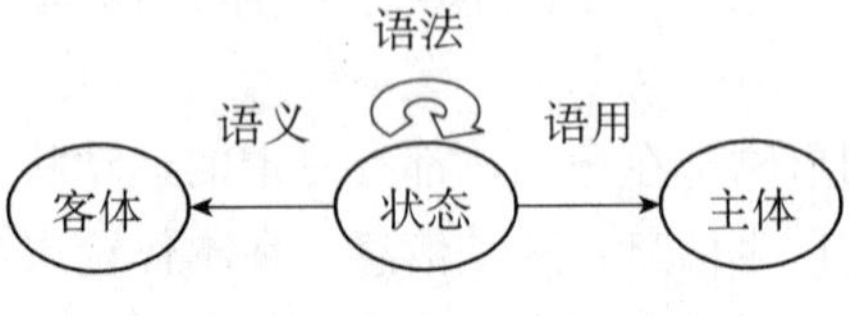

图 1—4　全信息图

语法信息不是对某一类信息的称谓，而是按照信息的性质划分信息的最基本、最抽象的一个层次，也是作为狭义信息论的研究对象，在理论上探讨最多的一个层次。语法信息作为第一个层次，用来表示认识主体感知或表述的事物运动状态和特征的形式化关系。

语义信息回答的是“信息运动状态及其状态变化方式的含义是什么”，是符号所要表达的确切含义，是信息认识过程的第二个层次。它是指认识主体所感知或表述的事物的存在方式和运动状态的逻辑含义；换言之，语义信息不仅反映事物运动变化的状态，而且揭示事物运动变化的意义。从信源发出的数则消息，如果只是从通信符号的统计数量来看，其信息量可能相等，但信息量相等的消息其意义却可以是完全不同的。在信息检索中就要考虑到信息的语义问题。

语用信息则回答“为什么是这个意思”的问题，是信息认识过程的第三个层次。语用信息不仅与信息的形式化关系有关，而且与信息的含义有关，因而是最复杂、最实际的信息层次。它把语义信息与信息接收者联系起来，直接指出信息的可用性。对信息接收者来说，是具有实际效用价值并能满足某种需要的信息。

语法、语义和语用信息三者之间，语法信息是最简单、最基本的层次，语用信息则是最复杂、最实用的层次，语义信息介于两者之间。在信息理论发展的初期，人们故意排除语义信息和语用信息的因素，先从语法信息入手来解决问题，这既是迫不得已，又是很明智的选择。问题在于我们不能总是停留在语法信息这个相对简单的层次上，而应当继续深入地研究和解决语义信息和语用信息的问题。因为，语法信息只能解决通信工程这样一类传递信息的问题，而凡是有智能、有“目的”的系统，都必然要涉及语义信息和语用信息的问题。

我国国家标准 GB 4894—1985《情报与文献工作词汇　基本术语》中，关于“信息”的解释是：“信息（information）是物质存在的一种方式、形态或运动状态，也是事物的一种普遍属性，一般指数据、消息中所包含的意义，可以使消息中所描述事件的不定性减少。”

这个定义首先明确了信息的本质是物质的属性，而不是物质实体本身。客观存在的一切事物，包括自然界、人体本身和人类社会，都是不断运动的，运动的物质必然会产生相互作用和影响，从而引起物质结构、数量等多方面的变化，事物的这些变化，便成为信息产生的物质基础。因此，信息不是事物本身，而是由事物发出的数据、消息中所包含的意义。

在管理信息系统领域一种被普遍接受的观点认为，信息是对某个事件或者事物的一般属性的描述。信息总是通过数据形式来表示的，加载在数据之上并对数据的具体含义进行解释。因此，也可以说，信息就是经过加工处理后的有价值的数据，它能对接收者的行为产生影响，并且对接收者的决策具有价值。

（二）信息与数据的关系

从上述定义可以看出，信息的表现形式是数据，那么信息和数据之间有何区别与联系呢？

数据是将客观事物记录下来的、可以鉴别的符号。这些符号不仅指数字，而且包括字符、文字、图形等。从远古时期的结绳记事到后来的象形文字、拼音文字，直到今天在计算机中广泛应用的二进制、八进制等符号都是数据的具体表现形式。数据是中性的，不带有任何感情色彩。

从认知的角度来看，只有经过解释、归纳等处理后，数据才有意义，才成为信息。从应用的角度来看，数据是信息的载体，也是信息的一种最重要的存在形式。信息同样可以以数字、字符、文字、表格、图形等形式作为载体存在。数据和信息之间的一般关系如图1—5所示。

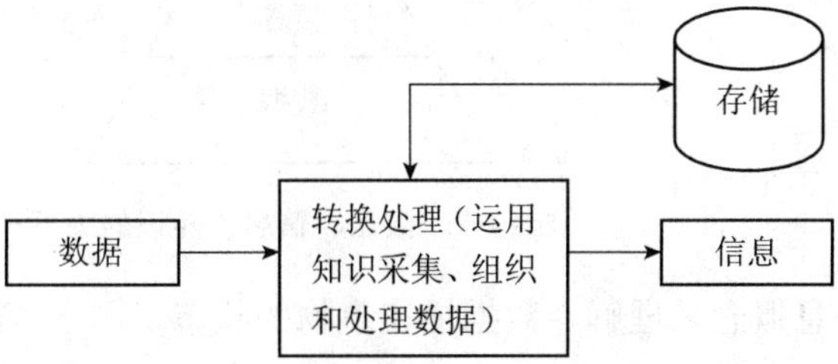

图1—5　数据和信息的一般关系

根据接收对象的不同，信息和数据的概念是相对的，正如原材料和产品之间的关系一样。一种原材料可以加工为产品，这个产品可以是最终产品，也可能是中间产品，中间产品则成为加工另一种产品的原材料。例如，发货单是发货工作人员的信息，他要根据发货单给用户发货。但对于负责库存事务的经理来说，它仅仅是一种原始数据，不会对该经理的决策行为产生直接影响，只有对一个周期内的发货单进行加工汇总分析后得到的信息，才对负责库存事务的经理有价值。

一个系统或一次处理所输出的信息，可能是另一个系统或另一次处理的原始数据；低层决策所用的信息又可以成为高一层决策所需信息的数据。这一关系可以用图 1—6 所示。

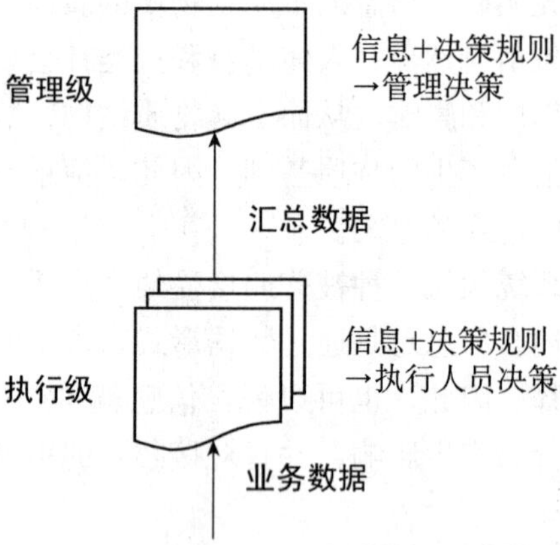

图 1—6 信息的相对概念

有关数据、信息、知识的关系，美国学者霍顿用事实的生命周期来解释，他认为，原始数据总是与新生事物联系在一起的，对原始数据的评价产生了信息，成熟的信息构成知识，而事实的最终“死亡”形成了相关的知识库。

美国学者史密斯和梅德利则认为，信息是数据处理的最终产品，具体说，是经过收集、记录、处理，可以检索的形式存储的事实或数据。数据、信息、知识的关系可以用一个金字塔模型来表示（如图 1—7 所示）。

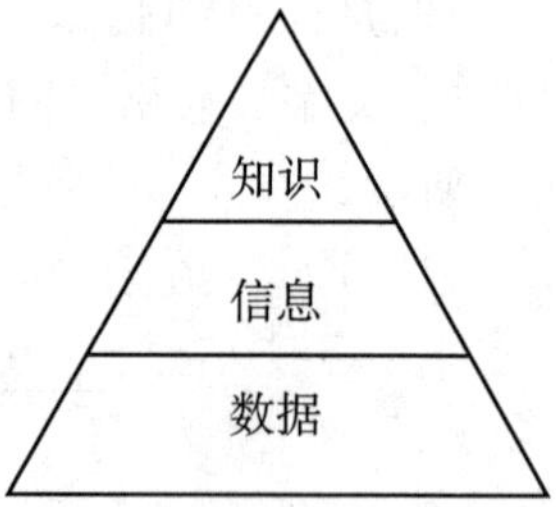

图 1—7 数据、信息、知识的关系

用全信息概念来理解，数据描述事物的状态，属于语法层面；信息说明事物运动状态的含义，属于语义层面；知识说明决策者的价值和效用，属于语用层面。

二、信息的属性

1. 普遍性

信息是事物运动的状态和方式。只要有事物存在，就会有其运动的状态和方式，就存在信息。一切事物都同时具有信源、载体和信宿三重性。凡是有物质的地方就必然存在信息，人与人之间、机器与机器之间、植物与植物之间、动物与动物之间都存在信息交换。因此，信息是普遍存在的。

2. 多样性

自然界和人类社会存在各种各样的信息：按其发生领域不同，信息可划分为无机信息、生物信息和社会信息；按其载体和存储方式不同，信息可划分为天然型信息、实物型信息、智力型信息、文献型信息和网络型信息；按其内容性质不同，信息可划分为政治信息、法律信息、科技信息、经济信息和管理信息等；按人们对其内容的加工深度不同，信息可划分为零次信息、一次信息、二次信息和三次信息。

3. 相对性

信息在一定范围内可以被不同的主体所识别。例如，人类可以通过感官直接识别信息，也可以通过各种工具间接识别信息，不同的信息源发出的信息往往需要用不同的识别方式。客观上信息是无限的．但相对于认知主体来说，人们识别信息的能力有大有小，信息被识别的时间有长有短，受历史条件的限制以及认识水平和识别能力的差异的制约，不同认知主体对同一事物获得的信息往往因人而异。

4. 可加工性

信息可以被汇总和组织、分析和综合、扩充和浓缩，也就是说，人们可以对信息内容进行加工处理。信息加工是把信息从一种形式变换成另一种形式。人们可以采用一定的方法对收集到的信息进行汇总，可以按照不同的标准对信息进行组织，可以根据不同的需要将大量的信息进行综合和概括，可以根据需要对信息进行一定程度的扩充或浓缩。例如，我们可以对大量杂乱的信息进行分类使之有序化，将原始的信息加工成有用的知识，将许多复杂的事例总结为一条定理，把大量的文字描述压缩为一个公式，把众多的数据绘制成一幅图表，等等。如果在信息加工过程中没有任何信息量的增加或损失，并且信息内容保持不变，就意味着这个信息加工过程是可逆的，反之则是不可逆的。实际上信息加工由于人的因素很少有信息内容会保持不变，因此都是不可逆的过程。

5. 与物质的不可分性

信息本身是看不见摸不着的，它必须依附于一定的物质形式（如纸张、光学材料、磁性材料等），不可能脱离物质单独存在。这些以承载信息为主要任务的物质形式称为信息的载体。人们可以通过多种方式将信息加载在一定载体上以供传递或以备后用。信息可以以自然方式加载于实物中，可以通过记忆加载在人脑中，可以通过印刷方式加载在纸张上，可以通过摄像、录音等方式加载在录像带或光盘上，可以通过机读方式加载在计算机硬盘和软盘上。

6. 可传递性

信息能够通过多种渠道、采用多种方式进行传递。信息从时间或空间上的某一点向其他点移动的过程称为信息传递。信息传递需要借助一定的物质载体。一个完整的信息传递过程必须具备信源（信息发送方）、信宿（信息接收方）、信道（信息媒介，实现信息传递功能的载体）和信息四个基本要素。信道对信息传递有干扰和阻碍作用。

现代信息技术的应用扩大了人类传递信息的范围，提高了人类传递信息的速度。古人借助烽火台、信使等传递信息。文字的发明和使用，突破了用语言传递信息在时间和空间上的局限性，使人类可以跨时代、跨地域传递信息。纸张的发明极大地促进了文字信息的交流。电报、电话、电视等电子传播工具的出现，使人类能异地高速传递信息。计算机技术与现代通信技术相结合而形成的信息网络可以高速度地处理、高密度地存储、远距离地传输信息，使信息传递发生了质的飞跃。

7. 可共享性

信息区别于物质、能源的一个重要特征是它可以被共同占有、共同享用，也就是说，信息在传递过程中不但可以被信源和信宿共同拥有，而且可以被众多的信宿同时接收利用。根据物能转化定理和物物交换原则：得到一物或一种形式的能源，必定失去另一物或另一种形式的能源；信息交换的双方不仅不会失去原有信息，而且会增加新的信息；信息还可以广泛地传播扩散，供全体接收者共享。正如英国文学家萧伯纳所说："倘若你有一个苹果，我也有一个苹果，我们彼此交换苹果，那么，你和我仍然各有一个苹果；但是，倘若你有一种思想，我也有一种思想，我们彼此交换思想，那么，我们每个人将各有两种思想。"这充分说明了信息的可共享性。也就是说，同一信息可以被很多人共同享用、同时享用。

8. 时效性

客观事物本身都在不停地运动变化，信息是事物运动的状态和方式，因此，信息也在不断发展更新。

从信息资源的角度看，事物在变化，知识在发展，随着时间的推移，原有信息与事物的状况就会出现某种程度的不符，从而逐步过时老化。从用户的角度看，用户的信息需求是在特定条件下执行特定任务时产生的，所以这些信息必须与执行的任务及环境密切相关，超越了时间期限，情况有了变化，原有的信息就没有价值了。信息的生命周期即指信息从产生、收集、加工、传输、使用到失效的全过程。

三、信息的功能

信息的功能是由信息的本质属性决定的，是信息特征的具体体现。信息的功能根据其类别不同、适用范围不同而有所差异。岳剑波教授在其编著的《信息管理基础》一书中，列举了体现信息功能的六个方面：信息是认识事物的中介，信息是人类思维的材料，信息是科学决策的基础，信息是有效控制的灵魂，信息是系统秩序的保证，信息是社会发展的资源。张凯教授在其主编的《信息资源管理》一书中，根据信息在社会经济和管理活动中的利用过程和发挥作用的特点，把信息的主要功能归纳为经济功能、管理与协调功能、选择与决策功能和研究与开发功能四个方面。

（一）经济功能

信息作为重要的经济资源，其本身就具有经济功能。信息的经济功能表现在多个方面，其中最重要的是它对社会生产力的作用。

现代理论认为，除了劳动者、劳动工具和劳动对象这三要素，信息也是社会生产力的重要构成要素。信息的生产力功能是在信息要素和信息技术要素有机结合的条件下实现的。在信息技术支持下，信息可以有效改善其对生产力各个要素施加影响的条件。如农民在科技信息的指导下种田、养殖，收益倍增。因此，信息资源开发利用的程度是衡量现代国家信息化和社会生产力水平高低的重要标志。一般说来，一个国家信息资源开发和利用的水平越高，生产力水平就越高；反之亦然。

信息还具有直接创造财富、实现经济效益放大的功能。信息不但本身就是财富的象征，而且可以通过流通和利用直接创造财富。其主要途径可以归纳为：

（1）运用信息可以使非资源转化为资源创造财富。

（2）使用信息取代劳动力、资金、材料等资源创造财富，实现经济效益倍增。

（3）直接让信息作为商品在市场流通中创造财富。

（4）利用信息进行科学决策，减少失误，创造财富。

（二）管理与协调功能

在人类社会中，物质和能源不断从生产者“流”向消费者，这种客观存在的物质流和能源流的运动表现为相应的信息的运动，即信息流的运动。信息流反映物质和能源的运动，社会借助信息流来控制和管理物质流和能源流的运动，左右其运动方向，进行合理配置，发挥其最大效益。

具体到一个企业，信息的管理与协调功能主要表现为协调和控制企业的五种基本资源以实现企业的目标。这五种资源包括人、财、物、设备和管理方法（即“5M”），它们都是通过有关这些资源的信息（如记录在图纸、账单、订货单、统计表等介质上的数据）来进行协调和控制的。例如，在企业活动中，伴随着物质和能源的输入，反映上述5M资源的信息流就会以相互联系的方式扩散和活动，最终作用于物质流和能源流的协调并控制其活动，从而导致优质、高产的产品或服务输出。由此可见，信息的管理与协调功能在企业活动中的作用主要体现在以下三个方面：

（1）传递整个企业系统的运行目的，有效管理5M资源。

（2）调节和控制物质流和能源流的数量、方向和速度。

（3）传递外界对系统的作用，保持企业系统内部环境的稳定。

（三）选择与决策功能

选择与决策是人类最基本、最普遍的活动。信息的这种功能广泛作用于人类选择与决策活动的各个环节，并优化其选择与决策行为，实现预期目标。信息的选择与决策功能体现在两个方面：一是没有信息就无任何选择和决策可言；二是没有信息的反馈，选择和决策就无优化可言。一个典型的选择（或决策）遵循这样的程序：针对某一目标，考虑所受的条件限制和其他约束，从几种可能的方案中做出一种选择。选择单元中的目标、限制条件、多种方案都必须依赖信息的支持。而当一次选择成功之后，还必须依赖反馈信息不断修正，才能达到选择和决策结果的优化（如图1—8所示）。

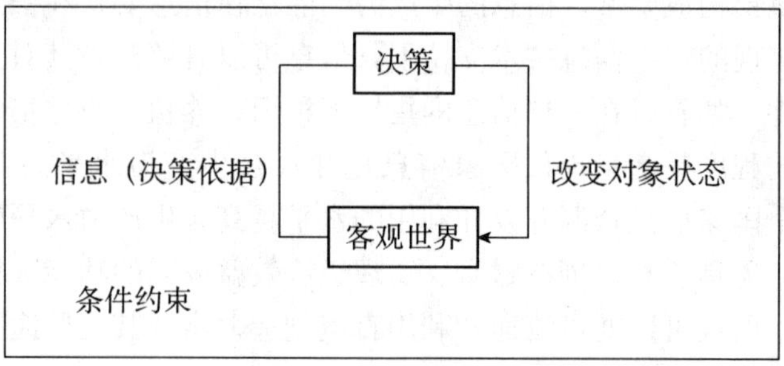

图 1—8 信息与决策

在企业管理中，决策分为不同的层次，不同层次的决策对信息的需求也有所不同，如图 1—9 所示。

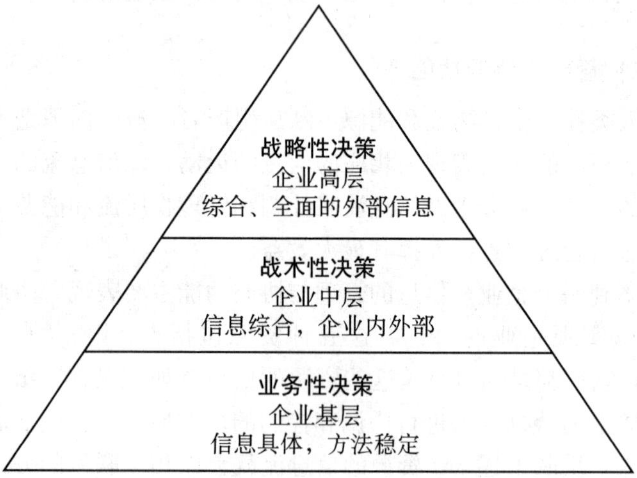

图 1—9 决策层次与信息需求

1. 战略性决策

由企业高层所完成的决策，决策的对象是企业的长远发展目标，如企业的投资方向，新产品开发等。战略性决策属于不确定型决策，决策所需要的信息内容、处理方法是不确定的，所需的信息是综合、全面的，信息大多来自企业外部，少量来自企业内部。

2. 战术性决策

由企业的职能处室、中层管理者所完成的决策。决策所需的信息内容不完全稳定，是综合性信息，信息主要来自企业内部，部分来自企业外部。

3. 业务性决策

由企业基层管理者所完成的决策。决策所需的信息内容具体，结构稳定，来源明确，信息主要来源于企业内部。

（四）研究与开发功能

信息的这种功能实际上是信息的科学功能的具体体现，即在科学研究和技术创新活动中，信息具有激活知识、生产知识的能力。

第3节 信息化概述

一、信息化的含义和内容

(一) 信息化的含义

“信息化”这个名词是日本学者梅棹忠夫在其1963年撰写的专著《信息产业论》中首先提出的，同时，他将以信息为中心的社会定义为“信息化社会”。显然，“信息化”这个词是从“工业化”借用而来的。在英文中，与信息化对应的词有三个，即informatization（美式英语），informatisation（英式英语）及informationalization。前两个词使用得比较广泛，后一个词则用得较少，但在阿尔文·托夫勒（Alvin Toffler）的著作、讲话和文章中三个词都有使用。

经过几十年的发展，信息化这个概念在全球已经得到广泛的认同和使用，也出现在联合国的正式文件中。1998年，联合国教科文组织在代表联合国出版的《知识社会》一书中指出：“信息化既是一个技术的进程，又是一个社会的进程。它要求在产品或服务的生产过程中实现管理流程、组织机构、生产技能及生产工具的变革。”

如何理解信息化（informatization)？在汉语中常在某个名词后面加上一个“化”字，例如农业化、工业化、信息化等，“化”的含义主要是转化，是一个逐渐转变、深入和普及的过程。“农业化”使人类由靠采集食物、捕猎动物为生的原始社会向以栽培植物、畜养动物为生的农业经济变化；“工业化”使人类由自给自足的小农经济向货物和服务的商业性生产的工业经济变化；“信息化”则使人类由工业经济向充分利用信息和由信息而产生的知识的服务经济变化。信息化是由信息革命所引起的一个社会经济变革的过程。中国的《2006—2020年国家信息化发展战略》指出：“信息化是充分利用信息技术，开发利用信息资源，促进信息交流和知识共享，提高经济增长质量，推动经济社会发展转型的历史进程。”我国著名信息化专家陈禹教授提出，信息化指的是在现代信息技术广泛普及的基础上，社会和经济的各个方面发生深刻的变革，通过提高信息资源的管理和利用水平，使各种社会活动的功能和效率大幅提高，从而达到人类社会新的物质和精神文明水平的过程。信息化的概念具备如下要点：

（1）信息化是一个漫长的过程。

（2）现代信息技术是信息化的基础。现代信息技术包括：网络技术、数据库技术、多媒体技术和计算机软件技术。

（3）信息化的全面性推动着社会和经济的各个方面发生深刻的变革。

（4）信息化的核心是信息资源利用水平的提高。信息资源由信息生产者、信息和信息技术三大要素构成。

（5）信息化的成果促使各种社会活动的功能和效率大幅提高。
（6）信息化的目标是达到人类社会新的文明水平。

（二）信息化的内容

信息化是一个庞大的体系，包括诸多方面的内容。国家信息化领导小组对信息化体系的界定为："信息化是以信息技术广泛应用为主导，信息资源为核心，信息网络为基础，信息产业为支撑，信息人才为依托，法规、政策、标准为保障的综合体系。"我国政府把信息化工作的内容分为六部分：

（1）信息网络基础设施的建设。
（2）信息技术的应用。
（3）信息资源的开发利用。信息资源的开发利用是信息化的目的和主要活动。
（4）信息产业的发展。信息产业包括信息产品制造业和信息服务业。
（5）信息人才的培养。
（6）信息政策、法规和标准的制定。

二、信息化与信息管理

信息化是现代社会发展的大趋势，要推进信息化，离不开现代信息技术，离不开信息管理，那么它们之间又是怎样的关系呢？张士玉教授在其编著的《信息管理与信息系统专业导论教程》一书中进行了阐述，他认为信息系统是信息化和信息管理的基本方法，信息管理是信息化的具体体现，是在信息化进程中进行的一系列管理活动。

（一）信息化与信息系统

信息化在各行各业的具体体现是信息管理，而信息管理所依靠的手段是各级信息系统（information system，IS）。

一个组织机构的信息系统由三大部分构成：机构、人员和设备。即从事信息管理的机构、人员和设备形成的整体，构成了一个组织的信息系统，它是组织的神经系统。信息系统以现代信息技术为手段，通过信息机构和信息工作者为组织进行信息资源管理，包括信息的收集、存储、加工、传递和使用。

所以说，建立信息系统是进行信息资源管理和实现信息化的核心任务。信息系统是信息化和信息管理的基本方法，其目的是有效地开发利用信息资源。

（二）信息管理与信息化

提高信息资源的利用和管理水平，是信息化的核心任务，是信息化建设的出发点和归宿，是信息化建设效益的根本标准。信息资源开发是将潜在的信息资源变成现实的信息资源。信息资源利用是使现实的信息资源发挥作用、产生效益。信息化的任务和目标要靠信息管理实现，所以信息管理是信息化的具体体现，是在信息化进程中进行的一系列管理活动。一个组织机构的信息化目标要通过信息管理活动来完成，包括：

（1）建立完善的信息管理体制。

（2）建立稳定可靠的信息系统。

（3）提高信息资源的利用和管理水平。

（4）建立信息管理的组织机构和队伍。

信息管理要解决的问题是：

（1）收集什么信息？

（2）信息服务的对象是谁？

（3）为不同的对象提供什么样的信息服务？

（4）如何收集、加工、处理、传输信息？

对于一个组织机构，信息管理所起的作用是：

（1）及时、准确、完整地收集信息。

（2）支持事务处理，提高管理效率。

（3）有效反馈信息，提高控制水平。

（4）支持决策，提高决策水平。

（5）降低组织机构的运行成本。

（6）提高组织对外界的反应能力。

信息、信息管理和信息系统已经深入人类工作和生活的一切领域，政府管理、企业管理、社会管理等领域都离不开对信息的收集、整理、加工、分析和利用，其中的有力工具就是信息系统。信息技术改变了当今世界，包括政府管理、企业管理、教育、经济、日常办公、商业行为和人们的日常生活，乃至改变了人们的思维。在当代社会，信息化水平已经是衡量一个国家、地区综合实力的重要标志之一，也是提高企业竞争力的重要手段之一。

三、我国信息化发展的战略重点

1. 推进国民经济信息化

推进面向“三农”的信息服务，利用信息技术改造和提升传统产业。促进信息技术在能源、交通运输、冶金、机械和化工等行业的普及应用，推进设计研发信息化、生产装备数字化、生产过程智能化和经营管理网络化。

加快服务业信息化。加快发展网络增值服务、电子金融、现代物流、连锁经营、专业信息服务、咨询中介等新型服务业。大力发展电子商务，降低物流成本和交易成本。

鼓励具备条件的地区率先发展知识密集型产业。

2. 推行电子政务

改善公共服务。逐步建立以公民和企业为对象、以互联网为基础、中央与地方相配合、多种技术手段相结合的电子政务公共服务体系。通过电子政务体系加强社会管理、强化综合监管、完善宏观调控。

3. 建设先进网络文化

牢牢把握社会主义先进文化的前进方向，支持健康有益的文化，大力推进中华民族优秀文化作品的数字化、网络化，规范网络文化传播秩序，使科学的理论、正确的舆论、高尚的精神、优秀的作品成为网上文化传播的主流。

4. 推进社会信息化

加快教育科研信息化步伐，加强医疗卫生信息化建设，完善就业和社会保障制度、服务体系以及推进社区信息化。

5. 完善综合信息基础设施

推动网络融合，实现向下一代网络的转型。加快改革，从业务、网络和终端等层面推进“三网融合”，建立和完善普遍服务制度。

6. 加快信息资源的开发利用

建立和完善信息资源开发利用体系。加快人口、法人单位、地理空间等国家基础信息库的建设，拓展相关应用服务。充分发挥信息资源开发利用对节约资源、能源和提高效益的作用，发挥信息流对人员流、物质流和资金流的引导作用，促进经济增长方式的转变和资源节约型社会的建设。

7. 提高信息产业竞争力

突破核心技术与关键技术，培育有核心竞争力的信息产业。

8. 建设国家信息安全保障体系

全面加强国家信息安全保障体系建设。坚持积极防御、综合防范，探索和把握信息化与信息安全的内在规律，主动应对信息安全挑战，实现信息化与信息安全协调发展。

9. 提高国民信息技术应用能力，造就信息化人才队伍

提高国民信息技术应用能力，培养信息化人才，鼓励各类专业人才掌握信息技术，培养复合型人才。

基本概念

系统（system）

系统科学（system science）

系统工程（systems engineering）

信息（information）

信息化（informatization）

思考题

1. 什么是系统？系统如何分类？
2. 系统的特性有哪些？
3. 什么是系统科学？

4. 简述系统工程方法。
5. 什么是信息?
6. 信息的属性有哪些?
7. 根据你对信息的理解，谈谈信息的功能。
8. 什么是信息化?
9. 信息化的内涵是什么，它与信息系统是怎样的关系?

案例分析

上海元祖食品有限公司的信息化历程

一、公司概况

1993 年，台湾元祖食品在上海四川路开店营业，上海元祖食品有限公司从此诞生。如今，元祖食品已然成为“精致礼品名家代言者”。

元祖食品公司诞生于我国台湾地区，始于 1976 年在台北万华区开办的“如意堂”食品店，该店的创始人叫张秀琬，她一开始主要经营自产自销的，受当地人喜欢的新鲜可口、乡土味浓的糯米团。1980 年公司正式成立。该公司目前不仅在台湾地区家喻户晓，其产品还远销美国、加拿大、东南亚等华人集中的地方。

1993 年，元祖食品进驻上海，以上海为基地，先后在无锡、杭州、成都、武汉、青岛等主要城市开设分店，由于产品质量好，不断有新品给消费者带来惊喜，加上强大的广告攻势以及强有力的管理，元祖食品一跃成为上海乃至全国食品加工业的佼佼者。

公司采用“连锁经营＋特许经营”的模式。从管理方式上看，公司主要采用的直营连锁在集中管理方面有一定的优势，但伴随加盟店数量不断增多，如果其数量超过直营店，对加盟店的控制和获取加盟店市场信息以支持自身的快速反应能力将越来越困难，这就需要新的管理手段为企业提供“延伸的市场触角”。

实施规范化、标准化管理，采用现代化管理手段，从根本上改进管理方式和技术支撑手段，成为公司的当务之急。

二、公司信息化尝试

公司扩张过程中所遇到的问题使公司领导层认识到，如果不彻底对整个系统进行改革，公司将会被庞大的规模拖垮。于是，公司的高管想借助信息技术之力，帮助企业解决当时面临的管理难题。

公司在上海的经营有了一定的规模，逐步在门店引进了 CASIO 收款机等简单信息处理设备。后来，公司总部的 IT 部门还自行开发了一套小型进销存系统，开始真正迈开企业信息化的第一步。不过，由于当时各门店收款机并未和总部相联通，一个月累积下来的会计漏洞还是让管理者感到头痛。

1999 年，在公司分店开进上海各区县之后，公司决定引进 POS 系统，当时邮通在开发 POS 系统方面具有很强的实力，因此公司决定与之合作。当时，公司虽然意识到随着门店数量增加，企业管理面临巨大压力，但却把问题简化到门店 POS 系统层面上，而非整个企业业务流程。因此，即使是擅长开发 POS 系统的邮通也难以通过孤立的门店 POS

环节来解决该公司想要解决的企业管理问题。这个投资 20 万元的项目最终于 2000 年年底结束。仅从门店 POS 系统来看，这个项目是如期完成了。但事实上，它并没有解决该公司面临的管理问题，因此从整个企业层面来看，这个项目是失败的。整个 IT 部门也因这个项目的失败而动摇了其在企业高管心目中的位置。

三、ERP 实施过程

经历了“邮通 POS”项目的失利，2001 年 4 月，公司聘请了曾在另一家食品零售企业工作，主要负责 IT 系统开发和管理的倪国栋，8 月，他被任命为 ERP 项目的经理，责任是推动公司实施信息化管理。

（一）软件选型和供应商选择

烘焙行业与其他传统的食品行业显著不同，它具有典型的“前店后厂”的行业特征，即“制造＋零售”，这就决定了该公司既是制造商也是零售商。这也意味着该公司进行软件选型和供应商选择具有一定的特殊性。作为一个制造商，公司的信息系统应该具有一般意义上的 ERP 功能，即包含控制制造过程的资源计划，同时作为零售商，公司的信息系统必须包含 POS 系统。因此，ERP 与 POS 必须是紧密联系、相辅相成、互为一体的系统。

每个企业都有自己的特殊需求，即使设计完美的软件包也只能满足 70%～80%的需求。对于元祖来说，由于经历过惨痛的失败，公司经过权衡决定将信息系统做成一套如其产品一样的精品，从而形成自己真正的核心竞争力。于是，公司选择了金盛软件。

事实上，金盛软件在业内名气并不是很大，但它的长处是在软件技术方面。而早在正式与金盛签订合同之前，公司的 IT 部门、业务部门就与金盛有过合作。金盛将自己开发好的原型演示给元祖公司，客户能够想到的方方面面金盛都做了预先考虑。金盛深知，对真正要实施信息化改革的企业来说，最关键的是项目的成败，因为项目是否成功关系到公司的很多管理问题，对企业的冲击和影响也很大。

确定供应商以后，2001 年 10 月 6 日，ERP 实施动员会在上海举行，此后，公司高层领导非常重视该项目的实施，每周例会董事长都会亲临现场，而在实施时又敢于全权放手，给项目组以有力的支持。

（二）深入调研

金盛通过平常的密切接触不断与公司进行实质性沟通，对公司业务情况有了较为详尽的了解。在项目启动后，金盛按照自身掌握的情况，展开了深入调研，就它们在开发中尚不清楚的地方进行细致考察。这样，既可以对客户公司的全局有一个系统把握，也不会被众多一线员工纷繁复杂的抱怨或意见所左右，同时也保证了调查的效率。

（三）开发 POS 系统

完整的信息系统应该包括 POS 和 ERP 两部分。但金盛是一家专门提供 ERP 解决方案的软件供应商，并没有开发 POS 终端系统的经验。因此，在元祖公司挑选软件供应商时，为了在众多实力雄厚的供应商中胜出，金盛在还没有正式签订合同之前，就先着手 POS 系统的开发。金盛交出的 POS 系统原型是一个星期奋战的结果。一个月内，金盛开发出了一套令人满意的 POS 系统，使整个项目开始朝好的方向发展。

由于 POS 系统开发的成败在很大程度上决定了整个项目能否成功，所以元祖公司决定先开发和实施 POS 系统，将最难的放在最前面攻克。

元祖公司使用的终端机仍然是以前的终端机。于是，金盛将各门店的POS机都收回来，待软件升级成功以后再发回去，这样仅仅用了3天时间，所有门店的POS系统就能正常运作了。

元祖公司一线的很多员工都是老员工，年龄偏大，新系统对他们来说无疑是个挑战。针对这种情况，一方面，公司要求金盛把POS终端做得简单易操作（称之为“老大妈POS系统”）；另一方面，公司采取合理科学的激励措施来引导老员工学习新技术，公司还设计了完善的培训机制，并设有人力资源培训专员。半个月的技术培训中，金盛的IT人员从早上6:00到晚上12:00一直守候在技术热线边上，及时解答员工碰到的各种问题，这也给元祖公司的员工带来很大的激励。

元祖公司要求老员工在两个星期内培训到位。公司将实行严格的考核机制和激励措施。从正式装上POS终端机的第二天起，公司就开始让一线员工输入数据。

两个多月后，新系统进入细化、优化阶段，公司加大了每月进行财务清理的频率，以核查系统运行的正确性及有效性。有时一个月总共查三次账。前几次的账目会有一些错误出现，但随着系统的完善以及操作人员对系统越来越熟悉，错误越来越少。到2001年2月，账目出错的频率基本上控制到最低限度。

（四）实施ERP系统

1. 库存系统

库存系统是公司实施ERP系统的第一关，也是数据的源头之一。以前，公司仓库由一些年纪大的员工看管，他们对于计算机一窍不通。POS系统实施后，一些年轻人通过培训很快学会了计算机操作，于是，公司将这些人调到库存岗位上，作为过渡，暂时代替老员工。年轻人学会软件操作后，再负责教会这些老员工。这样就解决了该公司在实施库存系统中碰到的员工素质方面的问题。

2. 管理上的障碍

公司虽然有决心实施ERP系统，但由于以前公司管理方面的非规范化，在项目实施过程中，很多基本的管理问题就暴露出来，公司清楚地认识到要把ERP做下去，就必须尽早扫清这些管理上的障碍。基础数据的正确性是ERP系统正常运转的前提条件之一。当时元祖公司在财务上存在严重的账实不符的问题。公司坚持以实物盘点为准，哪怕账面上出现巨大差额。第一次盘点仓库时，就出现了巨大的漏洞，这也是意料之中的，但公司要求必须给出一个合理的解释。到了第二次盘点，就要力争实物与账面价值的准确性了。这时，金盛方面的人员可以不参加盘点。到第三次盘点时，连公司IT部门的人员也不必参加盘点了。

3. 专门人才的培养

为了保证ERP系统能够充分发挥其功效，公司在实施ERP信息系统的过程中，采取核心人才重点培养的“3+1”策略。“3+1”是指每个部门要有3人全面了解该部门的ERP系统操作，还要有1人熟悉其他各部门实施ERP的情况。公司有这种类型的ERP专才共13名，号称“十三太保”。

四、信息系统带来的收益

（一）堵塞管理漏洞

公司实施ERP项目之前，管理流程中存在许多漏洞，比如，每年过节发放购物券是不可避免的，一般购物券的出售价格都比面值低。而随着节日的临近，出售购物券的折扣是递减的，这就造成有些门店或个人虚报出售时间，为自己获取差额利润。金盛的系统为购物券编号，实时向总公司通报购物券的销售情况，用信息系统防止了这种漏洞。

（二）市场反应速度提高

实施ERP以后，直营店和加盟店的信息系统可以直接将销售数据定时传送到公司总部，有专人对数据进行分析，公司可以及时知道什么时段卖什么产品最好，可以知道所发放的购物券究竟产生了多少价值，甚至还可以对特许加盟店的商业价值做出评估。

（三）管理模式的复制

公司前几年的地域扩展使得分公司遍布全国各地，要使这些直营店和加盟店的管理模式与总部保持一致是非常困难的。新的信息系统使公司的管理模式可以在全国的任何一家分店快速复制，为该公司的地域扩张战略提供了基础和支持。

资料来源：改编自徐志坚主编：《管理信息系统案例精选》，北京，北京师范大学出版社，2010。

思考

1. 作为一家食品公司，你认为它为什么发展管理信息系统？
2. 公司在推进信息化的过程中应用了哪些信息技术和信息系统？
3. 公司信息化的目标是什么？
4. 在公司信息化过程中，系统工程理论体现在哪些方面？

第2章 管理信息系统的概念

本章重点

1. 掌握管理信息系统的本质
2. 了解管理信息系统的结构
3. 熟悉管理信息系统的发展历程
4. 了解管理信息系统与其他学科的关系

引 例

王丽娜的一天

管理学院信息管理与信息系统专业的王丽娜，早上一起来就直奔银行去取父母寄来的这个月的生活费。在ATM机前排队时她忽然想到：银行的这些存取款系统不就是信息系统吗？取完钱又去沃尔玛超市买了一些日用品与零食，在收银处结账时，她想，这不也是信息系统吗？回到学校先去食堂给饭卡充值，看着饭卡充值人员的电脑，王丽娜觉得这也是一个信息系统。充值完成后赶快把快到期的图书还到图书馆，图书管理员只扫描一下图书条码便完成了图书还阅工作，王丽娜不禁赞叹图书借阅系统的高效。

回到宿舍，同宿舍的李纯告诉她："通知网上选课了，要求抓紧时间完成！"王丽娜熟练地输入网址，但就是连接不上，就问："怎么，教务选课网站坏了吗？"李纯答道："很多人今天都在选，网络忙，选不上！"王丽娜说："这个选课的网站不也是我们专业所学的信息系统吗？到底是网络忙还是系统忙？你说我们学信息系统的能有办法解决这个问题吗？让大家一下子就能打开网页，选上课程。"李纯说："是呀，这也正是我们专业要学习的内容吧。"王丽娜又说："以前没注意，今天仔细观察，发现身边的信息系统还真不少！"李纯也说："不是说现在是信息时代吗？我们就生活在一个信息化的世界，真没法想象没有信息系统的生活。"

同学们想一下，我们日常用到的系统还有哪些？除了生活中，在企事业单位也大量存在各种各样的系统，如财务管理系统、工资管理系统、企业的生产安排与计划系统、仓储分析与优化系统、货物配送系统、销售管理系统、客户分析系统等。现代社会没有信息系统便难以运转。

第1节 管理信息系统概述

一、管理信息系统的定义

管理信息系统常称做 MIS（management information system），在信息时代成为企业管理的重要工具，也是企业管理现代化的重要标志。管理信息系统是一门新的学科，它横跨管理科学、系统科学、运筹学、统计学以及计算机科学等领域，在此基础上，形成信息收集和加工的方法，构成一个纵横交织的系统。

管理信息系统是20世纪80年代才逐渐形成的一门新的学科，其概念至今尚无统一的定义，其理论基础尚不完善。但从国内外学者给管理信息系统所下的定义来看，人们对管理信息系统的认识在逐步加深，管理信息系统的定义也在逐渐发展和成熟。管理信息系统的定义有很多种，研究者们从各自的角度出发给出了不同的定义，这里选取几个典型的代表（见表2—1）。

表2—1 管理信息系统的定义

时间	学者	定义
1950年	西蒙（Simon）	以较低的成本得到及时准确的信息，做到较好的控制，主要用于会计工作。
1970年	沃尔特·T·肯尼万(Walter T. Kennevan)	以口头或书面的形式，在合适的时间向经理、职员以及外部人员提供过去的、现在的、未来的有关企业内部及其环境的信息，以帮助他们进行决策。
1985年	戈登·B·戴维斯(Gordon B. Davis)	管理信息系统是一个利用计算机软硬件资源以及数据库的人机系统。它能提供信息支持企业或组织的运行、管理和决策功能。
现在	普遍接受的观点	以人为主导，利用计算机硬件、软件、网络通信设备以及其他办公设备，进行信息的收集、传输、加工、存储、更新和维护，以企业战略竞优、提高效益和效率为目的，支持企业的高层决策、中层控制、基层运作的集成化人机系统。

二、管理信息系统的本质

我们这里不希望下一个确切的定义，要深入理解管理信息系统，必须认识到它的本质是由管理、信息与技术三部分整合而成的系统（如图2—1所示）。

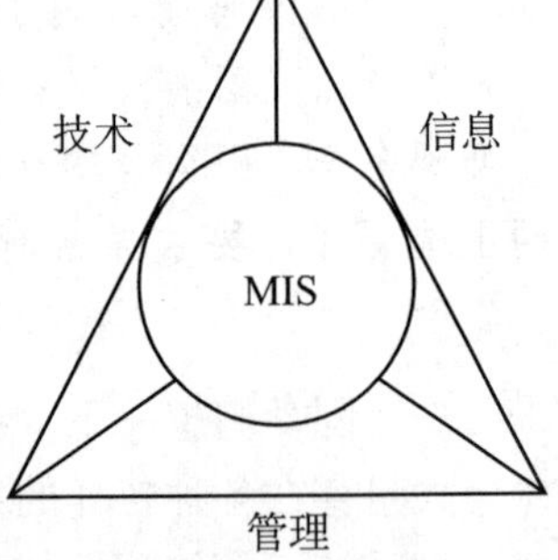

图2—1 管理信息系统的构成

从管理层面来看，管理是信息系统的核心与落脚点，信息系统是提高管理效率的工具，是企业为应对环境的挑战，以信息技术为基础而做出的一种组织与管理的抉择。管理信息系统要把组织理论、会计学、统计学、数学模型及经济学的思想体现在先进的计算机硬件和软件系统中。

从信息层面来看，管理信息系统是一个能管理信息的收集、传递、存储、加工、维护和使用的系统，能够提供过去、现在和将来预期的信息（这些信息涉及内部业务和外部情报），按适当的时间间隔提供格式相同的信息。

从技术层面来看，管理信息系统是一个具有高度复杂性、多元性和综合性的人机系统，它全面使用现代计算机技术、网络通信技术、数据库技术以及管理科学、运筹学、统计学、模型论和各种优化技术，为经营管理和决策服务。

由此我们不难理解，管理信息系统是一个不断发展和完善的过程。每当有新的管理理念、新的信息技术与新的组织环境变化出现时，对管理信息系统的定义与认识就会发生巨大的变化。

三、管理信息系统的功能与特点

（一）管理信息系统的功能

1. 数据处理功能

数据处理功能包括数据收集和输入、数据传输、数据存储、数据加工处理和输出；全面、准确地向管理者提供他们所需要的各种信息。

2. 计划功能

管理信息系统能够根据企业面临的约束条件，合理地安排各职能部门的计划，按照不同的管理层提供相应的计划报告，从而提高管理工作的效率。

3. 控制功能

根据各职能部门提供的数据，对计划的执行情况进行监测、检查，比较执行与计划的差异，对差异情况分析其原因，辅助管理人员及时以各种方法加以控制。这样便于管理者及时发现问题，解决问题。

4. 预测功能

由于管理信息系统使用了一定的数学方法并且引入了预测模型，因此它可以利用历史的数据对将要发生的活动进行预测，从而使管理者尽早地制定未来发展的战略。

5. 决策支持功能

采用各种数学模型和存储在计算机中的大量数据，及时推导出有关问题的最优解或满意解，辅助各级管理人员进行决策，以期合理利用人、财、物和信息资源，取得较好的经济效益。

（二）管理信息系统的特点

1. 面向管理决策

管理信息系统是继管理学的思想方法、管理与决策的行为理论之后的一个重要发展。它是一个为管理决策服务的信息系统，必须能够根据管理的需要，及时提供所需的信息，帮助决策者作出决策。

2. 综合性

从广义上说，管理信息系统是一个对组织进行全面管理的综合系统。一个组织在建设管理信息系统时，可根据需要逐步应用个别领域的子系统，然后进行综合，最终达到应用管理信息系统进行综合管理的目标。管理信息系统综合的意义在于产生更高层次的管理信息，为管理决策服务。

3. 人机系统

管理信息系统的目的在于辅助决策，而决策只能由人来做，因而管理信息系统必然是一个人机结合的系统。在管理信息系统中，各级管理人员既是系统的使用者，又是系统的组成部分。在管理信息系统开发过程中，要根据这一特点，正确界定人和计算机在系统中的地位和作用，充分发挥人和计算机各自的长处，使系统整体性能达到最优。

4. 与现代管理方法和手段相结合的系统

只简单地采用计算机技术提高处理速度，而不采用先进的管理方法，管理信息系统的应用仅仅是用计算机系统仿真原手工管理系统，充其量只是减轻了管理人员的劳动，其作用十分有限。管理信息系统要发挥其在管理中的作用，就必须与先进的管理手段和方法结合起来，在开发管理信息系统时，融入现代化的管理思想和方法。

5. 多学科交叉的边缘学科

管理信息系统作为一门新的学科，产生较晚，其理论体系尚处于发展和完善的过程中。研究者从计算机科学与技术、应用数学、管理理论、决策理论、运筹学等相关学科中抽取相应的理论，构成管理信息系统的理论基础，使其成为一门有鲜明特色的边缘学科。

第 2 节　管理信息系统的结构

一、管理信息系统的物理组成

现代企业中的管理信息系统，是为了实现组织的整体目标，对管理信息进行系统、综合的处理，辅助各级管理决策的计算机硬件、软件、通信设备、规章制度及有关人员的统一体。从实体系统的角度来看，管理信息系统的物理组成包括：(1) 计算机网络环境：计算机硬件、网络通信设备、传输介质、计算机支持软件（操作系统、数据库管理系统、开发工具）；(2) 管理信息系统应用软件；(3) 数据（信息）资料；(4) 信息收集、处理设备，输出设备；(5) 规章制度；(6) 开发、使用和维护人员。拿大家比较熟悉的超市收银系统来讲，用到的一些物理组成如图 2—2 所示。

				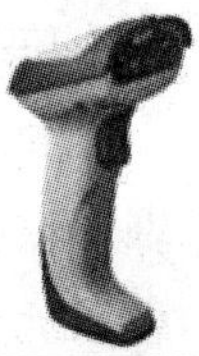
收银机（POS）	票据打印机	条码打印机	顾客显示屏	条码枪

电子秤	盘点机	会员卡	钱箱	耗材

图 2—2　超市收银系统的常用物理组成

二、管理信息系统的功能结构

从信息处理过程和方式来看，管理信息系统符合信息运动的一般规律（信息的收集、处理、存储与传输），形成了一定的功能结构（如图 2—3 所示）。

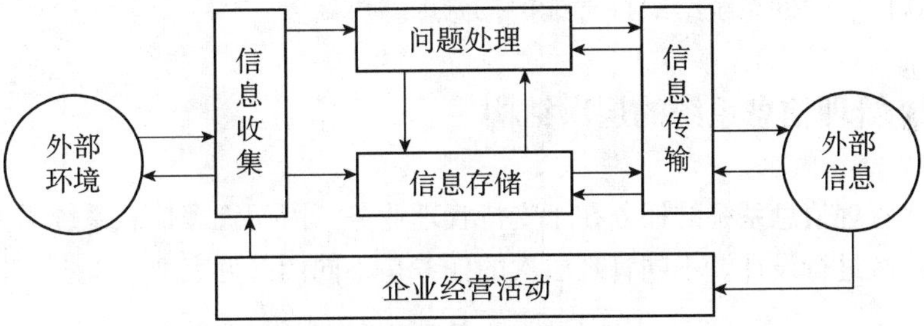

图 2—3　管理信息系统的功能结构图

（一）信息收集

管理信息的收集包括原始数据的收集、信息的分类与编码、信息存储与信息传输等过程。在管理信息系统中，所收集信息的准确性、完整性和及时性，直接关系到系统输出信息的质量和管理决策水平。在信息收集工作中，必须按照统一的规范对各种原始数据进行科学的、合理的分类和编码，以保证信息处理和传输的准确性与效率，便于管理信息系统各部分以及信息系统与其他系统之间实现资源共享。

（二）信息存储

信息存储系统是管理信息系统的基础平台，企业经营活动所需的信息都是在这里存放、从这里提取的。

（三）问题处理

问题处理是针对各级各类管理问题的需要，进行信息查询、检索、分析、计算、综合、提炼、优化、预测、评价等工作。它是管理信息系统的核心，是管理信息系统支持管理决策成败的关键所在。从技术角度来说，管理信息系统的开发是围绕问题处理展开的，以帮助企业解决实际的问题。

（四）信息输出

信息输出对于任何信息系统来说都是基本功能。管理信息的输出是管理者实施决策、驾驭整个企业的业务活动的主要手段之一，因此，输出的信息必须及时、准确、适用。内容上简练、明确、具体、易懂，便于执行，便于检查，安全保密性好，对于实施决策至关重要。输出信息的常用工具有打印机、绘图机、终端屏幕、计算机网络或数据通信的有关设备，以及电视、电话、传真和邮件传递系统等。

（五）信息管理机构

信息管理机构是信息系统管理者的组织机构，负责制定和实施管理信息系统工作的各项规章、制度、标准、规范，对整个系统的运行进行检查、监督，对各部分的工作进行协调，对管理信息系统的开发、扩充进行规划并组织实施，对信息处理的软件、硬件系统组织日常维护、修理与更新。

三、管理信息系统的层次结构

管理信息系统的任务在于支持管理业务，因而管理信息系统需要按照管理任务的层次进行设计。不同管理层次的任务是不同的（见表 2—2）。

表 2—2　管理层次与内容

管理层次	管理任务和内容
战略管理（高层）	规定组织的目标、战略与模式
战术管理（中层）	获得组织所需的各种资源，实施监控等
作业管理（基层）	有效利用各种资源，在规定范围内从事管理活动

在实际工作中，由于管理者所处的管理层次不同，思考问题的角度不同，同一个问题可以属于不同的管理层次。不同管理层次对信息的需求也不相同，其信息特征的差别如表 2—3 所示。

表 2—3　各管理层次的信息特征

管理层次	信息特征						
	来源	范围	概括性	时间性	变化性	精确性	使用频率
战略管理	外部	宽泛	概括	未来	相对稳定	低	低
战术管理	内部	相对确定	较概括	综合	定期变化	较高	较高
作业管理	内部	确定	详细	历史	经常变化	高	高

从管理决策问题的性质来看，不同管理层次也不相同：战略管理层的决策内容关系到组织的长远目标，以及制定获取、使用各种资源的政策等方面，大多数属于非结构化问题的决策。决策者是组织的高层管理人员，他们除需要根据组织的外部环境和内部条件来做出决策外，还需要具有一定的知识、阅历、经验和胆识。作业管理层的决策内容是关于如何有效利用组织的资源，并按照既定的程序和步骤进行工作，大多数属于结构化问题的决策。决策者是基层管理人员，要求他们具有组织实施的能力。而战术管理层的决策内容介于战略管理层和作业管理层之间，既有结构化问题的决策，也有非结构化问题、半结构化问题的决策，决策者是组织的中层管理人员。由上述情况可知，管理信息系统的金字塔结构如图 2—4 所示。

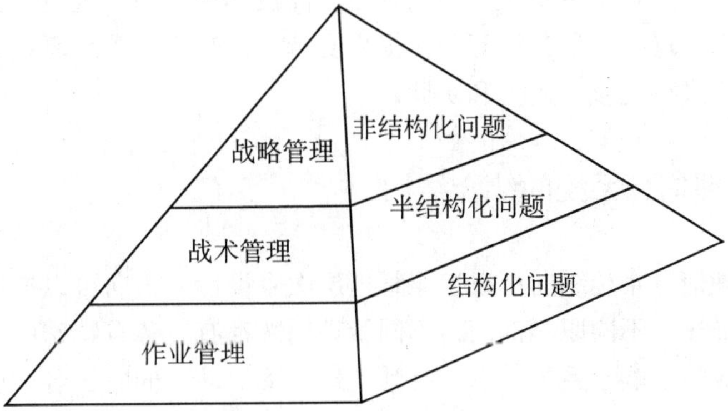

图 2—4　不同管理层次所使用的系统

四、管理信息系统的职能结构

管理信息系统可以按照管理职能分成相互关联的若干子系统。如制造企业的管理信息系统可分为以下子系统（见图 2—5）。

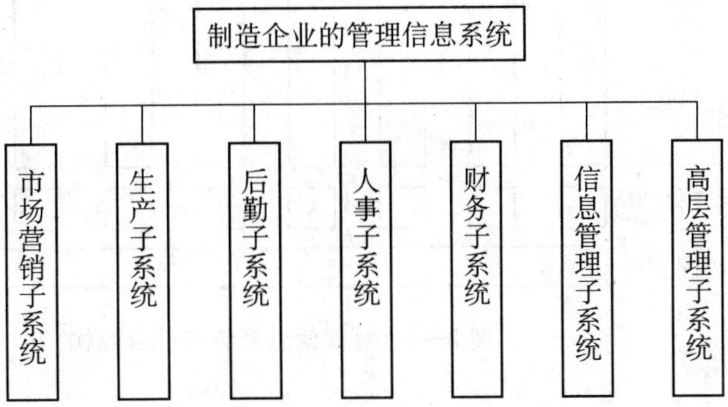

图 2—5　管理信息系统的职能结构

（1）市场营销子系统，进行销售统计、销售计划等工作，协助管理者进行分析与预测，制定销售规划和策略。

（2）生产子系统，协助管理者制定与实施产品开发策略、生产计划和生产作业计划，进行生产过程中的产品质量分析、成本控制与分析等。

（3）后勤（供应）子系统，协助管理者制定物资采购计划，并进行物资的存放与分配管理。

（4）人事子系统，协助管理者进行人员需求预测与规划、绩效分析、人员培训、工资管理等。

（5）财务子系统，协助管理者进行财务管理、财务计划和财务分析、资本需求规划、收入度量等。

（6）信息管理子系统，协助管理者制定信息系统的发展规划，对信息系统的运行和维护进行统计、记录、审查、监督，并对各部分工作进行协调。

（7）高层管理子系统，面向企业最高级领导部门和人员，为高层管理人员制定战略计划、进行资源分配等工作提供支持，同时协助管理者进行日常事务处理，对下级工作进行检查、监督和协调。

五、管理信息系统的综合结构

管理信息系统纵向可以按照管理层次来设计，横向可以按照使用信息的组织职能加以描述。不同职能部门、不同管理层次都有着各自特殊的信息需求，需要专门设计相应的功能子系统，以支持其管理决策活动，同时，各职能部门、各管理层次之间存在各种信息联系，从而使各个功能子系统构成一个有机结合的整体，形成管理信息系统纵横结合的综合结构（如图 2—6 所示）。

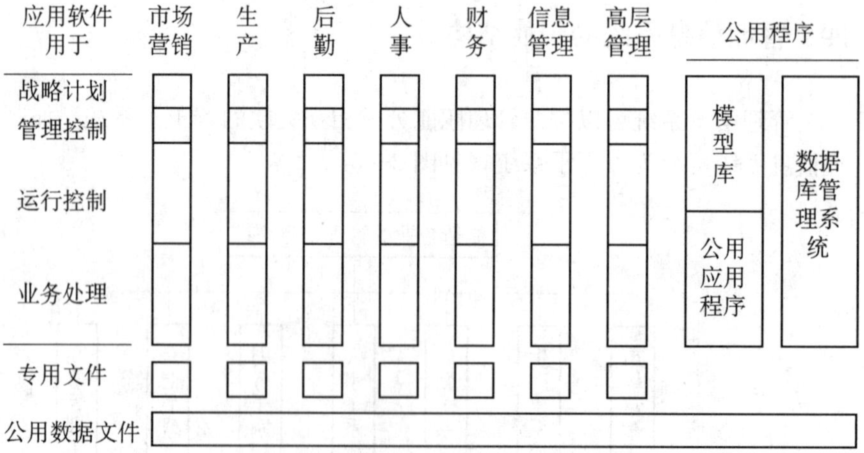

图 2—6 管理信息系统的综合结构

六、管理信息系统的空间分布结构

硬件、软件、数据等信息资源在空间的分布随信息技术与管理方法的改进而变化，按照空间分布，管理信息系统的结构可以分为如下四种（见表 2—4）。

表 2—4　**管理信息系统的空间分布结构**

空间分布	信息技术	时期	主要内容
集中数据处理	大型机系统	1954—1964 年	会计与事务性应用
面向管理的数据处理	微机系统	1965—1979 年	直接支持管理和作业活动
分布式终端用户计算	分布式信息系统	1980—1985 年	在用户直接控制下的个人计算机
交互式网络	网络化系统	1986 年至今	连接个人最终用户

资料来源：秦秋莉，邵丽萍，刘会齐：《管理信息系统》，北京，科学出版社，2010。

（一）集中数据处理

直到 20 世纪 60 年代中期，管理信息系统仅仅用来处理工资、账单和类似文书工作的数据，应用范围非常狭窄，只是用计算机取代手工记录与计算。当时购买大型计算机花费巨大，维护和操作也需要专门的高级人才，再加上通信技术落后，这些状况都限制了大型机的广泛应用，企业只能把所有数据集中起来统一处理。这种批处理式的集中数据处理，对于编制会计月度报表效果较好，但难以提供企业所需的当前信息。

（二）面向管理的数据处理

1965—1979 年间，由集中数据处理扩展到为管理与作业活动提供支持，不仅财务部门需要信息管理，其他部门（如采购、市场、工程、研发、生产等）也都开始了信息管理活动，后期的信息管理职能也逐渐变为由一个独立的部门来完成，从而形成了面向管理的数据处理，真正意义上的管理信息系统产生了。

（三）分布式终端用户计算

这一时期，个人计算机变得非常普及，管理者成为终端用户，信息系统进入客户机/服务器时代，通过建立高性能的局域网实现组织内外的信息共享与交流，很多企业由此获得巨大的竞争力。信息管理部门由数据处理部门变为信息支持中心，为企业提供信息管理方面的建议、服务与培训等。

（四）交互式网络

分布式的客户机/服务器模式迅速占据了 20 世纪 90 年代信息系统的主导地位，与此同时，一种基于互联网的新的浏览器/服务器模式的信息系统快速崛起，发展成为一个灵活的、无结构的信息与通信网络，提供了一种完全自由的交互式信息交流方式。借助于互联网，局域网的障碍被打破，相隔遥远的管理者可以相互通信、召开会议、发送电子邮件等。企业员工可以将自己的计算机作为终端进入大型机系统，共享部分硬件、软件与数据，管理者可以通过网络更及时、密切地关注下属员工的工作。

案例 2—1

大型综合连锁超市的管理信息系统

大型综合连锁超市中的各职能部门

采购部：商场运作核心部门，采购经理负责制定公司的商品定位、商品结构、商品价格体系等商场战略目标。按商品部门设置的部门采购员及部门采购主管则负责本部门商品采购计划的制定、供货商及商品的选择、采购业务的具体执行。

营运部：负责卖场的现场管理，主要工作为：商品的补货、续订货；卖场商品售卖状况的监督；报损；商品组合的建议；特殊商品的降价/打折处理；商品价格的市场调查；大宗商品业务的执行；卖场服务条例的执行。

商管部：商品的出入库管理；仓库管理。

验收货部：查验厂商的订单；点验商品数量及质量；完成收货。

票据部：集中管理出入库单据，如进货单、退货单、调拨单；条码统一打印。

索赔部：报损商品的损坏处理（核销库存）；退货商品的统一处理。

仓管部：仓库商品数量管理；进出库管理。

收银部：前台 POS 机收银管理。

大型综合连锁超市的系统结构

该超市采用分布式系统结构（见图 2—7），支持各部门的经营活动。

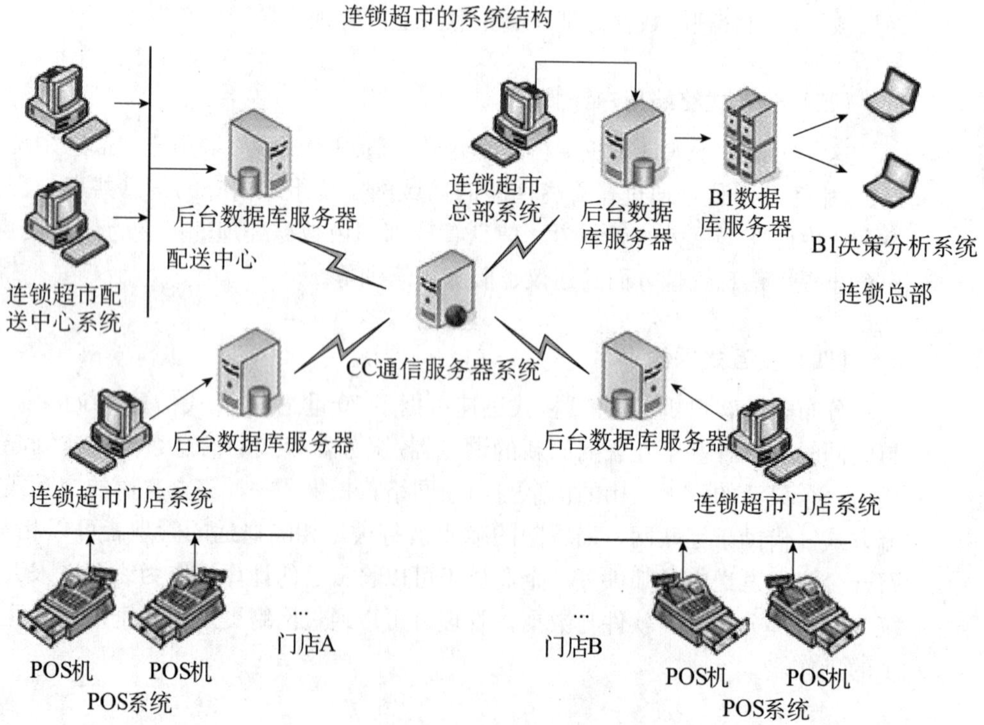

图 2—7 大型综合连锁超市的系统结构

资料来源：改编自九铭科技：《大型百货商场解决方案》，http：//www.pos8898.com/view.php? id-31。

思考

请从几个角度来分析大型综合连锁超市的信息系统结构。

第 3 节 管理信息系统的发展历程

管理信息系统的发展可以分为五个阶段（如图 2—8 所示）。

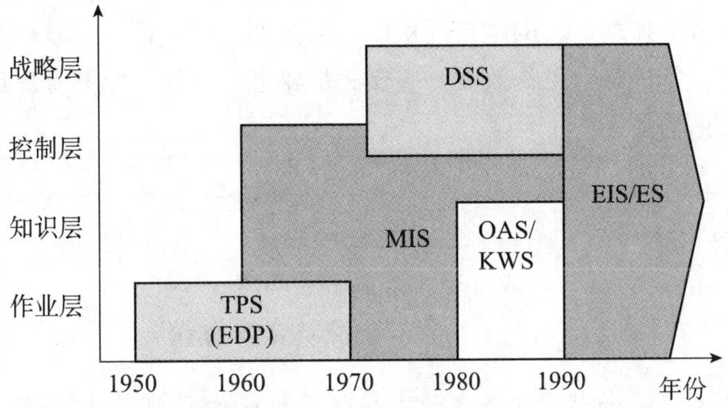

图 2—8 管理信息系统发展

一、业务处理系统

业务是企业的一个流程或者活动的集合，比如银行完成一个客户的存取款，理发店完成一个顾客的理发，企业处理一笔订单，学生完成一次选课等。业务处理系统（transaction processing system，TPS）就是完成这些业务的信息系统，所以也称电子数据处理系统（electronic data processing systems，EDPS）。EDPS 是信息系统最初级的形式，也是最基本的形式，面对的是高度结构化的管理问题。它以提高效率为目的，为计算机在信息管理领域的应用奠定了基础，是企业其他类型信息系统的信息产生器。

从发展阶段来看，它可分为单项数据处理和综合数据处理两个阶段：（1）单项数据处理阶段（20 世纪 50 年代中期到 60 年代中期）。这一阶段是电子数据处理的初级阶段。主要使用计算机部分地代替手工劳动，进行一些简单的单项数据处理工作，如工资计算、产量统计等。（2）综合数据处理阶段（60 年代中期到 70 年代初期）。这一时期的计算机技术有了很大的发展，出现了大容量直接存取的外存储器。此外，一台计算机能够带动若干终端，可以对多个过程的有关业务数据进行综合处理。这时各类信息报告系统应运而生，信息报告系统是管理信息系统的雏形，其特点是按事先规定的要求提供各类状态报告。

电子数据处理的主要目标是提高管理人员处理日常例行事务工作的效率，但它不能满足现代管理对信息处理的需要，一个重要的原因是它将各项管理信息分开处理，但现代企业的各项管理活动是一个统一的整体，企业必须从整体目标出发，系统地、综合地处理各种管理信息。

二、知识工作系统与办公自动化系统

知识工作系统（knowledge work system，KWS）主要满足工程师、医生、科学家等知识工作者收集和创建新知识的需要，如 CAD 系统。办公自动化系统（office automation system，OAS）集成文字处理功能、数据处理功能、图像处理功能、语音处理功能、网络系统功能，引入办公环境，最有效地管理和交换信息，以提高办公室的综合工作效益，主要满足秘书、会计、档案管理员、部分经理等数据工作者的需要。

案例 2—2

微软公司的 OAS

1996 年，虽然身为用电子表格代替纸张的倡议者，但微软公司仍在大量使用纸张。这一年，微软印刷了 3.5 万份销售报表的纸质副本。在公司总部，光是采购部就有 114 种表格。公司的 401（k）退休计划有 8 种表格。每次政府改变规定，就需要更新和重印这些表格并回收数千份旧表格。

使用 OAS 后，在一位新员工被录用之前，表格就开始了电子旅行。通过 MS Market，MS Sales，MS Exchange，MS Office，MS Reports 等集成各项业务，作为一名微软公司的员工，几乎所有的工作都需要得到电子系统的帮助。

现在，微软的 1 000 多种纸张表格大幅减少，采购部的 114 种表格减少到 1 种，经营部为 6 种，人力资源部为 39 种，在剩下的 60 种表格中，10 种是法律要求的，40 种是外界团体要求的，因为他们的系统还是基于纸质的，最后 10 种表格很少使用，故尚未加以电子化。

在推行电子表格的头 12 个月里，公司节省了 4 000 万美元的开支，401（k）计划的电子化又为公司每年节省了 100 万美元。新的办公系统使更多的员工从机械的行政琐事中解脱出来，使更多的员工转去做以前没有做过的更重要的工作。新的在线出差系统大大减少了差旅开支。更为重要的是，电子办公系统如同一个神经系统——数据神经系统，将公司各项业务集成起来，使公司以思考的速度从事商务运作，这一点比节约纸张更有意义。

资料来源：小瑞芒德·麦克劳德：《管理信息系统》，北京，电子工业出版社，2011。

三、管理信息系统

20 世纪 70 年代初，随着数据库技术、网络技术和科学管理方法的发展，计算机在管理上的应用日益广泛，管理信息系统（MIS）逐渐成熟起来。MIS 最大的特点是高度集中，能将组织中的数据和信息集中起来，进行快速处理、统一使用，具备了数据处理系统与业务处理系统的功能。拥有一个中心数据库和计算机网络系统是 MIS 的重要标志。MIS 采用的是在数据库和网络基础上的分布式处理方式。计算机网络和通信技术的发展，不仅能把组织内部的各级管理联结起来，而且能够超越地理界限，把分散在不同地区的计算机网联结起来，形成跨地区的各种业务信息系统和管理信息系统。MIS 的另一个特点是利用定量化的科学管理方法，通过预测、计划优化、管理、调节和控制等手段来支持决策。比如企业资源计划（ERP）系统可以被看作典型的 MIS，它能够基于某些功能模块为相关生产、财务、采购等业务环节提供很好的作业与决策支持。

四、决策支持系统

决策支持系统（decision support systems，DSS）是辅助决策者通过数据、模型和知识，以人机交互方式进行半结构化或非结构化决策的计算机应用系统。它是管理信息系统向更高一级发展而产生的先进信息管理系统。它为决策者提供分析问题、建立模型、模拟决策过程和方案的环境，调用各种信息资源和分析工具，帮助决策者提高决策水平和质量。

20 世纪 70 年代中期，美国麻省理工学院的迈克尔・S・斯科特（Michael S. Scott）和彼得・G・W・基恩（Peter G. W. Keen）首次提出了“决策支持系统”一词，标志着利用计算机和信息支持决策的研究与应用进入了一个新的阶段，并形成了决策支持系统这一新学科。随后研究开发出了许多较有代表性的 DSS。例如：支持投资者对顾客证券管理日常决策的 Profolio Management；用于产品推销、定价和广告决策的 Brandaid；用以支持企业短期规划的 Projector 及适用于大型卡车生产企业生产计划决策的 Capacity Information System，等等。到 70 年代末，DSS 大都由模型库、数据库及人机交互系统等三个部件组成，被称为初阶决策支持系统。

80 年代初，DSS 增加了知识库与方法库，构成了三库系统或四库系统。知识库系统是有关规则、因果关系及经验等知识的获取、解释、表示、推理及管理与维护的系统。知识库系统知识的获取是一大难题，但几乎与 DSS 同时发展起来的专家系统在此方面有所进展。方法库系统是以程序方式管理和维护各种决策常用的方法和算法的系统。80 年代后期，人工神经元网络及机器学习等技术的研究与应用为知识的学习与获取开辟了新的途径。专家系统与 DSS 相结合，充分利用专家系统定性分析与 DSS 定量分析的优点，形成了智能决策支持系统（intelligent decision support system，IDSS），提高了 DSS 支持非结构化决策的能力。

近年来，DSS与计算机网络技术相结合，构成了新型的能让异地决策者共同参与决策的群体决策支持系统（group decision support system，GDSS）。GDSS利用便捷的网络通信技术在多位决策者之间沟通信息，提供良好的协商与综合决策环境，以支持需要集体作出决定的重要决策。在GDSS的基础上，为了支持范围更广的群体，包括个人与组织共同参与大规模的复杂决策，人们又将分布式的数据库、模型库与知识库等决策资源有机地集成，构建了分布式决策支持系统（distributed decision support system，DDSS）。现在DSS的研究与应用范围不断扩大，层次不断提高，国外相继出现了多种高功能的通用和专用DSS。SIMPLAN，IFPS，GPLAN，EXPRESS，EIS，EMPIRE，GADS，VISICALC，GODDESS等都是国际上很流行的决策支持系统软件。

DSS的概念是70年代提出的，现在获得了巨大发展。主要原因是传统的MIS没有给企业带来巨大的效益，人在管理中的积极作用没有得到充分发挥；人们对信息处理规律的认识有所提高，面对不断变化的环境需求，要求更高层次的系统来直接支持决策；计算机应用技术的发展也为DSS提供了物质基础。

五、高级经理信息系统与专家系统

经理信息系统（executive information system，EIS）是服务于组织的高级经理的一类特殊的信息系统。EIS能够使经理们得到更及时、更广泛的信息。EIS首先是一个“组织状况报道系统”，能够迅速、方便、直观（用图形）地提供综合信息，并可以预警与控制“成功关键因素”遇到的问题。EIS还是一个“人际沟通系统”，经理们可以通过网络下达命令，提出行动要求，与其他管理者讨论、协商、确定工作分配，进行工作控制和验收等。专家系统（expert system，ES）是一个智能计算机程序系统，其内部含有大量的某个领域的专家知识与经验，能够利用专家的知识和经验来处理该领域的问题。也就是说，专家系统是一个具有大量专门知识与经验的程序系统，它应用人工智能技术和计算机技术，根据某领域一个或多个专家提供的知识和经验进行推理和判断，模拟专家的决策过程，以便解决那些需要专家处理的复杂问题。简而言之，专家系统是一种模拟专家解决具体问题的计算机程序系统。专家系统是人工智能中最重要也是最活跃的一个应用领域，它实现了人工智能从理论研究走向实际应用、从一般策略探讨转向运用专门知识的重大突破。

MIS视窗

云计算将革命性地改变信息系统

我们每个人的电脑里都安装着相同的操作系统、相同的软件，存放着相同的文件，造成了系统复杂、用途单一、空置普遍、能耗巨大、重复浪费等现象。20世纪90年代后期，比尔·盖茨敏锐预感到微软帝国的大厦正在摇摇欲坠，2005年，他在写给高级经理和工程师的备忘录里提到：下一场巨大的变革正在等待着我们，软件已经不再是人们必定要安装在自己电脑上的东西，而是正在变成一种通过互联网提供的简单服务。比尔·盖茨指的就是云计算。

目前，云计算并没有一个普遍接受的通用定义，各机构、网上百科全书和IBM、Salesforce. com 等公司都从自己的角度给出了相应的解释，但具有五个共性：第一，是基于网络的计算；第二，以服务的形式提供；第三，资源共享；第四，快速伸缩性，可以快速弹性地满足用户的不同需求；第五，按需付费。以喝水做比喻，你可以采用打开水管的方式取水，水管的水从水厂流出，供很多人使用，不用时关住水龙头，量大时不用担心不够，用多少付多少，不会浪费。这个水厂就类似于云计算，管子好比电脑，水就是我们需要的计算功能。

云计算会极大地改变商业模式，IT 公司将从出售实体的软件、设备转变为销售服务。对于个人来说，无须携带专用电脑，只要联网访问云端，就能随时随地获取自己的应用系统和文档资料。对于企业来说，只需要向服务提供商付费，定制相应服务与系统，就可以快速应用。2008 年，美国学者尼古拉斯·卡尔在他的《IT 不再重要》一书中提到，信息技术是当今的变革主导力量，云计算是这场变革的制高点。云计算的发展导致 IT 技术变成普遍、廉价的公共资源，而且人人都可平等享用。因此，IT 不再占有核心竞争力的地位，IT 不再重要，这一结论非常有震撼力。在社会信息化方面，云计算能够促进产业转型和升级，降低企业信息化建设的门槛，推动信息系统朝高效用、低能耗的绿色环保方向发展。

云计算也存在一些需要解决的难题。第一，使用云计算需要有持久的互联网连接以及足够的带宽。利用云计算后，客户的终端成本非常低，但云端对数据的传输需求扩大，要有足够的带宽。第二，安全和隐私。商业秘密、国家机密、个人隐私都需要可靠的信息安全作保障，这也是各国在云计算发展中亟待攻克的技术难题。第三，对于有特定设备需求或控制需求的应用程序，云解决方案可能不是很适合。

资料来源：改编自文汇报：《云计算的革命性将惠及人类》，http：//www. cww. net. cn/news/html/2011/7/28/20117281432482446. htm。

第 4 节　信息系统与其他学科的关系

一、信息系统与计算机学科的关系

信息系统的建设需要既懂管理又懂技术的复合型人才。在系统建设中，对不同的角色，如项目经理、系统分析员和程序设计员，所要求的知识结构和能力结构是不同的。一般来说，要成功开发和建设信息系统，要求建设人员从不同层面掌握和运用管理科学，学好计算机、运筹学、组织行为学、财务、会计、人力资源管理以及其他学科，需要具备技术技能、人际技能和决策技能。

从前面信息系统的定义中可以看出，计算机技术是信息系统的重要基石。在信息系统中将涉及计算机硬件系统、软件系统以及接口技术。硬件系统由数据采集设备、数据传输装置、数据存储设备、数据输出设备以及数据处理设备组成。软件系统包括系统软件和应用软件，其中软件系统由语言程序、操作系统、数据库管理系统、服务程序等组成；应用软件有用户编制的软件或商用软件包。将众多硬件和软件连接起来的网络、接口等技术将起到越来越重要的作用。

随着计算机科学与技术的发展与普及，电子计算机日益成为现代管理信息系统的主要技术手段和重要的信息处理工具。这主要是因为它能提供高速度的主机、大容量的存储器、丰富的软件、良好的操作环境和友好的用户界面等条件，为管理信息系统的开发使用提供物质基础和技术保障。互联网改变了企业的经营环境，重新定义与发展了管理信息系统，以供应链信息系统把多个企业连在一起，进一步促进了管理信息系统的深入发展。

二、信息系统与运筹学、生产管理的关系

运筹学通过建立问题模型，运用大量的数学方法，强调用定量的方法寻找最优策略，解决管理问题。它是适用于系统运行的方法和工具，是一种科学方法，能为运行管理人员的问题提供最合适的解答。管理信息系统常用的模型，如预测模型、决策模型、竞争模型、分配模型、制定模型、库存管理模型、排队模型、更新模型、路线模型、运输模型、规划模型、动态规划模型、搜索模型、模拟模型以及混合模型等，都出自运筹学。

随着生产管理新理论的发展，信息系统与它们形成了紧密的联系，信息系统支持这些管理理念的发展，这些管理理念融入系统的设计与开发中，如企业流程重组（business process reengineering，BPR）：一个企业应该重视对时间、产品质量、生产成本和技术服务等几个部分的管理，把目前的机构和过程重新组合，做到功能集成化、运营过程化、机构组织扁平化；精益生产（lean production）：应用准时生产（just-in-time，JIT）、全面质量管理（total quality control，TQC）、并行工程（concurrent engineering）等技术，最大限度地缩短产品设计和生产周期，提高产品质量，降低在产品库存，并在生产中提倡团队精神，以满足客户不断变化的需求；敏捷制造（agile manufacture）：一种有远见的企业管理模式，其特点是员工素质高、组织机构精简、多功能小组效率高、信息存放灵活、响应客户要求迅速。

三、信息系统与财务、会计学的关系

财务与会计是企业信息的重要组成部分，财务与信息系统的结合成为一种必然。会计工作的产生和发展，除了受社会经济环境的影响，还将受到信息技术的制约和冲击，这是因为社会化工作中所有的规则都应当与客观社会经济环境相适应。然而，这些规则的建立和实施，却又不能超越其在信息技术上实现的可能

性。反过来，信息技术的发展也为研制新的会计模型、会计规划创造了必要的环境。

会计信息系统具有以下特点：数量大、种类多、来源广；反映企业的综合管理状况；结构和处理逻辑的复杂性；客观、真实、公允性；全面、完整和一致性；安全、可靠性；处理的及时性。基于以上特点，会计信息处理也由手工方式、机械化方式转为电子计算机方式，这就引出了会计信息系统这一概念。会计信息系统是利用信息技术对会计信息进行采集、存储和处理，完成会计核算任务，并能提供为进行会计管理、分析、决策所用的辅助信息的系统。在信息社会，企业会计工作中常规的、可以程序化的任务将由会计信息系统处理，同时会计信息系统还将辅助会计人员完成其他管理与决策任务。信息系统的发展为会计学的发展改革做出了很大的贡献。

四、信息系统与人力资源管理、组织行为学的关系

企业在激烈的市场竞争中应当不断充实完善自我，建立一个对外能随机适应外部环境、具有较强的应变能力，对内能有效地运用人力、物力、财力的管理系统。其中强大的人力资源管理系统对企业发展至关重要。

第一代人力资源信息系统诞生于 20 世纪 60 年代末期。在一些大型企业中，由于手工计算和发放薪资既费时费力又非常容易出错，因此人们开始寻求计算机的帮助，使用计算机技术来处理大量的数据。但由于当时技术条件和需求的限制，用户非常少，而且那种系统充其量只不过是一种自动计算薪资的工具，既不包含非财务的信息，也不包含薪资的历史信息，几乎没有报表生成功能和薪资数据分析功能。但是，它的出现为人力资源管理者展示了美好的前景，即用计算机的高速度和自动化来替代手工的巨大工作量，用计算机的高准确性来避免手工的错误和误差，使大规模集中处理大型企业的薪资成为可能。

第二代人力资源信息系统出现于 70 年代末，由于计算机技术的飞速发展，无论是计算机的普及性，还是计算机系统工具和数据库技术的发展，都为人力资源信息系统的阶段性发展提供了可能。第二代人力资源信息系统基本上弥补了第一代系统的主要缺陷，对非财务的人力资源信息和薪资的历史信息都给予了考虑，其报表生成和薪资数据分析功能也有了较大的改善。但这一代系统主要是由计算机专业人员开发研制的，未能系统地考虑人力资源管理的需求和理念，而其非财务的人力资源信息也不够系统和全面。

人力资源信息系统的革命性变革出现在 90 年代末。由于市场竞争的需要，吸引和留住人才，激发员工的创造性、工作责任感和工作热情成为关系企业兴衰的重要因素，人才成为企业最重要的资产之一。同时由于个人电脑的普及，数据库技术、客户机/服务器技术，特别是 Internet/Intranet 技术的发展，使得第三代人力资源信息系统的出现成为必然。第三代人力资源信息系统的特点是从人力资源管理的角度出发，用集中的数据库将几乎所有与人力资源相关的数据（如薪资、福利、

招聘、个人职业生涯的设计、培训、职位管理、绩效管理、岗位描述、个人信息和历史资料）统一管理，形成集成的信息源。友好的用户界面、强有力的报表生成工具、分析工具和信息的共享使人力资源管理人员得以摆脱繁重的日常工作，集中精力从战略的角度来考虑企业人力资源规划和政策。到目前，伴随着网络通信技术的发展和更好的人机界面的出现，第三代人力资源信息系统还在不断地向前发展。人力资源信息系统在整合、集中信息源，建立易访问、易查询的信息库方面起到了很好的作用，有利于实现内部招聘的科学管理，有助于提高管理水平。

组织行为学是越来越受到重视的一个研究领域，它探讨个体、群体以及结构对组织内部行为的影响，以便利用这些知识来改善组织的有效性。随着电子邮件、即时消息等手段日益取代面对面的交流，渗透到工作中的信息技术已经影响到组织的行为，其对人们情感和精神的影响也是相当大的。因此，研究信息技术对于组织行为的影响变得日益重要。

五、信息系统与营销科学的关系

随着客户日益成为企业的重要资产与争夺的对象，越来越多的企业把经营活动的重点由生产转移到客户身上，这时必然要求企业分析客户的具体特征，有针对性地开发产品并开展营销活动。没有数据库营销做平台，这种大规模的客户分布、一对一的差异化营销是不可能完成的。客户的分类、客户的识别与服务、客户的维护与流失管理等更需要借助数据挖掘与数据仓库来开展。互联网的普及使电子商务成为企业另一个重要的商务平台，企业必须善于使用信息系统，开展网络营销与客户关系管理。

六、信息系统对经济学的影响

信息不同于一般的实物，不存在边际效用递减规律，没有竞争性。信息系统的广泛应用对经济学产生了很大的影响。企业应用信息系统会使原有的技术水平发生变化，减少劳动力和资本的使用量，保持企业产出不变。广泛地应用信息技术和管理信息系统可以降低企业的交易成本和组织成本，所以一方面，管理信息系统有助于缩小企业的规模，支持小型企业发展，这些企业通过合作，集成各企业核心优势完成生产；另一方面，企业的扁平化以及组织管理能力的提高，支持更大规模企业（如跨国集团）的出现与运作。

综合来看，管理信息系统是基于计算机科学、管理科学与信息科学的一门综合性、边缘性、系统性科学。从事管理信息系统的工作除了要求具备这些基本知识、基本技能，还应有一些基本素质和修养。尤其是信息管理与信息系统的学生，只有深入一个领域（如财务、人事、生产、营销等）才能对信息化进行深入研究，才能有更好的就业与发展。

基本概念

管理信息系统（management information system，MIS）
业务处理系统（transaction processing system，TPS）
电子数据处理系统（electronic data processing systems，EDPS）
知识工作系统（knowledge work system，KWS）
办公自动化系统（office automation system，OAS）
经理信息系统（executive information system，EIS）
专家系统（expert system，ES）
精益生产（lean production）
准时生产（just-in-time，JIT）
全面质量管理（total quality control，TQC）
并行工程（concurrent engineering）
企业流程重组（business process reengineering，BPR）
敏捷制造（agile manufacture）
决策支持系统（decision support system，DSS）
群体决策支持系统（group decision support system，GDSS）
智能决策支持系统（intelligent decision support system，IDSS）
分布式决策支持系统（distributed decision support system，DDSS）

思考题

1. 为什么管理信息系统有众多定义？如何理解管理信息系统的本质？
2. 了解管理信息系统的结构有什么意义？
3. 简述管理信息系统的发展历程。

案例分析

神奇的服装店

在日本高级成衣制造商Flandre公司东京店门外，恰好从这里经过的铃木小姐的手机接收了一条短消息，看完消息后，铃木小姐欣喜地走进Flandre公司门店，她的神奇购衣之旅也随之开始了。

神奇的体验

原来，那条短消息是提示铃木Flandre公司的最新款衣物已经到货，各款新品的图片及介绍都能在手机上显示出来。铃木走入店堂，随即，铃木的体型特征及以往购买记录、搭配风格等信息就都显示在了店内的电脑屏幕上。

细心的店员根据铃木以往的信息为她挑选了几件新款外套，可是铃木这次想改变一下风格。于是，她走到店内的视频搜索触摸屏前，按照自己的要求输入搜索条件，查找到了一件橙色翻领外套，她对这件外套非常满意。

接着，铃木就要开始试衣和搭配了。Flandre 公司门店的试衣间让所有顾客都觉得新鲜刺激，它的四面都是玻璃幕墙，实际上，这些玻璃幕墙全都是电子显示屏。

当铃木进入这个虚拟试衣间之后，电子屏幕上会出现一个虚拟设计师跟她打招呼，设计师帮铃木分析了她的身材、肤色及气质等特征，告诉铃木应该选一条白色长裤进行搭配。随之，四面的电子屏幕上滚动显示了 Flandre 公司所有款式的白色长裤，铃木选中了其中一条。按照铃木的身材尺寸，电子屏幕上会出现身着橙色外套和白色长裤的铃木的整体形象。这让铃木感到异常惊喜，因为她不用麻烦地试装也能看到自己穿上衣服之后的形象。

但遗憾的是，Flandre 公司东京店内没有适合铃木的橙色外套的尺寸。那怎么办呢？店员告诉铃木不必担心，很快就能为她调货。店员在电脑上向总部提出了申请，很快，其他有货店面的店员就出现在了电脑屏幕上，与东京店店员对话，他们取出货品让铃木小姐通过电脑屏幕确认是不是她需要的那件，确认完毕便立即发货。

衣裤选完之后，铃木小姐希望店员能为她选一条白色宽腰带来搭配。不过，为铃木服务的店员皱了皱眉头，因为她是刚到任的，对店内商品的摆放情况并不熟悉。而且，店面很大，货品也很多。但很快，她就想到了那台神奇的电脑。她走到电脑前，输入了查看店面货架全景图的请求，电脑屏幕上立刻显示出店内包括一楼和二楼所有货架上的商品摆放实况。通过全景图，店员发现适合铃木小姐要求的腰带在二楼的第三个货架上，她很快就为铃木小姐取来了那条腰带。

如此轻松，铃木小姐就完成了她的购物之旅。

神奇的背后

铃木小姐这次神奇的购物体验得益于无线射频（RFID）标签解决方案，以及在 RFID 基础上的创新应用。Flandre 公司正在努力实施这个计划。对于 Flandre 公司来说，要将它遍布全日本的 400 家门店、250 个储存点都建成这样神奇的商店，并不是一件容易的事。

为 Flandre 公司部署 RFID 解决方案的 LITI 信息科技有限公司（Leading Information Technology Institute Inc.）执行总裁萨姆·沃姆（Sam Woelm）道出了神奇服装店的秘密：如果企业部署了从工厂到仓库到零售店的全套 RFID 解决方案，那么每件货品及包装箱都会附有电子标签，然后用一个中央处理系统输送数据。不管分销渠道有多复杂，基于 RFID 的电子标签系统都能帮助企业精简从仓库到商店，乃至到客户的工作流程，快速满足企业的多种需求。

当电子包装标签还附在销售包装箱上时，LBL 系统（LITI 箱子传送系统）就能通过射频包装标签上的信息了解分销中心的存货情况，同样，标签读写装置也能自动读取产品的目的地及装运数据。通过 LBL 系统的自动语音和屏幕导航，分销中心可自动将产品分发到每一个客户店面，大幅提高效率和准确性。

有了 RFID 方案，店员的工作也变得更加轻松。货物到达店铺时，利用 LITI 信息科技有限公司的射频标签系统，读取器只需自动读取最外面的包装标签信息，一个包装，一张表单，店员就可得知箱内所有产品信息，而无须单独盘点商品。

仓库门口还装有读取器，当有货物进出仓库时，店内的电脑系统就会自动更新仓库内存货信息和店面铺货情况。也就是说，每一件商品进出仓库的情况都会被自动记录更新，无须店员再手工做记录。

当一天营业结束时，店员再也不用逐件清点货品，只需拿着读取器扫一下衣服即可，一次可以读5～7件的货品信息，这样大大节省了店员清点货品的时间。这项工作原先需要1.5小时，现在只要15分钟就能完成。

另外，利用LITI信息科技有限公司的店铺管理系统，店员可以对店铺相关系统进行管理，包括销售信息和销售处理时间、销售总额、退货处理时间以及库存管理情况。现在，企业总部和仓库可以即时掌握全国各店铺的销售情况。这样，了解到哪些商品卖得好，公司就能根据情况及时调整下一步的产品计划。

神奇的服装店还要为顾客制作电子标签，可集成到顾客的手机中，也可以是单独的一张智能卡，顾客的个人信息及在本店中的购买信息会被输入标签中。当顾客进入商店时，商店门口的读取器就会读取顾客随身携带的电子标签信息，顾客的所有信息就会显示在店铺的电脑屏幕上，店员根据这些信息推荐适合顾客的衣服。

而虚拟试衣间的玻璃幕墙上装有读取装置，当顾客拿着带有电子标签的衣服进入试衣间时，读取装置就会自动读取所有信息，虚拟配衣程序也随之启动。

当顾客结账时，店员只需用读取器扫描每件衣服的电子标签，这些商品的信息就能不仅自动进入商店的管理系统，而且进入顾客自己的标签系统。当顾客下次光临时，电脑系统就会通过他携带的标签得到其之前的购买信息。这样既省去了人工输入，降低了出错率，也及时更新了顾客关系管理系统。

为了随时让顾客获得店内新品信息，RFID标签还可利用信息传输模式，根据客户的购买爱好，将新品信息传输给顾客，吸引其再度光临。只要顾客下次经过该商店，读取装置就会扫描到顾客携带的标签信息，该店的RFID解决方案就会将店内新款服装的信息和图片发送到顾客手机上，提醒顾客关注该店的新品信息。

神奇的代价

这样一个从工厂到仓库、商店，最终到顾客的端到端全套RFID方案，离我们还有多远呢？

世界顶级服装品牌普拉达在美国洛杉矶已经有了一家类似这样的未来商店，这家店内也有基于RFID的自助设计系统等。据称，普拉达公司建成这样一家店的成本超过100万美元。

目前的电子标签一般能够重复使用10～15次，每个标签的成本不到1美元。不过，现在中国的标签供应商正努力制作更便宜的标签。思爱普（北京）软件系统公司（SAP）RFID技术支持沈军认为，硬件及电子标签的成本会逐步下降，以后有了统一的标准，加上像沃尔玛这样的大公司一起强制执行，神奇的服装店会很快成为现实。

尽管成本问题还没解决，但LITI信息科技有限公司等一批RFID方案提供商已经在寻找合适的中国企业开展合作。该公司执行总裁沃姆表示，在中国，他们会挑选信息化水平高、附加值高、从工厂到服装专营店都是自有服装品牌的企业实施RFID未来商店计划。

麦德龙锦江店现购自运有限公司 IT 经理赵燕指出，那些试图建立未来服装店的企业可能会面临很大的挑战，因为自动化程度会更高，员工会相应减少，企业的物流流程会重组，物流系统也要做相应的调整。此外，新的系统会生成海量数据，如何让系统进行变革以精确地处理这些数据将成为系统成败的关键。

建成一家神奇的服装店的代价不菲，但还是有一些企业愿意尝试部署 RFID 方案。除普拉达这样的品牌外，意大利名牌 Ferragamo 公司的日本店也正在为建成未来商店而分步实施 RFID 计划。

资料来源：Cherry Wang：《神奇的服装店》，http：//biz. 163. com/05/0707/16/120PEBQN00020QDS. html。

思考

1. 该企业使用了哪些管理思想与方法？主要收集与分析了哪些信息？采用了什么技术？

2. 管理信息系统由哪些部分构成？能给企业带来什么效益？

3. 实施信息系统只是简单地买来系统安装就可以了吗？还需要具备哪些条件？

第3章 组织与管理信息系统

本章重点

1. 熟悉组织信息化的阶段理论
2. 了解组织中的信息流及其作用
3. 掌握组织对管理信息系统的影响
4. 掌握管理信息系统对组织的支持

引 例

IT总监李伟民的烦恼

李伟民的职业发展算得上一帆风顺。他刚毕业就被一家国际知名的IT咨询公司招至麾下，作为助理咨询师加入一家著名汽车制造企业的信息化项目。项目一结束，便被这家客户挖走，担任IT主管。近年来，李伟民所在的IT部门凭借充裕的资金创造了一个又一个IT传奇。2010年春天，李伟民在猎头公司的劝说下，加入一家国际化渔业公司担任IT总监。李伟民获得了空前的发展空间，他决心让企业依托IT实现商业价值的飞跃。

天润渔业有限公司是一家为日本、澳大利亚、新加坡、马来西亚等渔产品消费大国提供产品的企业，已有近50年的历史。天润公司的产品主要有三类：一是冰鲜渔产品，主要面向高端客户提供新鲜安全、可供生食的渔产品；二是冷鲜渔产品，也就是通过快速冷冻技术处理，有更长销售周期的渔产品；三是制成品，主要是供人和动物食用的罐头类和干货类产品。尽管后两类产品在天润公司的总营收中占70%的比例，但其利润贡献却只有20%。天润公司的董事会及经营管理团队期望公司发展成一家业务遍布亚洲、大洋洲的国际知名企业。公司决策层意识到信息技术将对实现这一目标起着不可或缺的作用，因此，在过去的10多年中，天润公司的IT投入不断增长，已在办公自动化、管理信息系统、公司网站和商务平台等方面取得了显著进步。这次天润公司高薪聘请李伟民的主要原因是，希望借助一位深谙商务环境的IT人士整合市场资源和渔业资源，建立商务技术平台。李伟民深知IT只有与企业的价值目标和价值环节有机融合才能实现为企业创造价值的预期，因此，他首先依据企业发展的战略主线对企业的IT应用做了一次深入的剖析。

李伟民通过走访、问卷调查等形式对天润公司的IT现状进行了深入调研，发现了三个方面的问题：一是天润公司的信息化应用缺乏足够的决策支持功能，特别是未能高效地实现决策层面与作业层面的协调一致。比如，遍布南太平洋的各个船队之间的作业信息无法交流和共享，捕捞作业缺乏统筹安排。二是作业流程信息化不足，很多环节处于断裂状态。比如，捕捞作业、运输、仓储等环节与市场需求之间的信息传递主要靠传统的通信手段。三是不同作业基地、销售平台和办公决策地点的IT系统在平台、软件、数据格式、应用界面以及信息终端的处理能力等方面有很大的差异，总体技术水平落后。

李伟民意识到，要解决天润公司目前的问题，必须对供应链系统进行彻底改造，全力打造出一条高效的、智能化的IT供应链。他提出的全程供应链信息化改造方案让公司高管层看到了美好的未来，由此获得了一笔780万美元、为期16个月的IT投资预算，而且在高层授权下，他拥有绝对的项目决策权和实施权。与一家国际知名的IT咨询公司签完实施合同，李伟民长舒了一口气，他相信，16个月以后，一个基于价值跨越的新型企业将出现。然而IT实施人员的前期调查一开始，就遇到了麻烦。首先，天润公司的那些高端客户不接受共同制定需求计划。他们说最终产品的消费数量是可以估计的，但是，为了保证所售产品的品质，他们的进货数量主要依据采购当时供应的产品。他们会优先光顾天润公司，但决不会依赖天润公司。另一组负责决策和作业计划系统实施的咨询人员也遇到了麻烦。捕捞作业管理人员说，作业计划即使生成，也几乎无法在下属的捕捞基地和船队之间进行分配，因为鱼群什么时候到达哪里，以及有多少鱼会入网是不会听从作业计划的。

李伟民为天润渔业有限公司制作的供应链信息化方案陷入僵局。李伟民感到很痛苦：到底是自己的信息化方案有问题，还是天润公司所处的行业不适合大规模的供应链信息化改造？

资料来源：刘宝红：《工厂总监李伟民的烦恼》，http://scm-blog.com/2008/03/case-it-and-supply-chain-match.html。

第1节 组织信息化阶段模型

信息化在组织进程中不是一蹴而就的事情，组织信息化就是组织对信息技术的引进、学习、应用、吸收的过程。认识和总结这一过程的特点和规律，对提高信息技术的应用效果和效益，提高信息资源管理的水平，更好地支持组织的经营管理，具有重要的意义。

一、诺兰模型

（一）诺兰模型的阶段理论

美国哈佛大学教授理查德·诺兰（Richard Nolan）通过对200多个公司、部门实施管理信息系统的实践和经验的归纳，提出了组织信息化的六阶段模型，即诺兰模型（Nolan model）。诺兰认为，任何组织由手工消息系统向以计算机为基础的信息系统进展时，都存在一条客观的道路，具备一定的规律。他把组织管理信息化建设划分为六个阶段（如图3—1所示）。

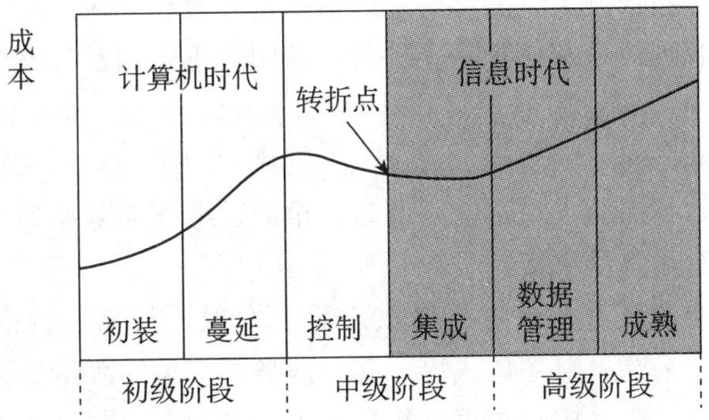

图3—1 诺兰模型

1. 初装阶段

计算机刚刚引入企业时是一个新鲜事物，人们常认为计算机和其他机器一样，买来安装使用即可。这一阶段熟悉计算机的员工较少，企业仅购买少量计算机投入使用，应用并不广泛，主要完成一些报表统计、计算工作，甚至只当作打字机使用。这时的信息化建设停留在低水平上，企业整体管理也没有从中获得多少效益。

2. 蔓延阶段

随着在初装阶段使用计算机的管理者的带动，越来越多的人认识到计算机给企业管理者日常工作带来的方便，越来越多的管理者要求企业为其购买计算机。企业也认识到计算机能够帮助管理者提高管理效率，投入了大量资金进行购买。同时若干熟悉计算机的管理人员开始组建小型局域网，用于资料的传输共享。这时各种单机版的应用软件不断增加，一些成功应用的软件已经代替一部分手工作业。

3. 控制阶段

随着各部门信息化的快速发展，IT费用也迅速增长。由于缺乏综合处理，信息难以共享，IT应用开始出现相对失控的迹象。许多在蔓延阶段没有受到重视的问题也逐步被提上日程：由于联网范围不够，数据共享性差；由于个人单机软件过多，数据不一致的情况成了企业最头痛的问题，企业开始寻求对计算机进行控制与对信息系统建设进行统筹规划的方法。在硬件上，统一组建内部局域网，加强信息共享，并协调管理。组织开始对软硬件的购置实行控制，并做出短期的规划，以求充分利用现有设备与软件，按计划与预算购买IT产品。

4. 集成阶段

一些职能系统内部已经实现网络化，如财务系统、人事系统、库存系统等，但各软件之间存在“部门壁垒”、“信息孤岛”。正式成立的企业IT主管部门努力把机构内部不同的计算中心和处理中心统一在一个系统中进行管理，比如采用统一的数据技术、统一的处理标准，使人、财、物等资源信息能够在企业高层集成共享，但集成各类软件所花费的成本更高、时间更长，系统也不稳定。此时企业的高层领导终于在一定程度上看到了综合管理信息系统的益处。

5. 数据管理阶段

企业高层意识到信息战略的重要作用，开始高标准、大力度地加强管理信息化工作。企业不仅制定了整体解决的信息化方案和步骤，而且选定了统一的数据库平台、数据管理体系和信息管理平台，从而真正做到了对整个机构的数据进行统一的规划和应用，如实施企业资源计划（enterprise resource planning，ERP）。这时企业内部的业务流、信息流、资金流、物流“四流合一”，各部门（系统）资源整合、信息共享，各层级人员都能够及时、全面、准确地掌握和处理企业内的各种信息并迅速制定高质量的决策。

大型企业在对系统进行集成之后会发现，系统虽然很完整，但总感觉企业生产、销售、采购、财务、人事、客户服务等产生的海量数据常常与管理脱节，使用不畅。同时，也希望将数据进行深加工，找到一些对企业有价值的隐含关系。数据管理阶段的技术——数据仓库（data warehouse，DW）和数据挖掘，以及在此之上的商务智能（business intelligence，BI），都取得了巨大的发展，并进一步走入企业。硬件上，新出现的分布式数据库技术，支持海量存储和高度稳定的服务器，都为企业进入数据管理阶段奠定了基础。

6. 成熟阶段

企业真正地把计算机与整个管理过程结合起来，将组织内外部的资源充分地整合、利用，如应用供应链管理（supply chain management，SCM）、客户关系管理（customer relationship management，CRM）、商业智能（BI）、产品生命周期（product lifecycle management，PLM）、企业门户（enterprise portal，EP）等扩大企业资源的外延，并以更加丰富翔实的信息辅助高层决策，从而提升企业的生存能力、竞争实力和发展潜力。

（二）诺兰模型的意义

由于信息技术迅速渗透并成长为企业经济中最具增值活力的要素，因此企业信息化非常关键，尤其对正在积极参与国内外市场竞争与业绩拓展的中国企业来说，信息化建设与其兴衰成败有着密切的联系。

诺兰模型是源于实践的理论总结，可以用来指导企业信息化的发展。以诺兰模型衡量我国目前企业的管理信息化建设（包括办公自动化、电子商务等），可以看出一部分企业还处于第二阶段，有的已进入第三、第四阶段，也有少数企业正逐步向第五阶段过渡，有的企业甚至已跃过第五阶段进入第六阶段。总之，计算机用于企业管理的比重虽然不低，但应用水平总体不高。造成这种局面的原因主要有以下几点：对管理信息化的认识存在误区，重技术“硬件”、轻管理“软件”；管理水平的不到位限制了信息技术的功能发挥；最重要的是，管理信息化建设应服务于企业发展的整体战略，因此需要站在战略、整体的层面上进行规划，而实际上一些企业的高层决策者并未将信息化提升到战略的高度。在制定企业信息化战略与管理信息系统计划时，要根据诺兰模型首先确定本企业目前处于哪一阶段，进而依据该阶段的特点来部署下一步的发展战略。

诺兰把组织信息化的六个小阶段分为三个大阶段：初装与蔓延是信息化的初级阶段；控制与集成是信息化的中级阶段；数据管理与成熟是信息化的高级阶段。其中第三、第四阶段之间是一个转折点，前三个阶段是计算机时代，后三个阶段是信息时代。诺兰模型是管理信息系统领域用得最多的模型，但也存在不少争议。

（三）关于诺兰模型的争议

一些学者认为它只是一种描述性或进化主义的模型，没有解释变化的机制，也没有很多的实证研究支持它，只是一种预测模型。如果企业认识到在第二阶段出现的应用失控和信息难以共享的问题，就会在引进之初加强统一规划和经济分析的工作，使面向技术的管理与面向数据信息的管理平行协调发展，达到和谐的统一，从而大大降低信息技术变迁中各阶段转换的成本，实现"平滑的"跃升。

诺兰指出，管理信息系统的发展包括技术和应用的发展、计划和控制的战略变化以及用户的参与程度变化。在数据处理的发展阶段中，他描述了一条不可逾越的学习曲线。诺兰认为，组织有必要了解与每个发展阶段相关的成长特点。由于每个发展阶段都与某一学习过程相关联，因而是不可逾越的，了解这种曲线有利于帮助组织有效地实施信息化建设。所以他认为，组织的信息化是连续的，这些阶段需要一步步进行，不可跳跃发展。这方面也存在巨大的争议。诺兰模型还把系统集成和数据管理分割为前后两个阶段，似乎可以先实现信息系统的整合再进行数据管理，但后来的大量实践表明这是行不通的。

二、史密斯和梅德利模型

美国大西洋里奇费尔德公司的信息系统主管艾伦·N·史密斯（Allen N. Smith）和加州理工学院信息系统系主任唐纳德·B·梅德利（Donald B. Medley）1981 年合著的《信息资源管理》一书，从信息系统的演进过程切入，构建了信息资源管理（information resource management，IRM）理论体系。他们在该书中阐述了信息、知识与管理的关系，分析了 IRM 的演进、IRM 的原则和 IRM 的角色，研究了信息资源的组织、规划、计划与控制，系统地介绍了 IRM 在行为科学方面的发展，并指出 IRM 内部的安全与集成、IRM 思想的传播和 IRM 中的人力资源管理，是 IRM 的发展方向和趋势。

史密斯和梅德利阐述了现代管理所面临的挑战和信息资源管理出现的必然性。他们认为信息资源管理是一个发展中的概念，它至少有两层含义：首先是一种新的管理哲学，一个组织机构所拥有的信息资源与资本和人力资源同样重要；其次是集成化的管理流程，将传统的信息服务形式（如通信、办公系统、记录管理、图书馆服务）与组织的业务规划加以整合，形成统一的管理过程。

他们把信息资源管理的发展过程划分为五个阶段，即数据处理阶段→一般信息系统阶段→管理信息系统阶段→终端用户应用阶段→信息资源管理阶段（见表 3—1）。他们还认为，目前信息资源管理正由一种管理哲学转变为实际的管理流程。信息资源管理体现了适合组织需求的多种服务和技术功能的整合。史密斯和梅德利的信息资源管理理论非常注重管理理论与计算机信息系统理论的结合，这种结合在实践中产生了一种新的职位——信息主管（chief information officer，CIO）和信息资源管理的过程模型，其内容包括组织、规划、控制、行为管理和人力资源管理，并使信息系统的发展融入信息资源管理的框架。

表 3—1　　史密斯和梅德利的五阶段模型

系统发展阶段	系统类型	信息系统经理的特点	用户作用	处理技术	存储技术
数据处理	功能有限，以财务为主	外行监督者	输入输出处理	批处理	穿孔卡
一般信息系统	以财务和业务功能为主	具备计算机知识	参与项目	应用程序	磁带
管理信息系统	管理信息系统	具备管理知识	项目管理	数据库/应用程序一体	数据库
终端用户应用	决策支持系统	有广泛知识的专家	构建小系统	第四代语言	数据库管理系统
信息资源管理	专家系统、战略管理系统	公司主管	全面合作	第五代系统	分布式网络存储

资料来源：赖茂生：《信息资源管理教程》，北京，清华大学出版社，2006。

三、米歇模型

20世纪90年代初，迈克尔·A·米歇（Michael A. Mische）对诺兰模型做了修正，揭示了信息系统集成与数据管理的不可分割性，认为集成阶段的实质和主要特征恰恰就是以数据集成为核心的数据管理。在这之前的研究侧重于数据处理组织机构的管理和成员行为的分析，而没有更多地研究各种信息技术的综合集成，以及将信息技术作为企业的发展要素而与经营管理相融合的策略。他把信息化的一般路径概括为关于综合信息技术应用连续发展的四个阶段与五个特征的“米歇模型”（如图3—2所示）。

米歇将综合信息技术应用的连续发展划分为四个阶段，即起步阶段（20世纪60—70年代）、增长阶段（70—80年代）、成熟阶段（80—90年代）和更新阶段（90年代中期到21世纪初期）。其特征不仅表现在数据处理工作的增长和管理标准化建设方面，而且涉及知识、理念、信息技术的综合水平及其在企业经营管理中的作用及地位，以及信息技术服务机构提供在成本效益和及时性方面都令人满意的解决方案的能力。决定这些阶段的特征有五个方面：技术状况，代表性应用和集成程度，数据库和存取能力，信息技术融入企业文化，以及全员素质、态度和信息技术视野。实际上，每个阶段的具体属性还有很多，概括起来大约有100多个不同的属性。这些特征和属性可用来帮助一个企业确定自己在综合信息技术应用的连续发展过程中所处的位置。

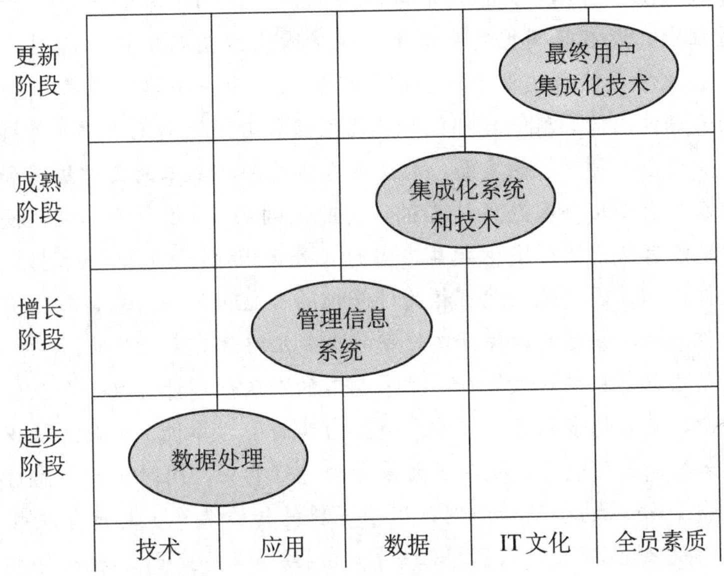

图 3—2　米歇模型

资料来源：百度百科，米歇模型，http：//baike.baidu.com/view/1323143.htm。

米歇模型可以帮助企业和开发机构把握自身当前的发展水平，了解自己的 IT 综合应用在现代信息系统的发展阶段中所处的位置，是研究企业的信息体系结构和确定改革途径的基础，由此找到企业建设现代信息网络的发展目标。一些调查表明，一些企业运行的信息系统由于事前缺乏详细的规划，未深入研究信息技术与业务工作的结合问题，过于偏重计算机系统和通信网络方面，故难以达到企业信息系统集成的目的。参照米歇模型，可以看到一些企业在信息技术综合应用和持续发展方面的差距，有助于找到改进的方向。例如，对于家电制造企业的信息化建设，起步阶段可先上简单的存、供、销系统；到增长阶段数据处理应用面扩大了，开始建立管理信息系统；成熟阶段实现内部计算机应用高度集成化，同时，与外部进行信息交换，即与客户、物流商等业务伙伴，海关、质检等政府部门以及代理、银行、保险等中介及服务机构之间，实现数据自动交换，达到更大范围和更深层次上的开放式集成，以实现企业整体业务流程的高效运行。米歇模型更能够反映当代信息技术发展的新特征，是衡量信息化发展阶段的经典理论。

案例 3—1

中国企业的信息化

大家都知道，我国的信息化建设是在近 20 年时间内发展起来的，并且使我国和美国的技术差距逐渐缩短。在这个过程中，大量技术和技术职位的涌现使整个市场热火朝天，很多人为了适应市场的变化不得不继续学习 Basic、C/C＋＋、数据库、网络、PB、VB、VC、Delphi、BCB、ASP、PHP、Jsp&Java、C＃.NET……

大家就像被绑上了一辆不断前进的战车，而且看不到下车的机会。大家在不断大口吞咽的过程中，没有时间咀嚼和消化，很多人出现杂而不精的情况，同时也感到非常困惑：我该学习什么技术才不会被市场淘汰？下一个热门技术又是什么？

我国开始使用计算机管理部门时就已经落后美国约十几年。计算机作为个人管理工具进入少数企业管理者的桌面，为这些人实施一些基本的文件编辑和管理工作。在这一阶段基本上没几个人熟悉计算机，企业仅购买 1～2 台计算机，投入很少，企业整体管理也没有从中获得多少效益。当时正处于 DOS 向 Windows 转变的阶段，可以使用的软件极少。国内几乎没有相关计算机的专业和职位需求，即使有也是用于科研和教育。作为个人兴趣的软件开发使用的也是汇编语言、QBasic、C 语言等基础语言。

随着使用计算机的人数增加，越来越多的人认识到计算机给企业管理者日常工作带来的方便，越来越多的管理者要求企业为其购买计算机。企业也认识到计算机能够帮助管理者提高管理效率，投入了大量资金进行购买。同时若干熟悉计算机的管理人员开始组建 2～5 人的小型局域网，用于资料的传输共享。与计算机相关的职业也开始出现，“整机销售商”、“机器维修者”、“网络专家”等计算机硬件相关职业异常火热，尽管当时的机器配置非常低，但似乎只要从事硬件的销售和维修或者网络的安装，就能够从企业捞到大把的银子。同时，许许多多的软件开发者也应运而生，为 Windows 3.1，Windows 95，甚至在前期为 DOS 系统编写程序，各种各样的软件层出不穷，每隔一段时间就会冒出几个软件英雄，故事都雷同，“有一个编程特别厉害的人编写了一个大家觉得不错的软件，于是开了家公司，赚了不少钱”。这个故事是很多当今大型企业的前身。单机个人软件英雄是这个时期的主流，编程语言也开始从面向过程逐步转向面向对象的 C++。这一阶段主要采用 VB、VC 甚至 Foxpro。

企业不是傻瓜，渐渐意识到这样大幅度的投入并没有带来预期的效益，购买 10 台机器也许比购买 1 台机器带来的管理效益更明显，但如果再购买 10 台，管理效益的提高就不那么明显了。单纯地增加机器并不能同步增强管理能力。由于联网范围不够，数据共享性差，个人单机软件过多，数据不一致的情况成了企业最头痛的问题。企业开始寻求对计算机进行控制与对信息系统建设进行统筹规划的方法。在硬件上，统一组建内部局域网，加强信息共享，并协调管理。“组网专家”、“网络管理员”的职业火热程度简直不亚于一个明星，而“整机销售商”的日子就不那么好过了。在软件上，引入数据库技术和专项信息系统，以较少的投入对企业的核心业务进行管理，如财务、人事、生产等小型管理信息系统。很多软件作坊较早地看到了这一点，采用 VB，VC，PB，BCB，Delphi 等开发 C/S 模式的专项管理信息系统，以满足企业的需要。开发的团队性也是导致“软件英雄”逐渐没落的原因。后来，受 Internet 的影响，ASP/PHP 构成的 B/S 模式以其开发的方便性和维护的低成本，逐步代替了 C/S 模式。此外，软件作坊为了追求最大生产率，开发出了很多自动生成系统，满足了财务/人事等各企业基本雷同的业务需求，并成长为较大的软件企业。用友、金蝶等公司就是在这一阶段发展起来的。

现在，国内整体格局已经发生变化。由技术引导业务逐步转向由业务引导技术。随着技术和市场的发展，技术和硬件已经不再是开发的主要组成部分，企业的需求成了市场主要的动力源泉。企业在熟悉和不断引入小型管理信息系统后发现了问题：一个企业中存在多个互不关联的管理信息系统，各系统间的资源无法直接共享，成为一个个信息孤岛。如何在不影响日常工作的情况下将这些孤岛连接并集成起来是一个大问题。企业进一步希望，把计算机统计数据交给人来管理，变成计算机代替人进行一部分结构化和半结构化的决策，从而实现整体自动化、流程化的管理。目前出现的大量名词：ERP、BPR、MRP Ⅱ、系统集成、EIS、专家系统、电子政务……都是针对这两个需求产生的。

硬件上，由于对海量数据库和不间断运行的要求，对大型稳定高端服务器的需求十分巨大，高端服务器生产和销售公司的员工将随着中国市场的成熟变得越来越富有。软件上，团队开发方式和系统集成的职位对开发人员的要求非常高，可选择的技术也非常多：C＃.NET 和 Java 以其功能强大、体系结构好占据了主流的位置，XML 语言和 WebService 技术也因为能够跨平台和跨系统交流信息、易于将异构系统整合而站在了潮流的前端。C＋＋开发人员以及硬件开发人员都转向侧重于底层设备或网络交互的开发，把表面的风光留给系统集成商。由于技术繁杂、名词丰富，大家摸不着头脑，其实技术没有谁比谁强多少的问题，目前的每种技术都有自己的适用范围。一个项目经理或开发团队往往根据具体项目的情况，选择不同的技术实现方式。开发人员只需精通其中一门并涉猎其他，就可以在市场上存活下去。对于系统分析员和项目经理的要求其实更高了，因为一个产品的好坏，90％取决于你对业务的熟悉程度。

现在中国大部分地区都处在集成阶段的中期，但一部分超大规模的企业已经向数据管理阶段迈进，这部分企业与美国的差距在 3～5 年。"数据仓库工程师"、"数据挖掘工程师"、"商务智能工程师"等职位成为热门。

资料来源：改编自沈哲磊：《IT 职业发展与诺兰模型》，http：//blog. csdn. net/powrise/article/details/370041。

思考

结合第一节介绍的知识，分析我国企业信息化所经历的阶段。结合你所了解的企业，谈谈它目前所处的信息化阶段以及下一步的发展方向。

第 2 节　组织层次与组织中的信息流

一、组织层次

组织是由人和其他各种用以实现一系列目标的资源组成的正式集合。一个组织就是一个系统，资金、人力、原材料、机器设备、数据、信息和决策等不断在组织中流动。原材料、人力、机器设备、资金等资源从外部环境输入组织系统，通过转换机制又输出至外部环境。转换机制的输出通常是产品或者服务，由组织生产出来的产品或提供的服务，最终由组织提供给它的顾客。

组织中的管理活动可以分为三个主要层次，分别称为战略规划层、管理控制层和运作控制层。战略规划层（如董事长和副董事长）主要由组织的高层领导和资深管理者构成，其目的在于确定组织目标、制定长远的政策和发展方向。管理控制层由组织的中层领导构成，他们负责组织目标的具体实现，其目的在于对组织内部的各种资源进行有效利用，对组织的活动进行计划和控制，制定组织的预算并对实施情况进行检查。运作控制层是管理和指挥组织日常运作的现场管理人员，目的在于实施具体管理活动。

根据管理活动的时间来分析这三个层次，战略规划层的活动多涉及组织长远利益的考虑和决定，如选择企业的经营品种、确定市场营销战略等。管理控制层涉及中期计划目标的实现，如生产资料的计划和组织、人员的招聘培训、安排组织的预算等。运作控制层涉及对短期或当前工作的决定，如决定当前出库量、决定某零件在何处加工等。

二、组织中的信息流

（一）组织中的信息流动

组织中的信息面向四个方向流动，即向上、向下、水平和向外（见图 3—3）。信息向上流动（或称向上流动的信息）描述了基于日常事务处理的组织当前状态。例如，当一项销售活动发生时，信息来源于组织的最基层，然后通过各个不同管理层次向上流动。信息收集将信息向上传送给负责监督并对问题和机遇做出相应对策的决策者。向下流动的信息包括源于最高层的战略、目标和指令，这些信息向较低的层次流动。水平流动的信息在职能业务部门和工作小组之间水平流动。企业向外流动的信息包括与顾客、供应商、经销商和其他商业伙伴交流的信息。

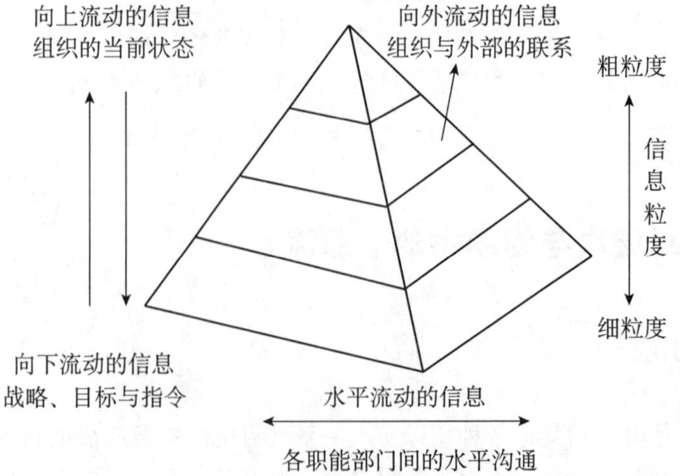

图 3—3 组织中信息的流动和信息粒度

资料来源：蔡淑琴：《物流信息与信息系统》，北京，电子工业出版社，2005。

图 3—3 还说明了信息的粒度。信息粒度指的是信息的详尽程度，涵盖了由粗到细的粒度。粗粒度信息是指高度概括的信息，细粒度信息则是指非常具体的信息。组织的最高层处理的都是粗粒度信息，如年销售量；组织的最低层需要的则是细粒度信息，例如，每笔交易的具体信息，如交易发生的时间、现金支付还是信用卡支付、销售人员是谁以及顾客是谁等。因此，组织最低层产生的交易信息（细粒度）在组织流动过程中（信息的向上流动）相互整合，从而具有粗粒状特征。

此外，信息有可能是内部的或外部的，客观的或主观的。内部信息主要描述组织中特定业务的内容，外部信息主要描述组织周围的环境。客观信息定量地描述已被人们所知的事物，主观信息则试图描述当前还不为人所知的事物。高层管理者更重视外部信息和主观信息，低层管理者则更重视内部信息和客观信息。

（二）安东尼模型

1965 年，安东尼等企业管理研究专家通过对欧美制造企业长达 15 年的大量实践观察和验证，创立了制造业经营管理业务流程及其信息系统构架理论，即“安东尼模型”。该理论认为，经营管理业务活动（即企业管理系统）可分为战略规划、战术决策和业务处理三个层次（如图 3—4 所示）。

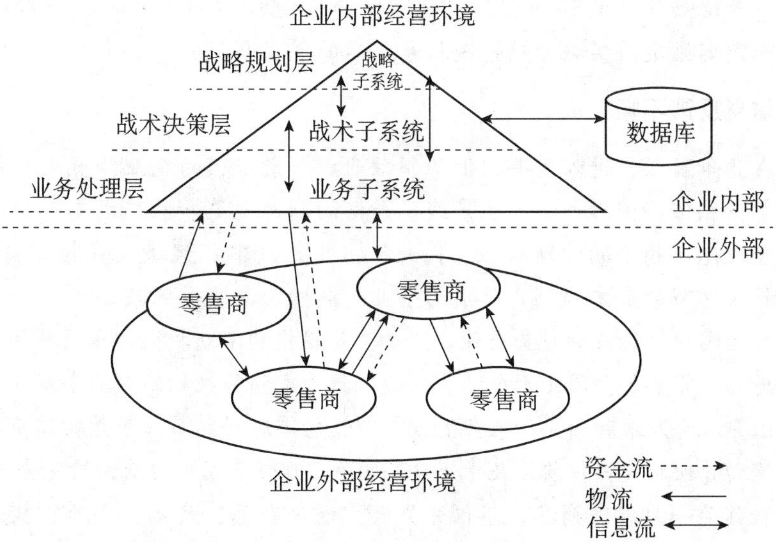

图 3—4　安东尼模型

资料来源：百度百科，安东尼模型，http：//baike. baidu. com/view/1425701. htm。

在该模型中，首次将制造企业管理系统视为一个以经营资源为基本元素的企业经营业务活动的整体，系统化地描述了企业内外信息流、资金流、物流的传递和接收过程。安东尼等人通过对以组装加工业务为主的制造企业进行大量观察分析发现，其管理系统业务流程涵盖了物流、资金流和信息流的双向流动及其基本规律。首先，物流的流程一般体现在从采购部件到产品销售出去的整个过程中，是自上游向下游方向流动，先从供应商流到企业，再到批发商、零售商和顾客，即企业需要经过零部件采购、调拨、生产加工、发货、销售等业务流程，同时，在企业进行上述调拨或采购零部件流程之前，零部件制造商及原材料加工商等供应商也在进行销售活动；在企业进行销售活动之前，批发商和零售商也在进行采购活动。而资金流的流程与物流相反，是从下游向上游方向流动，即从顾客流到零售商及批发商，然后到企业（或直接到企业），再流到供应商。其次，信息流与物流、资金流等相比较，其流动过程要复杂得多。企业信息主要包括订货信息、发货信息、收支信息等，信息流在与物流、资金流互补的同时，又起着管理企业整体活动的作用。

案例 3—2

奥康治理"信息贪污"

针对渠道信息不畅造成的"信息贪污"，奥康进行了一场大规模的分销体系信息化改造。如今，即使是最急的大单，"调配—存货—交单"对奥康来说也不过是举手之劳。31 个省级分公司、2 000 多家专卖店、3 000 多个营销网点，在如此庞大的营销网络中，每个分销点每时每刻卖了一双什么样式的鞋子、是什么颜色、尺码多少等诸如此类的详细信息，都随时随地能被总部查到。这并不是什么现代神话，而是奥康集团实施分销系统信息化后的现实写照。

信息反馈不畅

在竞争激烈、进入壁垒较低的制鞋业，一定规模的企业降低生产成本的手段和技能都很相似：国际一流的生产线，严格的制造规范和人工成本管理，开放和领先的管理理念，精干的管理队伍。因此，当生产成本已经被企业控制得"无以复减"时，销售环节的成本控制自然成为企业利润增长的重要源泉。

作为国内制鞋业的龙头企业，随着企业规模的不断扩大，奥康集团的营销网络也日趋庞大、复杂，全国几十个销售区域、数千家销售机构的分布令奥康不能再像从前那样依靠人海战术和简单的业务流程管理销售渠道和环节。虽然集团有明确的业务流程规范和管理制度，但要使几十家分公司和 2 000 多家专卖店保持完全一致不太可能。

鞋作为一种特殊商品，不仅分男女，还分颜色、尺码、季节、款式等。在财务上对它们可以不区别对待，但在销售上却必须准确到颜色、尺码、型号等，也就是要从多个维度去展现一个产品。否则，就会出现单一产品库存巨大，而零售商又一再缺货的窘境。此外，制鞋业还有"产品生命周期越来越短，产品不仅要应季上市，还要应潮流上市"的行业特点。而按照奥康的划分，一年除春夏秋冬四季外还有四个过渡季节，因此在每个季节最多一个多月的超短生命周期里，想要及时完成从生产到销售的全流程，并"把将来的产品开发提前一个季节，预测出下一季是什么需求"，就必须牢牢把握对销售前端基础信息的收集，使所有数据都能够迅速真实地反馈到总公司，以便于管理层迅速决策。

然而，一场调查使奥康认识到了信息传递的阻碍。2001 年，奥康的一个调查小组在走访了全国的几十个分支机构后发现，每年囤积在子公司仓库中、已经处于滞销状态的商品总额高达四五千万元。这种资金积压对于当时营业额只有 7 亿元左右的奥康来说，实在是太严重了。更为糟糕的是，对这些积压的滞销商品，分公司的管理者并不知情，因此这些滞销商品往往又会失去最好的降价销售时机，成为真正的商品销售损失。同时，这种令人不可小视的资金积压甚至资金损失，还直接影响到企业正常的现金流动。奥康集团董事长王振涛形象地把这种信息失真称为“信息贪污”，他说：“这种主动或被动的信息贪污比现金贪污还要厉害，因为如果他的信息不告诉你，或者晚一些告诉你，就会错过很多时机。”对渠道管理现状的认知，使王振涛下决心从根本上解决渠道信息反馈不畅这一基础管理难题。

打响“信息反贪战”

分销网络的延伸实际上是企业势力范围的延伸，要在目前竞争激烈的市场上有所斩获，就必须保证将企业的优势资源及时投放。企业的总部作为资源的拥有者和调配者，必须对每个市场机会及时作出判断，实时分析机会成本，以实现企业利益的最大化。充分认识到这一点的奥康集团，于 2001 年借助用友的 ERP 网络分销解决方案，在企业内部打响了一场长达一年的“信息反贪战”。

然而在奥康，实施这样一个级别的项目并不是一帆风顺的，最大的阻力主要来自部分管理人员对于非常透明化的管理的排斥，以及终端操作员的不满。因为当一切通过网络操作，机构扁平化就成为必然，可能会使各省分公司的部分个人利益受到威胁；系统并行运行期间，工作量成倍增长，操作人员由此产生反感心理。

王振涛却相信：“只要我们领导层足够重视，并加以培训和教育，人员上的问题都能得到很快解决。”“何谓渠道管理，就是管理渠道的钱、管理渠道的销、管理渠道的人、管理渠道的存、管理渠道的商品和管理渠道伙伴。而要实现有效的管理，你就必须知道它的应收、它的销售、它的库存，它的商品哪种畅销、哪种滞销。但现实的渠道管理报上来的信息有多少是真实的，有多少是滞后的，又有多少是虚假的，你一概不知，在这种信息已经被贪污的环境下，要想管理好渠道，几乎是没有可能的。”在对员工进行苦口婆心教育的同时，奥康还给企业的管理层下了一条不成文的规定：“谁不会用电脑，就下台。”而用友网络分销系统各项操作和应用的简单易用，也在一定程度上大大缩短了推行的时间。“它不会增加我们对于计算机专业知识掌握的要求。但如果在操作计算机上存在很大难题的话，这套系统就很难推行下去。”主管信息工作的奥康集团副总经理徐晓杰这样表示。

拧紧分销链

这场大规模的分销体系信息化改造运动，使奥康构筑起了几十家分公司和 2 000多家专卖店的分销信息系统，并逐步达成了公司的既定目标——有效杜绝“信息贪污”。运行后的分销系统使奥康销售各端都可置身于共同的信息平台，通过互联网登录中心按照不同的权限进行数据的录入、处理和查询，将事后控制转化为事中控制，通过系统自动处理大量复杂的销售数据，减少手工的延迟和误差，并获得数据挖掘及各种数据分析表等。这同时给奥康带来了更低的业务沟通成本，以往每月数千元的长途电话、传真、发电子邮件以及加班的费用，开始被只有100多元的上网费用所代替。

全面网络化的应用实现了专卖店与分公司、分公司与营销中心、营销中心与制造中心的管理协同。从此，商品库存不再是一个分公司库存、专卖店库存、制造中心库存的概念，而是形成了全国统一的虚拟库存概念，生产计划从无目的的生产转为有目的的生产，滞销区域的品类向畅销区域转移。这些整体性的运作带来的不仅是库存的减少，同时提高了资金回笼的效率。

过去困扰管理者的老大难问题已成为历史。现在，公司老总在任何时候、任何地方，只需打开电脑，就能查到数百家分支机构当天当时的销售数据、库存情况、客户订单数量及处理状态，以及销售排名、核心客户、累计销售业务变化趋势分析等详细信息，在提高决策管理速度与效率的同时，也使企业对市场变化的反应更灵敏，从而有能力抓住稍纵即逝的商机。因为在5～10分钟内就能查清全国各营销点的库存情况，所以即使是最急的大单，通过网络化分销系统的汇总数据，“调配—存货—交单”也只不过是举手之劳，而对手则要3天才能完成查询。“有一次一场大雪使我们第一天销售额达到300多万元，第二天达到400多万元，大大超出平时每天200万元左右的平均数量。但如果我们没有联网管理，就无法在全国范围内实现信息的实时查询、传递与产品调配，那就可能连150万元的销售额都达不到。所以说，只有用数据来管理，我们才能抓住这些机会。”王振涛用这样一个例子说明了采用网络分销系统后的信息价值。

事实上，奥康的信息化经历还打破了“管理信息化一定要从流程改造做起”的惯例。对于大多数企业来说，更实际的做法可能就是像奥康那样，首先完成对信息的采集、整合、共享和支持决策。特别是对于那些市场竞争激烈、产品生命周期较短的企业来说，利用高效的信息系统快速对市场作出反应，才是至关重要的。

资料来源：改编自李晓蕾：《奥康治理“信息贪污”》，载《互联网周刊》，2004（12）。

思考

1. 组织中有哪些信息？它们对组织有什么作用？这些信息应该如何整合与管理？

2. 奥康为什么要实施信息化？信息化给奥康带来哪些好处？

第3节　组织对管理信息系统的影响

管理信息系统的应用离不开一定的组织环境和条件。组织环境是组织内外部各种相关因素的综合。这些因素对管理信息系统的应用有着相当大的影响，在一定程度上决定着管理信息系统应用的成败。在组织的环境因素中，有些因素看起来相当重要，但实际上对管理信息系统应用可能影响甚微；有些对管理信息系统应用起着至关重要作用的因素，却往往并不太明显。这些都需要在具体的组织系统规划和分析时认真考虑。

一、组织类型与规模对管理信息系统的影响

对于小型初创企业来说，它的规模较小、组织结构简单、所处环境变化迅速，所使用的系统一般侧重于应用型，还无法顾及系统的整体规划与发展。所以，小企业一般青睐投资少、功能简单实用的信息系统。对于具备一定规模的中等生产企业来说，其产品标准化，组织规范程度相对较高，应该采用中型管理信息系统来支持企业的运作。对于大型事业部企业来说，各个事业部生产不同的产品与服务，统一由总部控制，需要建立大型管理信息系统，采用远程数据交换与传输技术，为整个企业集团建设统一的信息平台。一些专业性、知识密集型企业，由于结构扁平、集权程度低，常常采用知识管理系统与专家系统。从在一定程度上说，组织的状况决定了信息系统的分布与结构。

组织规模是管理信息系统环境中最重要的因素之一。组织的规模决定着管理信息系统应用的目标和规模，因而，在管理信息系统建设上，根据组织规模确定系统的大小和目标是系统分析人员的首要任务。组织规模即组织的大小，规模不同的组织在应用管理信息系统时各有其特点，在系统应用之前必须认真分析。组织规模影响的方面主要有：系统开发投资方面：小规模组织限制较多，风险承受能力较弱，投资一般比较谨慎；而规模大的组织资金来源渠道较多，承受风险和消化风险的能力较强。系统复杂程度方面：小规模组织相对简单，开发周期一般较短，但由于投入能力的制约，往往以牺牲系统的性能为代价，换取系统尽快应用；而规模较大的组织在系统的性能和复杂程度方面要求要高得多，一般的开发周期也要长得多。不能简单地认为规模小的组织应用管理信息系统就容易，规模大的组织应用管理信息系统就困难，正确的态度是把组织的规模作为一个重要的因素加以考虑，结合组织的实际情况，开发出满足组织需要的、具有先进性和合理性的管理信息系统。

二、生产特点对管理信息系统的影响

不同企业生产不同的产品，它们的生产过程、生产工艺、生产技术等有很大的差异，因此，在引入管理信息系统时，就要考虑管理信息系统的信息技术、管理手段、管理思想和方法是否符合企业的需求。以工业企业为例，不同的企业有着不同的生产特征和千差万别的内外部环境，因而要求采用不同的管理方法。产品性质、结构复杂程度和批量不同的工业企业，其生产过程的特点不同，进而造成管理方法上的差异。一般将工业企业分为三类：

（1）采掘业。采掘是指从自然资源得到物料进行生产加工的过程，如采矿、采煤等。这类生产一般需要较高的投入，管理的重点一般为物料储运等。

（2）冶炼业。冶炼是指直接对采掘工业的产品进行加工，它是改变物料的物理化

学特性的生产过程。这类生产一般是流程式生产，受生产设备专用性限制，灵活性较小。在这类生产管理中，物料的储运和管理仍然十分重要。经实践检验，一些现代化的管理理论与方法，如线性规划、网络计划等，对这类企业的管理非常有效。

（3）制造业。制造业对经过加工的资源进行加工，以改变物料的物理形式。典型的制造是机械零件的加工和装配。制造业中各类企业数量众多，产品品种结构复杂，因而对生产过程的计划和管理也是最复杂的，所以，它一直是生产与库存管理讨论的重点。

根据上述三类企业的特点，可将其归纳为两种生产形式：流程式生产和离散式生产。采掘业和冶炼业都属于流程式生产。制造业是离散式生产，它要求各基本作业之间设有相当的储存，使每项作业可以相互独立地进行，以便合理地安排进度，充分利用人力、设备等资源。由于不同的生产特征决定着企业开发应用管理信息系统时应当贯彻的管理思想，因而必须在系统总体规划之前进行认真分析，才能保证系统对企业生产经营活动进行有效的管理。

三、管理规范程度与员工素质对管理信息系统的影响

管理的规范化是对组织管理科学性的要求，其程度受企业规模的影响较为明显。规模大的组织鉴于管理的要求，机构较为完备，管理活动也较为规范；而规模小的组织的管理权限往往集中在高层领导手中，各部门之间缺乏制度化的联系，领导决策有很大的主观性、随意性。管理信息系统是对一个组织管理的全过程进行管理的人机系统，自动化程度高，它的成功应用必须以规范的管理模式为基础，因而在系统开发之前，就必须对不规范的管理进行规范化，对于小组织尤其如此。很多管理信息系统开发失败的原因就在于没有认识到这个问题的重要性。对需要应用管理信息系统提高管理效率的组织而言，将开发应用管理信息系统作为规范管理、提高效率的契机，无疑比系统开发本身更有意义。

员工能否认识到信息化的意义与作用、是否支持企业的信息化战略、能否使用信息化工具、能否适应信息化作业等都会直接影响信息化的效果。员工是管理信息系统的最终应用者，他们的素质与管理信息系统的良好应用有密切的联系。

除上述因素外，其他因素，如如何获得系统所需的物资和人力资源、组织内部对管理信息系统的理解和认识程度、决策技术及系统的软硬件水平等，都对管理信息系统的应用有着举足轻重的影响。在建设管理信息系统之前，必须对影响系统应用的组织因素加以认真分析，找出影响系统成败的关键，使组织的管理工作走上规范化、现代化的轨道，为管理信息系统的应用铺平道路。

案例 3—3

NRC 公司的管理信息系统建设

一天，NRC 公司信息部肖经理接到公司主管销售副总裁的电话，让他立刻到

副总裁的办公室。到了副总裁的办公室，肖经理才发现经管部杨经理、运输部曾经理、财务部万经理都在那里。

副总裁指着打开的计算机屏幕说："你们看看，到底是哪里出的问题。昨天杨经理向我汇报公司今年的销售情况，说今年上半年的销售情况不好，达不到全年目标的50%，但今天我从系统的日报来看，累计销售额已超过全年目标的50%。下午我要向总裁汇报上半年的销售情况，到底该用哪个数字？这两个数字究竟差在哪里？"

杨经理说："我们的数字是从每个销售部门直接统计上来的，他们反映的都是实实在在的销售情况，一定不会错，而且今年的销售情况不是很好，他们也不会迟报或瞒报。计算机里的数据我们一直没有用，也没有经过我们的审核，问题出在哪里我不太清楚。"他的言外之意是计算机系统的数据有问题，责任不在自己。

肖经理对数字的情况不太清楚，他不布置任务，对销售数字只知道大概。他看看计算机屏幕，又看看杨经理，向副总裁解释道："目前系统里的数字是根据运输部门录入系统的商业发票直接计算出来的，系统也是经过测试的，逻辑关系没有问题，如果统计结果有问题，只可能是运输部门商业发票录入有误，要不就是其他什么原因。"

曾经理想了半天说："我记得年初因为去年销售任务完成较好，销售部门一直没有及时把去年12月的销售单据送到运输部，一直到今年1月底才拿来，又赶上过年，好像到了2月中旬才录入系统。但是这部分销售应当算在去年，而不是今年，这可以问一下财务部的万经理。"

肖经理接话道："我看，这主要是目前财务总账系统和销售系统有些对不上号，财务系统已经老化落后了，有些数字不准确。"

万经理说："本来销售情况就应当以财务报表为准，运输部门录入的发票有许多情况都很滞后，有的时候也不准确，如果以运输部门的数字为依据，准确性当然差很多，领导要了解销售情况应当看财务报表。"

副总裁摇摇头："你们财务报表一个月才出一次，我需要每天都能了解到销售情况的数字，为此我才要求信息中心开发了总裁查询系统里的每日销售日报，但现在数字上是质的差别，有没有完成半年目标卡在这里，今天才7号，你的财务报表要每月10号才能出来，下午我怎么向董事会汇报？"

万经理说道："要不我让会计先给您出一份大概的报表，数字不会有太大的出入。"

副总裁无可奈何地说道："也只好如此了。但为什么我们信息系统用的数字总是不可信？怎样才能让计算机系统真正具备支持决策的能力？还有，现在电子商务在业内声势很大，对我们目前的商务形式会有什么样的冲击？今天你们几个主管贸易、财务、信息的经理都在，把这个任务布置给你们，我也向总裁汇报一下。现在竞争如此激烈，如果我们在某个方面失去竞争优势，很有可能会陷入被动的境地。"

资料来源：李东：《企业信息化案例》，北京，北京大学出版社，2002。

思考

1. NRC公司使用的是经过测试的、比较完善的管理信息系统，但为什么提供的数据还是存在很多问题且不能满足需求?

2. 企业的状况会对信息系统的使用造成哪些影响?

3. 结合该案例为NRC公司的信息系统建设提一些建议。

第4节 管理信息系统对组织的影响

一、管理信息系统对组织结构与组织规模的影响

(一) 组织结构扁平化

信息技术的使用可以降低信用获取的成本、扩大信息传播的范围，进而改变组织的决策层次，使组织层次扁平化（如图3—5所示）。信息技术可将组织运行层的信息直接传递给高层管理人员，高层经理收到及时准确的信息，从而能较快地做出决策，这样就会减少中层管理人员以及相关的支持工作人员。通过使用网络通信系统，高层管理人员可直接与较低层员工接触，减少管理过程的中间媒介。另一方面，信息技术可将信息直接传送给整个组织中较低层的工作人员，使他们不再需要管理干预，可以利用自己的知识和所获得的信息进行决策。组织层次的扁平化意味着管理的幅度扩大，使高层管理者可以管理和控制更多的员工，将管理内容扩展到更大的范围。作为这个变化的结果，许多大公司已经省掉了数以千计的中层经理。

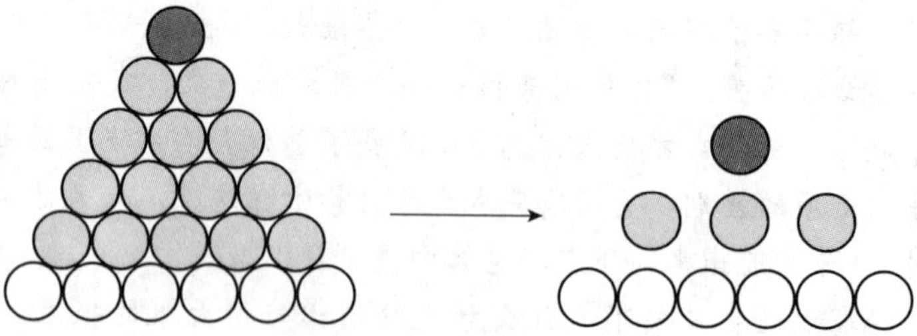

图3—5 组织结构扁平化示意图

(二) 组织结构虚拟化

知识经济时代，权力越来越依赖于个人的知识和能力，而不是取决于其在组织中的职位，专业化员工的自治管理导致组织结构趋于扁平化。随着知识和信息的传播越来越广泛，决策也越来越分散。信息技术促进以任务为中心的网络化组织的发展，在这类组织中，许多专业人员为完成某一特定的项目而组成任务小组，他们之

间通过面对面或电子方式进行信息交换，一旦项目完成，小组成员可以参与到其他项目中。

许多公司的运作如同一个虚拟组织（virtual organization），其工作的完成不再受地理位置的限制。虚拟组织通过网络将公司员工、资产和构想连接在一起。他们可以联合供应商、客户甚至一些竞争厂商，来创造和分销新的产品和服务，不再受限于传统的组织边界和物理位置。例如 Calyx & Corolla 是一家销售鲜花的网络虚拟商店，它直接将鲜花销售给客户，越过了传统的花商。客户通过电话或网站订购鲜花，公司直接将订单传给花农，花农直接通过联邦快递（FedEx）把鲜花送给客户。

谁能确保自治管理小组不朝错误的方向发展？由谁确定哪个专家为哪个小组工作，工作多长时间？当某人经常转换工作组织时，管理人员如何评价这些有着不确定工作环境的专家的工作？每个人又如何规划自己的未来？这些要求有新的方法来评价、组织、管理员工，因此并不是所有的公司都能够有效地使用虚拟组织形式。成功采用虚拟组织结构有许多关键因素。例如，在公司的核心业务部门配备内部员工，在其他领域使用虚拟的员工、团队或者企业。组织还可以使用电子邮件、Outlook 计划表、视频会议等工具来维护和协调虚拟结构的活动。

从这两个方面我们可以看到，一方面，由于信息系统对组织成本的节约，支持一些企业变得更大，借助信息系统，出现了很多全球性的跨国巨头公司；另一方面，由于信息系统对交易成本的节约，支持一些企业变得越来越小，仅凭借自己的核心能力来生存，其他业务通过虚拟企业来完成。信息化一方面促进了大企业的壮大，另一方面支持了比传统意义上的小企业更小规模的企业的出现（见图 3—6）。

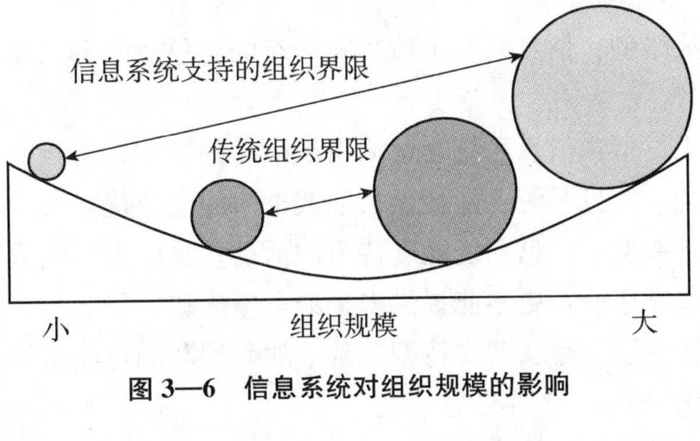

图 3—6　信息系统对组织规模的影响

二、管理信息系统对组织战略的影响

（一）信息系统的战略内涵

组织应用信息技术的目标由提高组织的运作效率和经营效益向提高企业核心竞争力、增强组织的竞争优势转变。信息系统可以通过识别信息系统运用的战略机会，并对信息技术改变组织战略和行业结构变量的潜力进行创新和改进，来帮助组织赢得竞争优势。主要包括两个方面的内涵：

1. 信息技术的应用与企业的经营战略直接联系在一起

（1）信息系统的应用给企业带来了实施经营战略的新方案，由此影响了企业的经营战略。

（2）信息系统的应用直接有效地支持了企业经营战略的实施。

2. 信息技术的应用极大地改善了企业的运行状况

（1）信息系统的应用直接给企业带来了竞争优势。

（2）信息系统的应用削弱了竞争对手的竞争优势。

（二）信息系统的战略定位与应用类型

1. 信息系统的战略定位

由于公司的生产运作情况不同，应该根据公司的特点制定公司的信息系统战略。根据目前信息系统对组织战略的影响与规划中信息系统对组织战略的影响两个维度，信息系统战略可以划分为四种（如图 3—7 所示）。

目前信息系统对组织战略的影响 ＼ 规划中信息系统对组织战略的影响	低	高
低	支持型（support）	转变型（turn around）
高	工厂型（factory）	战略型（strategic）

图 3—7　信息系统的战略方格

（1）战略型：信息系统可能影响现有的竞争战略和未来的战略，能提供战略上的竞争优势。

（2）工厂型：信息系统会影响组织活动的运作，若没有信息系统，组织将无法运作，但是，信息系统不能提供目前或未来的竞争优势。

（3）支持型：信息系统能支持组织活动，其所支持的多属传统的应用处理，并非重要的关键作业，更不能提供未来的竞争优势。

（4）转变型：是从“支持型”到“战略型”的过渡阶段。

2. 信息系统的应用类型

根据信息系统的战略定位，可以相应地将信息技术应用分为三种类型，这三种类型在技术状况、信息技术使用目的、承担的风险、信息密度等方面都不相同（见表 3—2）。

（1）先驱型：先驱型的组织走在技术创新的最前列，以信息技术作为竞争武器，适用于信息系统为战略型定位的组织。

（2）稳健型：稳健型的组织最为常见，它们并非以创新或价格来竞争，而是以全面的服务与整体的价值来竞争，适用于信息系统为工厂型定位的组织。

（3）追随型：追随型的组织以微小的边际成本或规模经济来竞争，适用于信息系统为支持型定位的组织。

表 3—2　　组织信息技术应用的三种类型

	先驱型（战略型定位）	稳健型（工厂型定位）	追随型（支持型定位）
技术状况	率先采用新技术	使用主流技术	保守使用成熟技术
信息技术使用目的	取得竞争优势	提高生产率	降低成本
承担的风险	积极（高风险）	平衡（低风险）	谨慎（规避风险）
信息密度	高	中	低
经营模式	大量定制	持续改进	大批量生产
信息技术管理	集中授权	分权	集权
信息技术的资金投入	弹性	变动	固定

资料来源：Kenneth C. Laudon，Jane P. Laudon：《管理信息系统——组织和技术的新途径》，北京，清华大学出版社，2003。

（三）管理信息系统对组织战略的支持

管理信息系统对组织战略的支持体现在业务层、企业层和行业层三个层面（见表 3—3）。

表 3—3　　管理信息系统对组织战略的支持

层次	战略	模型	管理信息系统的应用
业务层	低成本 产品/服务差异化 目标聚焦	价值链	数据挖掘 基于 IT 的产品/服务 组织间信息系统 供应链管理 快速客户响应
企业层	协同管理 核心能力	核心能力	知识管理系统 整个组织集成的管理信息系统
行业层	合作竞争 行业许可 行业标准	竞争力模型	电子交易 网络通信 组织间信息系统集成 信息战略伙伴

资料来源：Kenneth C. Laudon，Jane P. Laudon：《管理信息系统——组织和技术的新途径》，北京，清华大学出版社，2003。

1. 管理信息系统对业务层战略的支持

业务层战略所要解决的问题是：在特定的产品/服务市场上，企业如何有效地与竞争对手进行竞争。企业可以通过使用三种战略来获得竞争优势：成本领先战略、产品/服务差异化战略和目标聚焦战略。

（1）信息系统与成本领先战略。成本领先是指直接降低成本或在不产生追加成本的前提下提高生产率。能减少交易成本的信息系统支持这种成本领先战略，能够减少企业库存成本的库存控制系统支持成本领先战略，能够把原材料的浪费降至最低并控制生产成本的生产控制系统同样支持成本领先战略。

（2）信息系统与产品/服务差异化战略。产品/服务差异化战略是指企业在某些产品或服务上保持与其他企业显著差异的竞争战略，以满足顾客的特别需要。企业还可以通过对客户遇到的问题提供可靠的服务和快速的反应并不断增加产品特色等方式使其产品与众不同。信息技术同时也支持销售和服务层次。

（3）信息系统与目标聚集战略。目标聚集战略就是将力量集聚于某一个特定市场或者某个产品定位。可以利用信息系统收集大量的客户数据，然后对这些数据进行分析挖掘，确定产品/服务的主要目标市场，进而对不同的客户采用不同的广告和营销策略。

2. 管理信息系统对企业层战略的支持

企业是由一系列相关联的战略业务单元组成的。企业高层管理人员主要关心的问题是：如何协调各个战略业务单元，从而使整个企业的利润最大化。企业的竞争优势来源于各个环节间的联系、协调、管理和优化，以及各环节之间的无缝衔接。信息传递和共享可以降低成本，加快运行速度，创造新的工艺。企业的协同战略是指通过在企业内部战略业务单元之间建立协作关系，降低整个企业的生产和运作成本，提高效益。

信息系统技术对协同战略的支持是通过信息系统将独立运行的各个单元有效地连接起来，以支持它们间协作关系的实现。这类信息系统通常会降低企业的运作成本，使企业能够更快地响应市场需求。

企业层面可采用的另一种战略是核心能力战略。核心能力是企业区别于竞争对手，自己所特有的能够给企业带来竞争优势的一种能力。核心能力是指企业快速将技术转换到产品和服务中的能力。企业的核心能力是在知识和技术的创新中产生的，能力的大小取决于企业对知识的拥有和利用。与信息技术有关的能力应该包括三个方面：使用信息技术的能力（如现成的计算机软硬件技术、网络技术），集成信息技术产品（如将网络产品与办公自动化产品集成）的能力，利用信息技术进行创新的能力。

3. 管理信息系统对行业层战略的支持

在行业层面，企业需要解决的关键问题是，企业什么时候、以什么方式与行业内企业或相关行业的企业进行竞争或合作。过去，行业层面的战略分析更多强调的是竞争，随着经济的全球化以及市场的迅速变化，仅仅依靠企业自身的资源和能力已经很难取得竞争优势，为此，越来越多的企业通过与其他企业建立各种各样的合作关系来增强自己的竞争力。使用信息系统技术建立起一套整个行业范围内的信息交换标准，实现行业内电子化业务处理或建立起整个行业的客户服务系统，可提高整个行业的效率和效益，使替代产品不易进入市场，同时可提高进入壁垒，阻止新的进入者。

三、管理信息系统对组织业务的影响

（一）价值链与信息系统技术分析

业务层面最经常使用的分析工具是价值链模型。价值链模型认为企业是由生产产品、服务过程中带来价值增加的一系列活动组成的。利用价值链模型可首先分析出企业中与竞争战略相关联的活动，用什么具体活动创造新产品和服务、增强市场渗透力、锁定客户和供应商、降低运作成本。通过比较价值活动之间的关系，公司可以认识自己的生产经营过程中的价值活动之间的关系，各下属单位之间的价值关系以及公司与有关利益团体（如供应商、客户、竞争者）的价值关系，更加全面地确定自己的竞争优势和战略性信息系统方案的选择（如图 3—8 所示）。

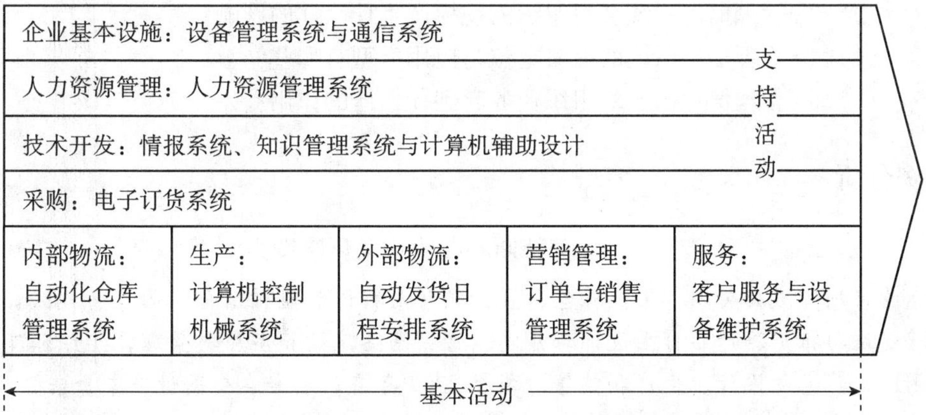

图 3—8　管理信息系统对价值链上活动的支持

（二）业务流程的重组与优化

信息技术的发展提升了信息传递的速度和时效性，扩大了业务范围的覆盖面和信息的交换量，为企业进行信息的实时处理、做出快速准确的决策提供了极其有利的条件。要使企业的内外业务流程保持信息通畅，提高企业的竞争优势，必然要求对企业业务流程、信息流程和组织机构进行改革。信息系统逐渐以自动化的工作程序、工作流程与作业步骤取代原先的人工操作程序。许多公司用电子工作流程取代原来的文书传递与人工操作，以减少作业成本。工作流程管理的改善使得许多公司不但明显降低了成本，而且改善了客户服务的效果。

基本概念

诺兰模型（Nolan model）
企业资源计划（enterprise resource planning，ERP）
数据仓库（data warehouse，DW）
数据挖掘（data mining，DM）
商务智能（business intelligence，BI）
供应链管理（supply chain management，SCM）
客户关系管理（customer relationship management，CRM）
产品生命周期（product lifecycle management，PLM）
企业门户（enterprise portal，EP）
信息资源管理（information resource management，IRM）
信息主管（chief information officer，CIO）

思考题

1. 深入了解企业信息流对企业有何作用?
2. 哪些组织因素可能影响到管理信息系统的实施?
3. 管理信息系统会对组织的规模产生什么样的影响?
4. 管理信息系统的战略定位与应用类型有哪些?
5. 管理信息系统对组织业务起到什么样的作用?

案例分析

美特斯邦威的信息化建设

美特斯邦威公司以“生产外包、直营销售与特许加盟相结合”为经营模式,通过强化品牌建设与推广、产品自主设计与开发、营销网络建设和供应链管理,组织旗下品牌时尚休闲服饰产品的设计、生产和销售,截至2007年底,已经在全国设有专卖店2 106家。公司旗下拥有“Meters/bonwe”和“ME&CITY”两大时尚休闲品牌。“Meters/bonwe”通过多年发展已成为国内休闲服饰的领导品牌之一;“ME&CITY”品牌于2008年全新推出,主要为职场新贵提供高品质、高性价比的时尚流行服饰。

虚拟经营促进发展壮大

美特斯邦威创立于1995年。创立之初,只有注册资本50万元,十几个人。美特斯邦威的老板周成建以温州人特有的商业嗅觉,在20世纪中期看准了年轻人需要价格相对便宜的休闲服装这一市场空白,将产品定位于休闲服饰,推出T恤、夹克,结果生意非常好,1995年销售收入达到了500多万元。

销售形势一片大好,美特斯邦威的服装品种也越来越多,但自己的工厂已经没有能力去生产这么多品种。怎么办?美特斯邦威干脆把自己仅有的一个工厂关了,将生产外包给广东的生产能力过剩的服装厂。

同时,美特斯邦威开始走出温州,到杭州、上海自己投资开直营的专卖店。但是,网点的异地扩张导致一方面资金跟不上,另一方面管理跟不上。于是,美特斯邦威又退回到温州,在上海缩小规模,引进代理商,发展代销店。

这就是美特斯邦威虚拟经营模式的雏形。但当时美特斯邦威的管理层自己也不知道这就是在国际上很流行的虚拟经营模式,只是碰到没有厂房,就找别人代工,没有开店的资金和管理能力,就发展代理商,遇到一个难题,解决一个难题。

信息化助阵

在虚拟经营模式下,随着企业规模变大,最后能否健康运转,实际上靠的是面向整个产业链上下游的信息平台。美特斯邦威的信息化之路始于1996年。从1996年到2000年,美特斯邦威自主开发了第一代ERP系统,包括仓库信息管理系统、专卖店和分销管理系统、财务管理系统、生产进货管理系统和办公自动化系统。

随着美特斯邦威第一代ERP系统的逐步上线,从1995年到2000年,订单交货周期由

15 天下降到 8 天；应收账款周转天数从 30 天下降到 2 天；专卖店由 10 家增加到 400 多家；销售额由 500 多万元飙升到 5.1 亿元。到 2001 年，美特斯邦威的销售额增长到 8.7 亿元。

美特斯邦威也从一家拥有两家工厂数百工人的制造企业，转型成没有一台缝纫机，只有 ERP 系统、品牌运作和研发设计的虚拟企业，打造了可以与耐克相媲美的虚拟经营模式。

打通产业链的 ERP 平台

20 世纪 90 年代末兴起的互联网技术，革命性地重塑了 ERP 的发展方向。此时，在支撑企业发展方面立下汗马功劳的第一代 ERP 系统也遇到了巨大的难题。第一代 ERP 系统采用的是结构化的软件设计思路和 C/S 结构，遍布全国各地的分公司、代理商、专卖店都有各自独立的数据库，它们无法通过互联网即时互联互通、互相访问，C/S 结构、各个孤立的信息平台的弊端日益显现，运行和维护成本大幅攀升。

经过近一年的自我痛苦思考和思想斗争，2001 年，集团主管 IT、物流、生产运作的副总裁王泉庚说服了集团管理层，放弃老一代 ERP 平台，重新全面规划开发新的基于 Web 架构的 ERP 平台。美特斯邦威和道讯科技通力合作，针对品牌连锁企业的行业特点和美特斯邦威的企业特色，经过深入业务的需求分析和客户化开发，量身打造出切合美特斯邦威业务流程和管理需要的实用型 ERP 系统。系统涵盖了总部系统、工厂系统、代理商系统、专卖店系统，还包括与电子商务系统等外部系统的接口。系统 2002 年在总部正式启用，并向各分公司、制造商、代理商和专卖店推广实施，范围遍布 800 多个市县。推广工作于 2003 年全部完成。

通过聘请郭富城、周杰伦等明星代言和大打央视广告，通过与欧洲研发设计机构合作，美特斯邦威形成了自己强大的品牌和设计能力，形成了以其为核心的企业联盟体。美特斯邦威的第二代 ERP 系统（URP）就是面向企业联盟体、打通整个产业链条的 ERP 平台，它有两个关键特点：

(1) 基于互联网时代最先进的 Web 架构，全面面向虚拟经营经济联盟体，完全整合产业链条上的五个主体：品牌商（即作为品牌盟主的美特斯邦威）、面料厂、外协制造商、加盟商和物流承运商，实现产业链的一体化，力求真正给品牌盟主企业的四类客户提供一站式的 ERP 高效服务。

(2) 实施最高级别的应用大集中模式（供应链实时快速反应模式），即在数据库及软件底层，五个市场主体的业务流程、数据是完全整合在一起的，真正在供应链上达到实时的应用联动。

敏捷的第二代 ERP 平台不仅使订单处理、财务结算等从原来旧系统至少两三天变为实时完成，而且订单交货周期也由旧系统的 8 天缩短到 2006 年的 3.3 天。

资料来源：改编自美特斯邦威：《用信息化提升市场响应速度》，http：//tech.it168.com/erp/2008 - 01 - 13/200801131420171.shtml。

思考

1. 应用信息化发展阶段理论分析该企业的信息化建设历程。
2. 信息化对于企业发展起到什么作用？
3. 为什么说组织规模扩大与虚拟经营离不开管理信息系统的支持？

第 II 篇

开发篇

第 4 章 管理信息系统建设概述

本章重点

1. 了解管理信息系统建设的必要性
2. 了解企业管理信息系统建设的四大影响因素
3. 理解管理信息系统建设和开发生命周期
4. 掌握常用的管理信息系统开发方法

引 例

“食品安全”风暴脱险记

2011 年 3 月 15 日上午 9:08，央视“3·15”特别节目《“健美猪”真相》报道，河南孟州等地养猪场采用违禁动物药品——“瘦肉精”饲养，有毒猪肉已流向国内某知名食品集团（简称 S 集团）的肉制品加工厂。对于该集团而言，这场“食品安全”风暴来得很突然。“瘦肉精事件”一经央视披露，消费者对 S 集团的指责、质疑开始在互联网上爆发，集团 800 服务热线不绝于耳。当天，S 集团股票跌停。

3 月 15 日上午 9:50，S 集团立即召开高层会议，决定迅速召开生产系统全国视频会议，让各工厂立即排查“瘦肉精”控制措施、抽样标准、检测标准、生产及检测记录和报表。同时，派员迅速赶往问题加工厂进行整顿和处理；主动向政府汇报；做好与社会公众、媒体和政府监管机构的沟通。短短一天之内，依托该集团的全国视频会议系统，多个专项会议及时召开。

3 月 16 日凌晨 2:30，在由 S 集团董事长主持召开的集团高管全体专题会议上，集团做出了两个重要决定：一是通过官方网站发表声明，第一时间向消费者致歉。二是不惜成本，100%在线逐头检验“瘦肉精”，以最大诚意对消费者负责。面对所有与会高管，董事长镇定地说，不要恐慌，我们对自己的内控体系、产品质量都是心里有数的，我们要客观地、实事求是对待现在面临的问题！

S 集团的致歉和声明在一定程度上缓和了公众情绪，理性反思的声音开始在公开媒体上出现，但这未能阻挡该集团市场销售额的迅速下滑。从 3 月 16 日下午开始，S 集团监控系统中，一条条不利信息接踵而至：武汉地区主流大卖场已不见该集团冷鲜肉品销售；北京地区连锁超市已下架所有该集团的产品；上海也有部分超市下架其产品；与直接下架相对应，在销产品地区销量也明显下滑，大批量退货事件开始频繁发生。与此同时，在政府对“瘦肉精事件”的高度重视和指导下，各相关部门迅速发起对S集团肉制品的联合抽检。

3月23日，集团紧急召开有4 000多人参加的全国经销商视频会议，董事长首次就“瘦肉精事件”公开表态，向经销商传达“瘦肉精事件”应对工作进展，通报全国抽检结果，安排下一步市场启动及生产经营注意事项。

3月25日17时，S集团办公大厦内，能同时容纳数百人的二楼会议室座无虚席。来自全国各地的S集团供应商代表齐聚一堂，召开全国供应商视频会议。除了发言者和供应商间或的掌声外，全场寂静，气氛凝重。S集团董事长坦诚面对“瘦肉精事件”的影响，要求供应商强化源头控制。同时，为提高对产业链上下游的安全管控力，S集团决定立即开始着手调整产品结构，往上游发展，扩大公司上游养殖业规模，逐步实现“S集团屠宰场建到哪儿，自己的养殖场、饲料厂就跟到哪儿”的目标。

经过两个多月的严格整改，2011年6月2日上午，S集团问题工厂复工仪式顺利举行。总经理面向消费者代表宣读“复工生产”决定。这标志着S集团开始走出这次由瘦肉精导致的“食品安全”风暴。

改革开放之后，中国食品工业产业发展迅猛，平均每年以20%以上的速度增长，使中国快速成为世界最大的食品市场。同时，近年来频繁发生的食品安全风暴，预示着中国开始处于食品安全事故风险高发期和矛盾凸显期，有些食品集团还因此而快速破产。那么，S集团却为什么能快速脱险？

资料来源：根据双汇集团官方网站资料整理。

第1节 管理信息系统建设的影响因素

现代管理，信息为先。管理信息系统好比企业的神经系统，只有建设好管理信息系统，企业才能有效开发和利用信息资源，及时洞察内外部环境变化，快速应变，实现可持续发展。从信息的角度分析，S集团能在此次“食品安全”风暴中快速脱险，正是源于该集团重视信息化工作，信息资源管理得当，管理信息系统建设到位，在危急时刻能有效辅助企业管理者及时应变。纵观国内外管理信息系统建设实践，有很多类似的成功案例，也不乏失败的案例，总体而言，管理信息系统建设主要受到环境、用户需求、技术、资源四方面因素的影响。

一、环境因素

企业环境是管理信息系统建设的基础。环境刺激企业产生管理信息系统建设的需求，同时制约管理信息系统建设的效果，因此，必须重视环境因素对管理信息系统建设的影响，关注企业内外部环境调查与分析。

企业环境是影响企业生存和发展的各种情况和条件的总称，主要包括企业外部环境和内部环境两方面，它们相互依存、互相制约、不断变化，具有一定的复杂性和多变性。其中，企业外部环境存在于企业组织边界之外，可分为任务环境和一般环境两个层次。任务环境直接制约企业目标的实现，主要包括顾客、供应商、竞争对手、金融投资机构、工会组织、行业协会以及政府机构等要素。一般环境包括经济、政治、文化、历史、地理等要素，主要对企业任务环境起影响作用。企业内部环境存在于企业组织边界之内，主要包括企业的各组成部门及其相互关系。

伴随着企业规模的扩大，来自环境的不确定性增加了企业的应变风险。企业对环境的不确定程度与环境的复杂性、多变性密切相关，其中，复杂性是指企业环境由多个不同质的要素构成；多变性则是指各构成要素不断变化、相互作用。这些特点增加了企业的应变风险，导致企业决策者难以全面、及时、准确地洞察内外部环境变化，难以预测环境变化趋势并制定有效应对措施。企业对环境的不确定性通常发生在管理、业务、科技等方面，其不确定程度的高低对管理信息系统建设的影响主要表现在总体架构、功能设计、建设效果等方面。

（一）管理环境对管理信息系统总体架构的影响

企业是社会经济管理系统的子系统，它与其他子系统之间存在分工合作的关系，当企业外部管理子系统发生变化时，将会对企业管理信息系统总体架构产生影响。管理信息系统总体架构制约着管理信息系统结构。管理信息系统结构反映系统内部各组成要素之间在空间或时间上的有机联系与相互作用，包括它们彼此联系、作用的方式或顺序。管理信息系统总体架构必须与企业管理环境的特点相辅相成。当企业管理环境发生变化时，企业管理信息系统总体架构也应进行优化，甚至要进行再设计。管理环境的变化曾对 S 集团的管理信息系统总体架构产生重大影响。最初，S 集团采用中央集权管理模式，但到 20 世纪 90 年代末，外部市场环境的变化促使 S 集团业务不断扩张，需要在全国各地设立众多子公司，迫使集权化程度降低。之后，总公司与子公司之间开始出现各种管理问题，主要表现在两个方面：一是数据量越来越大，工作人员不堪重负。采用手工汇总统计管理数据，工作量大，效率低下，容易出错。第二，数据不及时、不准确。库存、应收账款等重要数据无法及时掌握，账实不符现象相当普遍。伴随着企业规模的扩大，这些问题变得更加突出，促使 S 集团领导意识到信息管理的重要性，开始积极付诸行动建设新的基于计算机的、集成化的管理信息系统。但由于当时 S 集团没有注意到企业内部各子公司地理位置分散、跨度大、分散管理等特点，选用了与环境特点不匹配的 C/S 架构，不仅系统安装和维护复杂、成本高，而且扩展性差，即信息系统架构与企业发展不适应，结果首战以失败告终。

（二）业务环境对管理信息系统功能设计的影响

企业管理环境会影响管理信息系统的架构，具体的业务环境则会影响管理信息系统的功能设计。只有根据业务环境变化不断扩展管理信息系统功能，才能快速、准确、灵活地辅助管理者应对内外部环境的变化。管理信息系统功能表示管理信息系统具有的能力、时效和结果，反映了信息系统结构的目的性，是检验信息系统结构优劣的标准。管理信息系统功能设计与企业战略、业务流程、管理信息系统架构相适应，当业务环境发生改变时，企业的战略、业务流程、管理信息系统架构都应进行调整，甚至再造，这时就必须对管理信息系统功能进行优化，新增或减少相应功能模块。比如，S集团主营业务规模的扩大，一方面，迫使其需要调整或设置更多职位、部门、管理者以进行对外联络和对内协调。另一方面，同一工作完成的难易程度以及对企业目标实现的影响程度也开始发生改变，对管理者的能力提出了更高的要求，其中，仓储业务由于货物数量的增加变得异常繁杂，导致堆垛的复杂度和工作量大大增加，为此，仓库专门设置了堆垛工，但效果并不理想。于是，S集团的CIO大胆改革，引进了国外先进的自动堆垛设备，该设备在仓库管理信息系统的控制下自动堆垛货物，不仅提高了堆垛的效率，还提升了堆垛的准确性。

（三）科技环境对管理信息系统建设效果的影响

企业环境除了会影响管理信息系统架构和功能，还会影响企业对管理信息系统建设效果的价值判断。其中，科技环境对管理信息系统建设效果影响最大。在不同科技环境下，同样的管理信息系统架构和功能会引发不同的价值判断。比如，S集团ERP系统的成功实施曾受到集团高管的广泛赞赏，但仅仅几年过后，当科技环境发生改变，特别是RFID、物联网技术出现后，董事长很快就觉得信息化工作做得不够好，理由很简单，因为现有管理信息系统还不够智能，系统处理的数据几乎都靠人工采集，效率很低，他期望能在自动化方面有所改善。于是，他再次找到集团CIO，直截了当地提出了“用机器自动采集系统数据”的想法，随后，CIO到各业务部门考察数据采集自动化的必要性。在收猪处他发现，那里3分钟收1户猪，送猪的农民带着生猪需要排很长的队，环境特别嘈杂，现有管理信息系统在这里的确没有发挥预期效益，从生猪检验、点数到入圈，每天十多个人两班倒，仍然忙得手忙脚乱，业务人员根本无法把注意力完全集中到生猪数据的采集上。这种紧张慌乱的人工采集数据方式很容易导致“系统数据垃圾进、垃圾出”的问题，自然会影响管理信息系统预期效果的发挥。新的全自动收猪信息采集系统得到应用后，收猪效率果然大大提高，1分钟能收8户猪。不仅如此，每户收了多少头猪，重量是多少，在LED屏幕上显示得清清楚楚，而且统一由电脑自动结算，这样不但避免了人工统计的误差，还提高了效率，降低了人力成本。以上事例说明，科技环境的改变会影响企业对现有管理信息系统建设效果的价值判断，其结果可能会激发企业新一轮管理信息系统建设的需求。

值得注意的是，除了上述管理、业务、科技环境对管理信息系统总体架构、功能设计、建设效果产生影响外，政治环境稳定与否还会影响管理信息系统建设的进度和成本。在稳定的政治环境下，管理信息系统建设的进度和成本大多符合预期，而在动荡不安的政治环境中，管理信息系统建设工作通常会被延期、搁置，甚至半途而废，所付出的成本也很难预料。

二、用户需求因素

(一) 用户需求驱动管理信息系统建设

用户（user）是管理信息系统的使用者。用户需求的满足程度是衡量管理信息系统建设效果的重要指标。用户需求通常包括业务需求和系统需求两部分。其中，业务是企业为向社会提供相应的产品或服务而开展的相关生产、购买和销售活动。业务需求在企业开展相关业务的生产、购买和销售活动中产生。业务需求伴随着生产者、购买者、销售者的目标产生，在生产、购买、销售行为中发展、实现或消亡，最终生产、购买、销售结果会进一步强化或弱化目标，从而激发新一轮的生产、购买和销售需求（见图 4—1）。

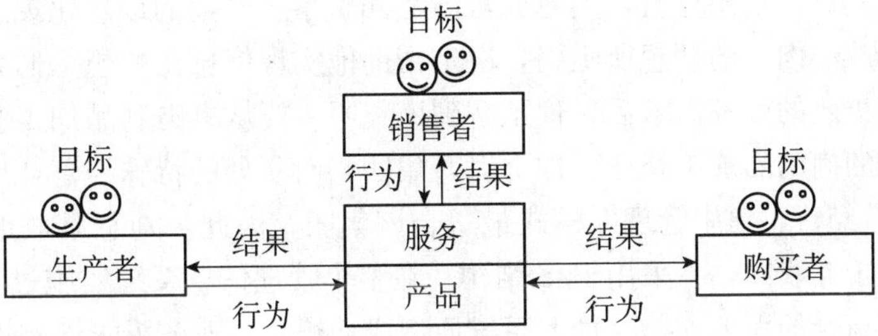

图 4—1　业务诸要素关联图

在企业管理信息系统建设过程中，无论是管理信息系统的总体架构、功能设计还是最终效果，都受制于企业的业务需求，它是驱动管理信息系统建设的主要因素之一。业务需求调查分析是管理信息系统建设的基础工作，调查分析的主要内容是了解：谁在什么时间、空间状态下从事什么类型的业务活动；为什么要从事该类型的业务活动，该业务活动与其他业务活动有何关系；需要输入、处理、输出哪些资源，具体如何实现。系统需求通常来源于业务需求，是业务需求的系统化、模块化、具体化。系统需求主要包括系统输入、处理、输出需求三个方面，它不同于业务需求，系统需求关注的是业务活动中的信息需求，是业务人员在从事某业务活动过程中的信息输入、处理、输出要求。

(二) 用户需求的特点增加管理信息系统建设的难度

用户需求具有渐进明晰、动态可变的特点，这些特点直接决定了管理信息系统建设的难度。虽然表面上看业务需求的直接来源是业务工作人员、业务管理人员，但业务需求调查实践表明，一开始，无论是直接从事某项业务的工作人员还是业务管理人员，都难以准确描述自己在所从事的业务或业务管理活动中的需求，所以更不可能初次见面就准确地告诉调查者，他们到底需要一个什么样的管理信息系统。其中，一部分用户不知道在工作时到底需要一个什么样的管理信息系统来辅助自己，另一部分用户则不知道该如何描述自己的需求。

在管理信息系统建设过程中，调查人员不仅要仔细倾听用户需求，还要注意观察用户行为。只有与用户进行有效沟通，帮助用户进一步明确自己的业务需求，才能准确提取系统需求，正确分析在完成某项业务活动过程中需要输入、处理和输出哪些信息，判断采用人工方式效率更高，还是采用机器方式效率更高。在这个过程中特别要重视企业高管、业务主管、业务骨干等关键用户（key user）的需求。其中，企业高管相对于其他用户而言，更理解组织战略目标，并拥有实现组织目标的人事权、财务权、指挥权，更有能力主导或影响企业管理变革，是管理信息系统建设项目的主要投资者和启动者。因此，用户需求调查人员尤其应该与其进行有效沟通。

以S集团为例，在20世纪90年代后期首次与国内信息系统服务商合作失败后，S集团陷入管理信息系统建设的困境。这时，集团董事长果断决定去国外看看，为集团寻求更好的信息化模式。经有关人士介绍，他“巧遇”某网络应用公司总裁刘总。初次交流，刘总就被S集团董事长超前的信息化观念和“让全国人民都吃上放心肉”的理想所吸引，决定帮助他实现信息化梦想。回国后，在认真调查分析该集团的业务需求后，他了解到该集团主要从事肉制品加工业务，致力于做全国最大的肉制品加工企业，加上对S集团当时所处的特殊经营环境的分析，最后认为“分散经营、集中管理”模式最适合该集团，因此，刘总果敢地断定其信息系统只能基于互联网，并采用B/S结构。在整个管理信息系统实施过程中，由于得到了S集团高管的大力支持，加上系统原型成功演示，业务需求调查顺利有效，管理信息系统的实施效果非常好。

三、技术因素

（一）信息技术对管理信息系统建设成本的影响

企业信息化需要不断引进新的信息技术，通过建设管理信息系统增强企业信息资源管理能力。管理信息系统从初建到成熟不是一蹴而就的，期间不仅要注意信息技术在企业中的实际需求和应用情况，而且要注意观察信息技术的变化趋势，才能准确定位、合理投资。作为在国际“企业信息化成长过程研究”领域影响深远的经典理论，诺兰阶段理论反映了信息技术对管理信息系统建设成本的影响，揭示了管理信息化建设的基本规律。该理论创立于20世纪70年代，主要涉及“四阶段模型”、“六阶段模型”、“时代模型”等内容。国内一般将这些模型统称为“诺兰模型”。至今，诺兰模型研究经历了从四阶段到六阶段再重回四阶段的过程，之所以出现反复，主要原因是20世纪70年代末大型主机技术和微机技术更替之时，诺兰没有注意到信息技术变迁对信息系统发展的影响，将新技术时期（微机时期）信息系统发展的前两个阶段当成旧技术时期（大型主机时期）四阶段的继续，并修正了之前自己提出的四阶段模型，最终得出了六阶段模型，认为企业信息系统建设应该经历初装、蔓延、控制、集成、数据管理、成熟六个阶段（见图3—1）。进入21世纪后，诺兰的研究仍在继续，通过观察发现：

（1）企业在学习、吸收新信息技术过程中，会沿着各个特征明确的学习阶段逐步发展，形成多条 S 形学习曲线。每条曲线仅仅代表企业信息技术应用中的一次循环，而非全部。

(2) 信息技术领域每发生一次重大技术变革，企业都会展开新一轮的学习循环。在每个学习循环中，企业引进信息技术的开支都会呈现为一条 S 形曲线，次第经历起步、蔓延、控制、集成四个阶段。

为此，他将上述由于引进新的信息技术而引发的新循环称为一个“时代”，最终成就“时代模型”（era model）理论。时代模型揭示了信息技术对企业信息系统建设成本的影响，在我国管理信息系统领域同样适用（见图 4—2）。

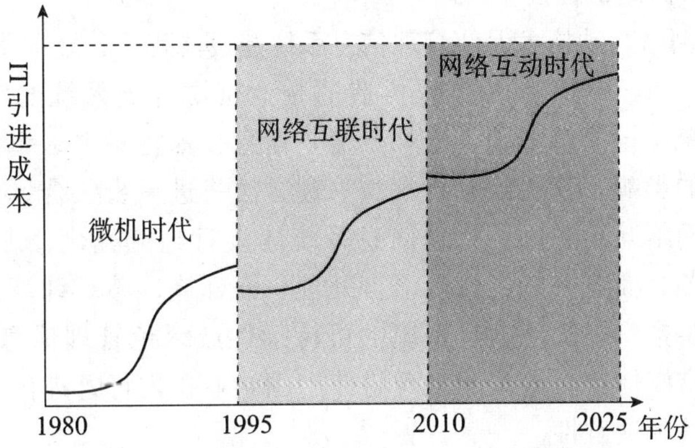

图 4—2　中国管理信息系统建设的诺兰阶段模型

（二）信息技术对我国企业管理信息系统建设的影响

信息技术是一把双刃剑，在管理信息系统建设过程中，信息技术始终扮演着一个自相矛盾的角色。一方面，它可以提高管理信息系统建设的效率；另一方面，又增加了管理信息系统建设的复杂性。

1. 硬件技术催生企业管理信息系统建设萌芽

我国企业管理信息系统建设起步于 20 世纪 80 年代初，当时，国际信息系统发展正处于微型计算机时代（简称微机时代）。那时，微型计算机作为新兴信息技术的代表被引进企业，对企业管理者的学习能力提出了新的挑战。由于对微型计算机的功能了解不多，最初管理者只把微型计算机当作一种新奇的办公设备，用来完成一些文字处理、报表统计工作，一般多用于财会、仓储等数据处理量较大的部门。在那个时代，由于微型计算机的硬件相对软件更容易看得见、摸得着，因此虽然投资成本很高，但企业更热衷于计算机硬件的采购，管理信息系统建设投资“重硬轻软”的问题较突出。

2. 信息工程方法和网络互联技术促使管理信息系统建设工程化、网络化

进入 90 年代中后期，微机技术的普及促使企业管理信息系统建设进入新的探索期，越来越多的企业期望利用计算机解决更多业务和管理问题。一时间，软件、信息需求空前高涨，刺激企业希望在更大的范围内共享信息资源，尝试开发各种管

理应用软件系统。“信息技术投资黑洞”屡见不鲜，使企业开始有意识地思考“到底该如何提升信息化的效益”的问题，并尝试从整体上控制管理信息系统建设的投资。与此同时，伴随着更多新兴信息技术被引入企业，越来越多的企业发现“信息孤岛”林立，一些企业开始尝试引进数据库技术和信息工程方法，采用系统工程的方法消除“信息孤岛”，避免再次误入“信息技术投资黑洞”。同时，国外电子商务技术的兴起促使企业体会到网络互联技术的重要性，网络技术很快成为企业新宠，建设基于计算机网络的管理信息系统成为热潮，管理信息系统建设开始步入网络互联时代，管理信息系统建设被工程化、网络化，越来越多的长尾产品被制造出来，新的蓝海战略被提出。

3. 网络互动技术促使管理信息系统建设流程化、虚拟化

2010 年，基于业务流程再造的企业资源计划系统的实施成为中国企业管理信息系统建设的新主题。未来五年，信息技术将对中国企业管理信息系统建设产生更大的影响，新兴信息技术与管理方法将进一步融合，我国管理信息系统建设将步入网络互动时代。管理信息系统建设日趋流程化、虚拟化，业务流程管理、社交商务、商业分析、自然语言处理、云计算、移动计算、商务智能等技术将得到进一步推广，管理信息系统的可持续性或绿色管理信息系统将得到更多关注。同时，富媒体或大数据的出现将使中国企业在进行管理信息系统建设时更多地关注安全性和适宜性。

综上所述，管理信息系统建设过程就是管理者为实现组织目标，不断开发和利用新的信息科学技术，增强组织应变能力的过程。

四、资源因素

管理信息系统建设是一项复杂的系统工程，需要耗费大量的人、财、物、信息等资源。在我国的一些大型知名企业，为了显示企业实力，机房通常建设得既多又大，并且广泛分布在全国各地，需要投入更多资源去管理和维护，这样做不仅浪费资源，而且会增加能耗，给环境也带来污染。总体而言，企业用于投资管理信息系统建设的资源总是有限的，从增值的角度，可以把它们划分为消耗型资源和增值型资源；从流通速度来看，又可划分为流动型资源和固定型资源。

1. 消耗型资源

消耗型资源是指管理信息系统建设工作必须耗费的、不产生任何增值的资源。它们是企业专门为建设管理信息系统而购置的低值易耗品，比如用于系统调查、分析的办公用品。它们虽然价值相对低廉，但在管理信息系统建设过程中有较高的使用价值。

2. 增值型资源

增值型资源是指在管理信息系统建成并投入运行后，可以收回其投资成本的资源。在企业管理信息系统建设中，这部分资源所占投资比重和利用程度决定了管理信息系统最终的投资效益。

3. 流动型资源

流动型资源主要应用于管理信息系统建设的各个流通环节，通常指一些易于在管理信息系统建设各环节流通并增值的资源，比如流程图、代码、开发人员的工资、临时雇用的工作人员等。流动型资源在流通过程中产生或生产制造，它们通常具有一定的柔性，是管理信息系统建设中最容易被企业忽视的资源。

4. 固定型资源

固定型资源是指不需要经过流通就能增值的资源，比如使管理信息系统建设变得方便快捷的机器与设备，可用于改善信息系统运行环境的办公用地，可以长期产生信息的信源，以及企业员工可以通过学习获得的管理信息系统建设的相关知识和技术。固定型资源的投资最易被企业观察到，所以相对于流动型资源更容易彰显管理信息系统建设的效果，通常最受企业重视，也是管理信息系统建设投资的重点。由于这部分资源价值不菲，通常具有较大的投资风险，因此在管理信息系统建设投资时需要格外审慎。

在资源的有效利用方面，S 集团早在 2000 年就提出了"数据大集中"的思想，并实施"五个一"工程，即"一个机房、一套服务器、一个数据库、一套应用程序、一个维护班子"。这种资源利用模式不仅系统数据更新快，还可以避免资源浪费，降低管理成本，有利于集团高管随时随地全面掌握企业管理资讯。

总之，对企业而言，要建设好管理信息系统，一定要注意处理好环境、用户需求、技术、资源这四大影响因素之间的关系。理解管理信息系统建设过程的实质是一个有计划、有组织的企业变革过程，具有复杂的系统工程性质，不能一蹴而就。要确保管理信息系统建设卓有成效，必须认真调查分析组织环境，才能准确把握用户需求，梳理清楚业务流程，找对关键用户，选对信息技术，开发利用好信息资源，使企业的人、财、物、信息等资源得到更加有效的配置。

第 2 节　管理信息系统的生命周期

一、概述

市场唯变化永恒，如果组织环境变化了，组织的战略也必须适应环境的变化，这时新的信息需求就诞生了。当现有管理信息系统或某些子系统不能通过系统维护来适应环境变化、满足用户信息需求时，或者采用维护的办法在原有系统上进行调整已不经济时，整个管理信息系统或某个子系统就面临被淘汰，新的管理信息系统建设工作将随之启动。生命周期（life cycle）这一概念最初发端于生物学，用来描述生物有机体从诞生到成长，直至最后衰亡的过程。周期描述的是一种有规律的周而复始、循环上升的变化过程。管理信息系统生命周期描述了管理信息系统从产生、发展、成熟到消亡的全过程。作为企业 CIO 或者 IT 项目经理，需要从整体上把握管理信息系统建设进程，不仅要了解管理信息系统开发生命周期，还要知晓它与管理信息系统建设生命周期之间的联系与区别（如图 4—3 所示）。

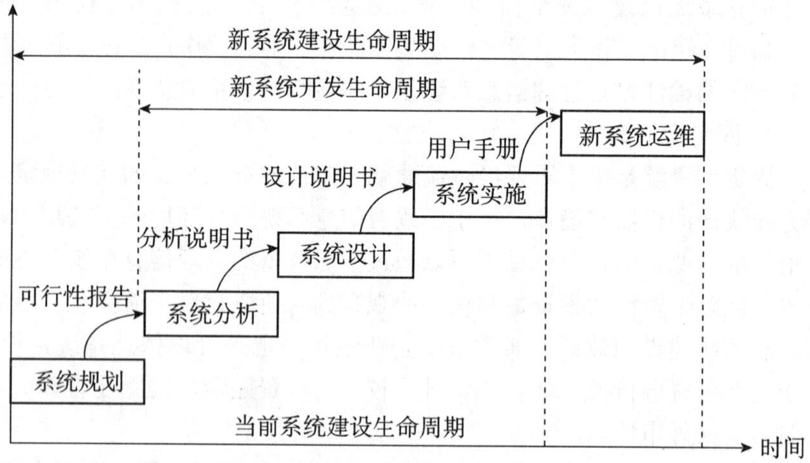

图 4—3 管理信息系统生命周期模型

管理信息系统建设生命周期概念揭示了企业管理信息系统建设不是一次性的工作，而是周而复始、不断循环、螺旋上升、不断推进的过程。每个建设周期被有规律地划分成系统规划、系统分析、系统设计、系统实施、新系统运维等若干阶段，其中，系统分析、系统设计、系统实施三个阶段统称为管理信息系统开发生命周期。

二、管理信息系统建设生命周期

（一）系统规划

系统规划是管理信息系统生命周期的起始阶段，是后期工作的行动指南。系统规划阶段的主要任务是对企业环境、战略目标及现行管理信息系统状态进行初步调查评估，拟定多个备选方案，每个方案都必须根据企业环境和战略目标确定管理信息系统的发展战略；结合现行管理信息系统初步调查评估结果，对拟建新系统的需求、约束进行分析与预测；研究拟建新系统的必要性和可行性；写出可行性分析报告，提请企业管理信息系统建设指导委员会审议，根据审议结果撰写系统规划书，其内容主要包括新系统建设方案、实施计划、可行性分析报告三个主要部分。

（二）系统分析

系统分析是收集和整理用户需求，建立问题域模型的过程。其主要任务是依据系统规划书的指导，对企业组织结构、业务流程、数据流程进行详细调查，指出现行管理信息系统的局限性和不足之处，确定新系统建设的具体目标和逻辑功能要求，构建新系统功能模型，撰写系统说明书。系统说明书是本阶段的主要工作成果。作为管理信息系统建设的关键必备文件，它是业务人员、管理人员、技术人员之间进行沟通的书面文件，是反映用户需求、展望未来系统功能的平台，因此，既要通俗，又要准确。系统说明书需提请管理信息系统建设领导会审核，它是系统设计的依据，是将来制定系统验收标准的主要依据。

(三) 系统设计

系统设计是把分析阶段得到的用户需求进行抽象，转变为符合成本和质量要求的系统实现方案。该阶段的主要任务是根据系统说明书给出的系统功能要求，结合实际条件，抽象出可具体实现的逻辑模型。设计阶段通常分为总体设计和详细设计两个阶段，其主要工作成果是“系统设计说明书”。

(四) 系统实施

系统实施是将系统设计说明书付诸实践的过程。其主要任务包括计算机系统购置、安装和调试，应用程序编写和调试，人员培训，数据文件转换，系统调试与转换等。系统实施通常按实施计划分阶段完成，每个阶段都应及时编写实施进度报告。待系统整体测试成功之后再统一编写用户手册。

(五) 系统运维

相对于其他阶段，系统运维阶段历时最久，具体包括系统运行和系统维护两大部分。系统投入运行后，需要随时监控并记录系统运行情况，进行常规系统维护和评价，确保管理信息系统的可用性。

三、管理信息系统开发生命周期

(一) 管理信息系统开发生命周期的核心：软件过程

管理信息系统开发的重点是软件系统，管理信息系统开发生命周期更多描述的是软件系统开发生命周期。20 世纪 70 年代，生命周期概念被理查德·坎宁（Richard Canning）引入软件开发领域，用来描述软件开发的全过程。为确保软件过程质量，将软件请求至交付运行的全过程看作一个系统，并划分为若干阶段，然后分阶段实施软件工程，同时对各阶段质量进行监控，以确保整体最优。最古老、最著名的系统开发生命周期模型是瀑布模型（waterfall model），该模型经多次改良，最后被 CMM 收录，在 CMM 的基础上，现行的 CMMI/SPCA 体系得以创建，用来对整个管理信息系统开发生命周期质量进行监控。

(二) 瀑布模型

瀑布模型于 1970 年由温斯顿·罗伊斯（Winston Royce）提出，他给出了一个最简单的系统开发生命周期模型，每个生命周期包含若干阶段，阶段之间存在一定的输入输出关系，每一阶段的输出是下一阶段的输入。整个过程自顶向下，好似气势磅礴、一泻千里的瀑布，因此而得名瀑布模型（如图 4—4 所示）。

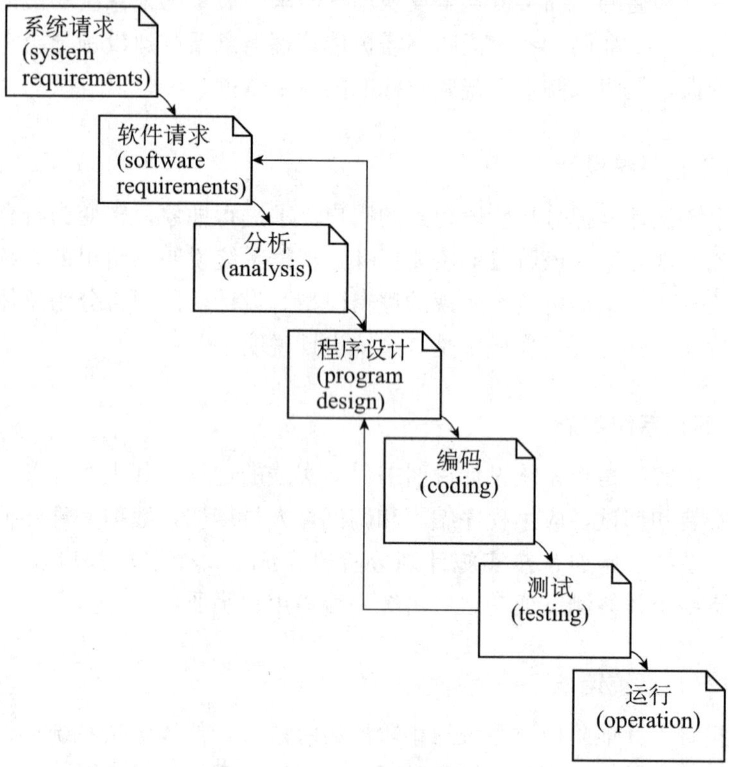

图 4—4 瀑布模型

由图 4—4 可知，每个系统开发生命周期被划分为系统请求、软件请求、分析、程序设计、编程、测试和运行七个阶段。虽然开发人员期望各个阶段环环相扣，但实践表明，每到测试阶段都会发现存在一些问题或者缺憾，不得不要求开发人员重新进行程序设计，偶尔还会导致新的软件请求。为解决这个问题，罗伊斯提出了“do it twice”的观点，即“迭代”的概念，以此改进线性流程可能存在的不足。此外，他还建议在一些关键环节生成并保存部分必要的文档或增加必要的评审环节。

（三）螺旋模型

20 世纪 80 年代，在对瀑布模型应用实践的研究基础上，格拉斯（Glass）提出，系统开发不可能一条直路走到底，具体应表现为需求、设计、实现、测试多次循环后才能实现全局成功。因此，他提出了一种类似蜘蛛网的螺旋模型（如图 4—5 所示）。

（四）管理信息系统开发生命周期质量监控

如今，外包已成为企业管理信息系统开发的新趋势，外包的类型很多，企业既可以将管理信息系统开发任务全部外包，也可以只外包一些非核心系统。CMMI/SPCA 评估为软件开发/外包、硬件、系统集成和服务企业提供了业界最佳实践，

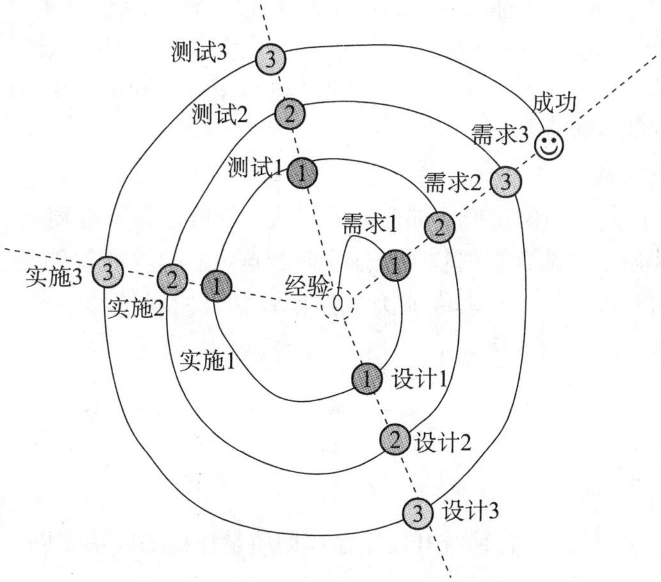

图 4—5　螺旋模型示意图

既有利于监控管理信息系统开发生命周期质量，也有利于各类外包企业提升管理水平，增强竞争能力。根据企业的业务及产品情况，一般可按如表 4—1 所示的原则进行选择。

表 4—1　企业 CMMI/SPCA 评估体系表

企业类型	可选评估体系
国内软件开发企业	CMMI-DEV 软件工程领域，SPCA
软件外包企业	CMMI-DEV 软件工程领域
系统集成企业	CMMI-DEV 系统工程领域
硬件企业	CMMI-DEV 硬件工程领域
IT 服务企业	CMMI-SVC
国际研发和服务能力	CMMI-DEV 和 CMMI-SVC
内部软件过程改进	SPCA，评估成本较低
承担较多政府项目和国内项目	SPCA，有利于享受信息产业政策

1. CMMI

CMMI 的全称是 capability maturity model integration，即软件能力成熟度模型集成框架，是美国卡内基-梅隆大学的软件工程研究所于 2000 年发布的 CMM 新版本，CMM 的全称是 capability maturity model for software，英文缩写为 SW-CMM，即软件能力成熟度模型。这一模型由该研究所受美国国防部委托于 1991 年研制成功，最初主要用来评价与美国国防部合作的软件合同承包商的能力，后被逐步推广应用到企业。

CMMI 主要包括 CMMI-DEV，CMMI-SVC，CMMI-ACQ 三种模型。2010 年 11 月，SEI 发布 CMMI-DEV 模型的 CMMI for Development v1.3 版。该版本主要用于软件工程、硬件工程等产品开发领域。CMMI-SVC 模型的 CMMI for Services v1.3 版主要用于 IT 服务、医疗卫生、教育等各类服务领域。CMMI-ACQ 模型的 CMMI for Acquisition v1.3 版整合了 CMMI 采购模型、软件采购模型以及政府和产业采购的最佳实践，用于指导采购方进行采购管理，适用于政府、电信、金融等领域的采购管理。

2. SPCA

SPCA 是中国信息产业部会同国家认证认可监督管理委员会在充分研究国际软件评估体制，并结合国内软件产业实际特点之后建立的软件评估体系。主要内容涉及软件过程能力评估和软件能力成熟度评估，两者统称为软件过程及能力成熟度评估。

案例 4—1

管理信息系统开发生命周期质量评估的成功案例——华为

华为接触 CMM 是在 1999 年初，那时，华为刚对内部组织结构进行了矩阵式改革，其中，原有的中央研发部更名为研究管理部。改革后的华为实行了全流程式的整合，按产品来组织产品开发小组（product development team，PDT），该小组包括所有部门的成员，强调团队协作，负责从研发到售后服务的整个过程。尽管如此，在上 CMM 以前，软件研发能不能成功，很大程度上仍然依赖运气或者团队中是否有一个天才式的开发人员，这样必然使得以软件为生命线的华为显得很脆弱。在这种情况下，任正非想到了 CMM，期望利用 CMM 来有效控制华为在软件研发中日益庞大的投资和管理所积累的资源，使软件开发这支利剑能真正“去除杂质、变铁为钢”。

1999 年初，华为技术公司研究管理部副总裁陈青与华为总裁任正非签下了军令状，计划到 2000 年让华为的软件研发能力有一个质的提高，达到 CMM 2-3 的水平。2000 年底，这个任务如期完成。原来，1999 年 6 月，华为在印度“硅谷”班加罗尔成立了印度研究所，建所的初衷主要是因为看重印度当时非常好的 CMM 环境，与国内不同的是，在印度大街小巷的书店里，软件过程管理方面的图书比编程语言的图书要多得多，有各式各样的 CMM 著作。而且，当时全球 74 个 CMM 4 级研发机构、66 个 CMM 5 级研发机构，有一半以上都在印度。此外，印度当地的软件从业人员对 CMM 的了解很多，接受速度非常快，正是受这些“本土化”优势的吸引，华为在印度成立了专门的研究所，并以仅低于惠普的工资开始在印度网罗软件工程师中的“高手”，2001 年初，印度所首席运营官（COO）将年底通过 CMM 4 级认证写进自己的年度目标书，并送到了华为深圳总部。之所以如此大胆，还因为华为自 1988 年成立以来，积累了开发上千万行代码的软件管理和控制经验。而且，在华为，早就设置了一个专门管理需求及其变化的总体技术办公室，该办公室一方面可以对所有研发项目的立项进行控制，明确要不要做这个项目，以及做成什么样子，这有点类似于 CMM 2-3 中一些基本软件工程（KPA）中的需求管理；另一方面，该办公室还拥有与 CMM 2-3 中更改控制委员会比较相似的职能，也就是可以对项目过程中需求及技术等方面的变化进行控制，使其变化的幅度不至于影响项目的最后成败。2001 年 12 月，华为技术公司的印度研究所成为中国第一个获得 CMM 4 国际认证的软件研发机构。

思考

什么是系统开发生命周期？华为为什么要对软件系统开发生命周期质量进行监控？

第 3 节　管理信息系统的开发方法

一、结构化系统开发方法

结构化系统开发方法（structured system development methodology，SSDM）诞生于 20 世纪 70 年代，是在埃德斯吉尔·迪吉克斯特拉（Edsger Dijkstra）的结构化编程、尼古拉斯·沃思（Nicholas Wirth）的逐步求精、戴维·帕纳斯（David Parnas）的模块化设计思想的基础上发展而来的，是迄今为止最传统、最早被推广应用的系统开发方法。其基本思想是采用系统工程思想和工程化方法，按照用户至上的原则，结构化、模块化，先自顶向下地对系统进行分析与设计，再自底向上逐步组织实施。

（一）结构化系统开发的过程

结构化系统开发方法的认知基础是系统分析法、功能分析法和流程分析法。主要理论依据是"瀑布模型"理论。在该模型的基础上把整个开发过程划分为系统规划、系统分析、系统设计、系统实施、系统运行五个首尾相连的阶段，这五个阶段组成一个结构化系统开发生命周期。

（1）系统规划阶段。主要是发现问题，提出系统开发请求；初步调查，明确问题；进行可行性研究；拟定并选择备选方案，剔除不可行项目。

（2）系统分析阶段。明确项目范围，从管理顶层入手，自顶向下分析承载该系统项目的组织机构及其功能；分析业务流程、数据及数据流程；分析功能与数据之间的关系；提出并审核新系统逻辑方案。

（3）系统设计阶段。依据新系统逻辑方案，进行总体结构设计；代码设计；数据库/文件设计；输入/输出设计；模块结构与功能设计。同时，根据总体结构设计要求购置与安装设备，撰写并审核系统实施方案。

（4）系统实施阶段。同时推进编程调试、人员培训、数据准备；投入试运行。

（5）系统运行阶段。同步开展日常运行管理、评价、监理审计三部分工作，分析运行结果，情况良好则送管理部门；如果出现小问题，则对系统进行维护或局部调整；如果出现不可调和的大问题，则报请管理信息系统建设指导委员会，提出新的系统开发请求。新系统开发请求的提出标志着新系统生命周期的诞生。

（二）结构化系统开发方法的特点

（1）强调“用户至上”的观点。认为用户的满意程度是衡量管理信息系统开发是否成功的关键指标，强调用户参与管理信息系统开发。

（2）采用系统思想。强调从系统整体出发，自顶向下分析问题，通过结构化、模块化的方法对系统进行逐步细化，再自底向上逐个模块开发、集成，确保实现整体功能更优。

（3）严格区分工作阶段。根据信息系统生命周期，将管理信息系统开发工作分为系统规划、系统分析、系统设计、系统实施、系统运行五个阶段，前三个阶段坚持自顶向下对系统进行结构化划分，而在系统实施阶段，则坚持自底向上逐步组织实施，按照模块要求组织人力从最基层的模块开始编程，再按照系统总体结构将做好的模块逐层拼接、调试，构建起整个系统。

（4）工作文档标准化、规范化。强调在系统开发过程中的每一个阶段、每一个步骤都有详细的文档记录，强调建立文档管理、查询制度的重要性，以形成反馈，弥补工作中的一些缺陷和漏洞。

二、原型方法

原型方法（prototyping）诞生于20世纪80年代，与结构化系统开发方法相比，它扬弃了相对烦琐细致的调查分析报告，凭借有经验的系统开发人员对用户需求的理解，借助强有力的软件环境的支撑，快速构造一个系统原型，以便及时、准确把握用户需求，与用户共同协商修改完成最终的系统。

（一）原型方法的开发过程

原型方法以系统分析法和模拟渐进法为认知基础，其开发方法的主要理论依据来源于“螺旋模型”理论。根据螺旋模型的基本思想，原型方法将整个系统开发过程看作一个不断改善循环的过程。首先用户提出系统开发申请；然后开发人员凭借已有经验快速识别用户需求并归纳成系统需求；构造原型，原型是指开发人员根据归纳的系统需求所开发的程序模块；与用户一起评价原型，如果完全不符，则重新构造原型，如果部分不满意，则分析、修改原型，直到用户满意为止，再投入试运行，开展运行管理（如图4—6所示）。

（二）原型方法的特点

原型方法遵循了人们认识事物的客观规律，更易于被用户掌握和接受。原型是

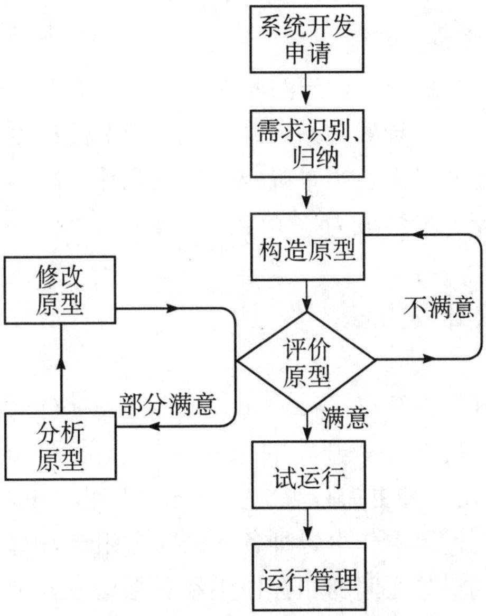

图 4—6　原型方法的工作流程

一个可以实际运行、反复修改、不断完善的系统。将原型引入系统分析阶段，使系统分析员更容易与用户沟通，解决结构化方法中最难以解决的用户需求分析问题。该方法强调用户第一，强调软件工具支持。原型法的基本思想是在管理信息系统开发之初，凭借系统分析人员对用户需求分析的经验，与用户共同确定一个系统的基本需求和主要功能，在有经验的程序员、软件环境及工具的支持下，快速设计出一个初始系统原型，使用该原型与用户继续沟通，将用户需求逐渐明晰化，通过分析人员、用户、开发人员共同协商修改、完善系统功能，形成最终的信息系统。相对而言，原型法具有如下特点：

1. 遵循认知规律

对于开发人员而言，不可能熟悉所有行业的业务，一开始不能迅速、准确理解用户需求也是很正常的，所以，通过所获取的初始需求信息，构造一个满足该初始需求的基础模型来不断启发诱导用户新的需求，不仅可以给用户一个直观、形象的印象，而且可以使用户在开发过程中逐渐加深对系统的理解，及早发现功能的不足和缺陷，以便开发人员及时修改和完善。

2. 提升人机互动能力

在开发过程中用户不断参与评价和修改模型，可以逐步地消除用户对计算机的恐惧感和抵触情绪，使其对计算机的了解不断深化，这也有助于用户更好地理解、定义系统需求，更好地与系统开发人员进行交流。同时，也使用户在系统切换之后能更快、更好地掌握系统使用方法，更好地发挥系统的效益。

3. 开发周期短

与生命周期法相比，原型法具有成功率高、开发周期短、适应性强、可靠性高、成本低和调试容易等特点，因此不少企业在开发信息系统时会倾向于选择原型法。

4. 评价标准动态可变

这是原型法的缺点。由于过早关注局部和细节，整个系统开发可能一开始就缺乏统一规划和标准，导致对系统结果缺乏有效的控制。此外，由于用户需求具有渐进明晰性，使得开发人员很难确定系统到底什么时候能够结束，从而使整个开发过程持续循环往复，最终成为一个“死循环”。

三、面向对象开发方法

面向对象开发方法（object-oriented development methodology，OODM）起源于20世纪60年代在挪威开发的一种模拟语言Simula（Simulation Language的缩写）。它强调采用一种更为直观的方式对现实世界进行模拟。面向对象开发的基本思想是，把客观世界看作由各种各样的对象组成，每种对象都有各自的内部状态和运动规律，不同对象之间的相互作用和联系构成各种不同的系统。在开发管理信息系统时，尽可能在满足用户需求的条件下，把系统设计成由一些不可变的、相对固定的部分组成的最小集合。其中，这些不可变的、相对固定的部分就是对象。对象既可以发送消息，也可以接收消息，通过消息机制实现彼此交互。

（一）面向对象开发过程

面向对象开发方法采用信息模拟法和抽象对象法作为其认知基础，将整个管理信息系统开发过程划分为系统调查和需求分析、面向对象分析、面向对象设计、面向对象实现四个阶段。

1. 系统调查和需求分析

明确系统需要解决的基本管理问题，在此基础上，弄清楚用户为什么要开发系统，想要利用系统解决什么具体问题。

2. 面向对象分析

面向对象分析（object-oriented analysis，OOA）阶段主要分析所解决问题的性质和求解，强调在系统调查资料的基础上，识别问题领域中的对象及其行为、结构、属性、方法等。

3. 面向对象设计

面向对象设计（object-oriented design，OOD）主要对分析结果作进一步抽象、归类、整理，最终以范式的形式将它们确定下来。

4. 面向对象实现

采用面向对象程序设计语言（object-oriented programming，OOP）将范式直接映射为应用程序软件。

（二）面向对象开发方法的特点

如果不经自顶向下的整体划分，而是一开始就自底向上地采用面向对象方法开发系统，可能会造成系统结构不合理、各部分关系失调等问题。因此，在管理信息系统开发过程中，面向对象方法和结构化方法是相互依赖、不可替代的。

四、计算机辅助软件工程

计算机辅助软件工程（computer-aided software engineering ，CASE）作为一种基于计算机的辅助软件工程开发工具，最先用于支持软件开发生命周期（software development life cycle，SDLC）中的分析与设计阶段，然后逐步推广到其他阶段。它的创始人詹姆斯·马丁（James Martin）也是信息工程的创始人。

（一）CASE 的定义和分类

美国软件工程协会（SEI）的对 CASE 的英文定义为“CASE is the use of computer-based support in the software development”。按照上述定义，但凡在软件开发过程中使用到的基于计算机的支持工具都可以纳入 CASE 工具的范畴，比如文档编辑软件 Word、电子表格处理软件 Excel、电子邮件系统 E-mail。SEI（1999）对 CASE 工具采用了三种基于不同标准的分类：按照互动程度高低，分为传统 CASE 工具和软件开发工具；按照使用工具的时间点，分为前端（front-end）工具和后端（back-end）工具，其中，实施阶段前的称为前端，其余称为后端；按照是否跨越阶段，分为水平型（vertical）工具和垂直型（horizontal）工具，只要横跨两个及以上阶段的都称为垂直型。

（二）使用 CASE 工具的利与弊

组织使用 CASE 工具辅助管理信息系统建设不仅可以提高软件的产量，而且可以缩短软件开发的时间，同时提高软件的品质。大多数组织使用 CASE 工具后，都能够更快、以更自动化的方式开发出高品质的软件。但不可否认的是，在使用 CASE 工具的过程中也会出现短期内生产力降低、部分员工对 CASE 存在不满情绪和排斥行为、需要改变生产处理程序及方法、需要进行短期大规模或不定期的技能培训等问题。

虽然软件开发是管理信息系统建设的核心工作，但除了软件开发活动之外，组织还需经历其他活动过程（比如评估软件能力的资源、分析用户需求、确定系统规格、执行系统测试、撰写系统操作手册等过程）才能完成管理信息系统建设任务，这些过程都必须以人为主导，这就是将 CASE 工具称为辅助工具而非自动化工具，也是电脑不能取代软件工程师这一角色的原因。企业想要成功运用 CASE 工具，除了受到所引入 CASE 工具本身（比如，购置安装成本、维护成本、设置基础软硬件成本、功能培训成本）的影响，还受到项目大小、用户参与项目的程度、CASE 工具使用者的专业素养及近期使用工具的经验等因素的影响。

案例 4—2

利用 Microsoft Visio 辅助管理信息系统分析

在进行系统分析的过程中，初次接触管理信息系统开发的学生可以选择结构化开发方法，并利用 Microsoft Visio 绘图软件工具来辅助实现（如图 4—7 所示）。

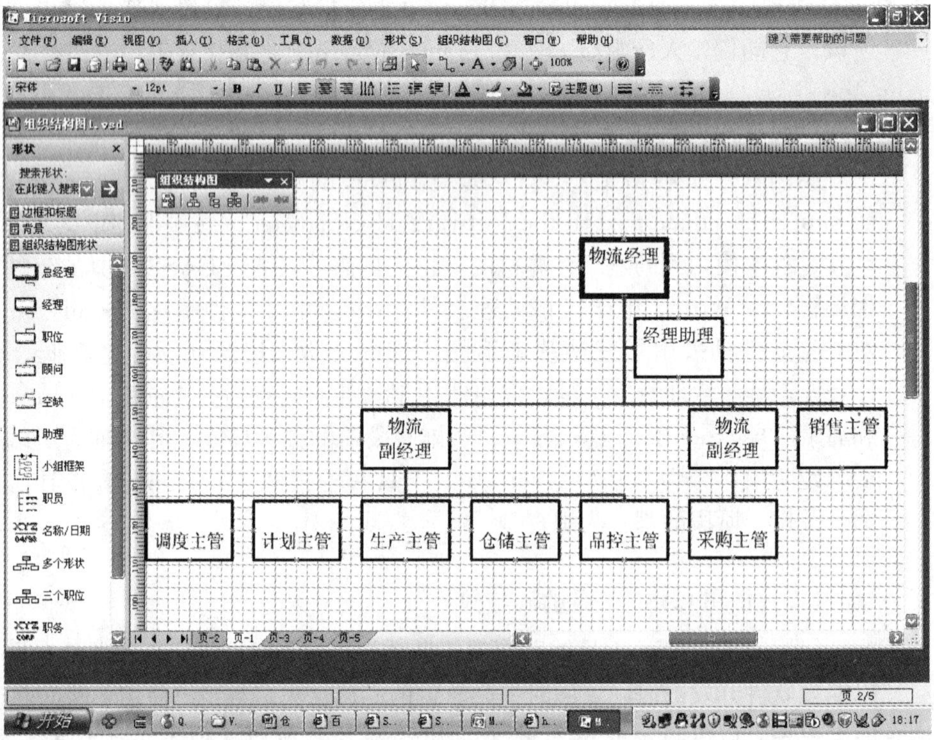

图 4—7 利用 Microsoft Visio 制作组织结构图

思考

除了绘制组织结构图外，Microsoft Visio 还有哪些用途？

基本概念

时代模型（era model）
关键用户（key user）
生命周期（life cycle）
结构化系统开发方法（structured system development methodology，SSDM）
原型方法（prototyping）
面向对象开发方法（object-oriented development methodology，OODM）
计算机辅助软件工程（computer-aided software engineering，CASE）

思考题

1. 什么是管理信息系统？企业为什么要建设管理信息系统？

2. 什么是企业环境？它对管理信息系统建设有何影响？

3. 什么是用户需求？它有何特点？它对管理信息系统建设有何影响？

4. 诺兰阶段理论主要揭示了管理信息系统建设的哪些规律？对我国管理信息系统建设有何启示？

5. 为什么说在管理信息系统建设过程中，信息技术始终扮演着一个自相矛盾的角色？

6. 管理信息系统建设过程通常涉及哪些资源？该如何利用好这些资源？

7. 为什么说管理信息系统建设过程实质上是一个有计划、有组织的企业变革过程？

8. 什么是管理信息系统的生命周期？管理信息系统开发生命周期与管理信息系统建设生命周期之间有何联系与区别？

9. 什么是瀑布模型？它有什么作用？

10. 什么是 CMMI？什么是 SPCA？怎么利用它们对管理信息系统开发生命周期进行质量监控？

11. 简述结构化开发方法的基本思想和特点。

12. 简述原型法的认知基础和开发流程。

13. 简述原型法的特点。

14. 简述原型法相对于结构化开发方法的优点和缺点。

15. 简述面向对象开发过程。

16. 面向对象开发方法有哪些特点？

17. 什么是 CASE？它在管理信息系统建设过程中有何作用？

案例分析

G 公司的管理信息系统建设之惑

G 公司在完成新管理信息系统规划后，计划首先启动 ERP 项目实施工作。为了使 ERP 项目获得成功，公司董事长兼总裁黄总亲自挂帅担任 ERP 领导小组组长。了解到在企业管理信息系统建设方面做得最好的是同行的 L 集团，G 公司特意花重金从 L 集团请来资深 IT 人士老季来担任 CIO，不仅如此，为了使 G 公司的 ERP 系统达到 L 集团的水平，他们还特地聘请 L 集团的 ERP 软件供应商来完成该 ERP 项目。在 ERP 项目启动仪式上，黄总效仿联想当年实施 ERP 系统时“柳传志誓言 ERP 不成功，就自己罚薪半年”的做法，当场发话：“你们当中谁不好好整 ERP，我就会好好地来整你！”并且说道：“新 CIO 会告诉大家系统要怎么做，大家该怎么做！系统做完了，L 集团怎么用我们就应该怎么用！”各业务部门听闻后自然不敢懈怠，都计划把 ERP 当成头等大事来做。

之后，ERP 软件方的顾问按照黄总的指示，先参照 L 集团的组织架构分工、业务流程、管理体系等进行业务流程梳理，并基于G公司的现实情况做了调整，在方案初步确定之后，向黄总进行了汇报。在方案汇报的过程中，黄总问得最多的就是："L集团是这么做的吗?"

当知道这个方案中许多内容都是基于G公司做了调整，与L集团的应用现状相差较远后，黄总发火了，说道："我请你们来是为了实现公司管理水平提升的，我们也想学习L集团的先进管理经验，现在你们给我的方案只是基于G公司提出来的，那我要你们来做什么呢？这个方案必须重做，或者还不行的话，照L集团的方案给我们公司再做一次，如果方案不改过来，你们也不用找我汇报了。"

而黄总此时的态度也符合新CIO季总的想法，他认为L集团的许多运作已经很成熟了，应该是可以移植到G公司的，而且软件也是现成的，项目的实施风险会较小。但ERP软件方的顾问则有不同的担心：首先，L集团的系统已经运行超过5年，业务流程与系统的匹配度非常高。其次，各业务部门人员对系统的掌握程度也非常高，已经达到ERP系统应用的高级阶段；而G公司只是处于ERP系统应用的起始阶段，还谈不上初级阶段，如果一开始就按这个标准执行的话，公司的组织架构、人员素质和管理制度都较难以支撑，系统上线的风险会非常大。

针对这个问题，ERP软件厂商分别找黄总和季总进行汇报，想扭转他们的想法，但黄总仍然坚信自己的主张。用他的话说："我们公司这点执行力还是有的，要是连个ERP都用不起来，公司明天就可以关门了。"在黄总的再三催促之下，ERP软件方只好按照黄总的想法，按照L集团的系统重新构建方案，并展开相应的系统准备工作。

由于方案中涉及的大量组织分工与G公司不一样，G公司首先要重新进行组织分工，划分岗位职责；同时需要重新整理总部与区域公司的职权关系，黄总也就照搬L集团的模式，但在进行相应组织分工调整的过程中发现难以推行下去：一是这个调整的幅度太大，公司的元老们都觉得黄总是在趁着推行ERP系统这个时候"削藩"——限制各地公司的权力，这样一来大家对ERP项目的抵触情绪极大。二是原本许多职能部门都是放在区域公司的，现在要收回到总部来，但是缺乏相应的人才积累，放回总部后根本不知道该如何进行统一管理。三是现在各区域公司还没有统一的管理规范，业务没有开展起来，系统也就无法进行下去。为了梳理业务流程与职责，ERP系统迟迟不能上线。总之，一方面，业务流程理不清楚，系统上不了线；另一方面，各个业务部门的负责人也不想用这个系统。

后来，虽然黄总老是催着季总和软件方赶快上线，但ERP系统就是迟迟无法上线。几经周折后，黄总觉得这个ERP项目实施起来的确很难，看着G公司当前的ERP项目进展情况，黄总很不甘心，认为自己花了这么大的精力来推行ERP项目，为什么就不能见效?

思考

1. G公司为什么首先要实施ERP？最终实施失败主要受到哪些因素的影响？

2. G公司的管理信息系统建设主要经历了哪几个阶段？缺失了哪几个阶段？这些阶段的主要任务是什么？是否可以缺失？为什么？

第 5 章 管理信息系统规划

本章重点

1. 理解管理信息系统规划的概念
2. 理解进行管理信息系统规划的意义
3. 掌握管理信息系统规划的目标、任务和主要内容
4. 掌握管理信息系统规划的步骤和组织工作
5. 掌握管理信息系统规划的主要方法
6. 理解业务流程再造的概念、类型，以及实施步骤与策略
7. 理解业务流程再造与管理信息系统的关系

引 例

餐饮管理信息系统投资黑洞

某餐饮股份有限公司（以下简称 H 公司）创立于 20 世纪 90 年代中期，直营店现分布于国内沿海各大城市，深受消费者喜爱，其真诚、热情、周到的服务理念，以及公司对员工独树一帜的人性化管理模式也受到了业界的广泛赞誉。2010 年，该公司的销售利润达到 15 亿元。

2010 年，H 公司创始人为公司制定了打造“智能健康美食餐厅”的发展战略，期望在未来，门店不仅可以实现电子点餐、网上订餐，而且能打造智能后厨，用信息的力量实现企业资源供应一体化、智能化。

实际上，该公司早在 2004 年就成立了信息部，主要负责为公司开发一些简单的、功能相对独立的应用程序，比如“呆滞资产管理平台”。后来，随着主营业务规模的逐步扩大，公司管理信息不对称问题日益严重，想仅仅依靠自主研发解决问题，企业能力明显不足。为此，H 公司于 2006 年开始尝试向外寻求帮助。最初，它们选择了与国内数一数二的知名 ERP 提供商合作，期望用三年时间，分四期建立并完善涵盖企业“人、财、物、产、供、销”整个管理体系的 ERP 系统，为公司管理决策提供更加及时、准确的信息服务。2006 年底，财务管理信息系统上线；2007 年，人力资源管理信息系统上线。虽然这些价值不菲的管理信息系统接二连三地上线，但管理信息不对称问题依然存在，情况没有明显的改观。由于系统上线效果不佳，而且需求变化导致项目投资一再追加，因此项目被迫中断。

2008 年 5 月，经过多次谈判协调，项

目重新启动。随后，办公自动化系统、供应链管理信息系统开始陆续上线。不过，虽然项目后期追加了100多万元的投资，但最终公司还是觉得没有达到预期的效果。现在，H公司仍然是手工管理、文件管理、数据库管理三足鼎立，信息不对称依旧是令管理者头疼的问题。

2010年底，鉴于企业发展需要以及国产ERP系统的种种“缺陷”，公司决定进行“企业再造”，期望通过与国际一流的管理咨询公司以及ERP提供商合作，重新梳理业务流程，开发新一代ERP系统。首先，H公司对原有直线职能制的组织结构进行变革，采用了直线职能与事业部制相结合的新型矩阵式组织结构。其次，在新一轮ERP开发方面，重点关注了一线直营门店的需求，对二线物流企业只做了大体的规划。半年后，新ERP项目一期工程完工，在与原ERP系统并行运行一个月后，国产ERP系统相关功能模块全部下线，新ERP一期工程开始正式运行。遗憾的是，这个代表国际一流水平的ERP系统仍然没有得到用户的青睐。

新ERP系统运行仅仅一个月后，物流经理就产生了重新自主开发一个相对独立的仓储管理信息系统的想法。理由也很充分：一是ERP系统提供的数据不准确。二是数据不准确导致大量“改单”、“退货”、“补货”，物流效率受到明显影响。三是现有手工库存信息管理效率太低，管理者不能及时获取信息。物流经理期望有一个属于自己的、可以自主掌控的仓储管理信息系统，既可以对新ERP系统提供的数据的准确性进行监督，又可以替代手工制作的库存卡，提高仓储信息管理效率。

原来，新ERP系统上线后，在第一次试盘点中，系统显示盘亏价值100多万元的货品，而后通过核对手工制作的库存卡发现，其实很多差异都是无中生有。究其原因，仓储主管认为，一是财务部门未经仓储部门核准便更新了货品计量单位，二是新系统比较“偏心”，赋予门店、台账过多的操作权限。比如，新系统对门店采购功能进行了扩充，门店可以随时要货，而新系统提供的货品计量单位发生变化后，门店采购员又经常弄错计量单位下错订单，导致ERP提供的数据不准确。这一系列的改革使仓储部门员工新增了改单工作，改单不仅耗费大量人力，还直接导致退货、补货的增加，使得管理人员不得不增派人手，但人员增加后，由于管理中“部门间无偿帮忙”制度的存在，因此物流效率仍然很低。再则，手工制作库存卡每天大约需耗费4～5个有经验的库管1～2小时的时间。此外，旧系统货品管理系统下线，新系统库管支持功能又不能及时补足，使得物流经理、仓库主管、库管每天只能依靠台账出具的并不准确的信息来进行仓储管理，原本低效率的管理工作更加举步维艰。

在这场变革中，CIO觉得很无奈，他认为之所以出现这么多问题，原因不在系统本身，而是新系统将原本隐藏的所有管理和业务问题都暴露了出来。项目组的员工更是苦不堪言，因为在他们看来，其实现在系统的功能非常强大，但用户不愿意学习，总是认为系统有毛病，自顾自地喊疼，而具体什么地方出了毛病、什么地方疼又说不清楚。最委屈的还是用户，更是抱怨多多，而且个个都理直气壮，认为数据管理人员根本不懂业务，系统培训过于粗略，培训师讲得太快，致使用户培训后只能依葫芦画瓢，不能真正理解系统的工作逻辑，现有系统功能不能满足工作需要，需要的系统功能和权限不能及时提供。

思考

截至2011年8月，H公司先后总共花

了上千万元资金投资建设管理信息系统，但　部门间新的矛盾。究竟是什么地方出了现在，不仅管理效率提升不明显，还滋生了　问题？

第 1 节　管理信息系统规划概述

H 公司遇到的问题从一个侧面反映了近年来中国企业管理信息系统建设实践中的主要矛盾：一是系统建设周期长，不能满足日益变化的市场需求；二是系统建设项目跟随潮流，匆忙上马，盲目引进国内甚至国际“名牌”解决方案，耗资巨大，忽视企业内生的需求，与企业发展战略、业务流程不相融合；三是部门各自为政，开发出的信息资源难以共享，信息孤岛丛生，难以整合；四是不重视企业管理信息系统用户培训，用户不能合理操作和使用管理信息系统，系统运行管理和维护不规范。究其原因，都是企业不重视管理信息系统规划，或者管理信息系统规划方法不得法所致。本节将主要介绍管理信息系统规划的概念、意义、目标、任务和主要内容，以及管理信息系统规划的基本步骤和组织工作。

一、管理信息系统规划的概念和意义

管理信息系统规划是企业战略规划的重要组成部分，是关于管理信息系统的可持续发展计划。在计算机应用初期，H 公司与其他许多企业一样，建设管理信息系统就如同农民盖三间大瓦房，大体估测一下就干了起来。现在，H 公司规模扩大了，门店遍布全国各大城市，甚至延伸到了国外。此外，除了现有餐饮服务，公司还打算进一步把业务范围扩展到物流、养殖、生产加工等多个领域，走多元化经营之路。企业环境变了，所需的管理信息系统架构和功能也会受影响，瓦房已经不再适用，而是需要摩天大楼，如果再用盖瓦房的老办法建造管理信息系统就行不通了。动工前需要开展地质勘探、画施工图，楼层越高，打地基就越需要下工夫。如果不事先进行管理信息系统规划，或者规划不得法，盲目投资引进“先进”信息技术，不符合企业信息资源管理的实际情况，与企业战略、业务流程难以融合，系统质量监控标准难制定、难实施，一旦发生信息安全事故，后果将是灾难性的。

管理信息系统规划不仅可以帮助企业明确管理信息系统的建设方向，而且可以使企业员工就管理信息系统发展战略达成共识，避免陷入 IT 投资黑洞。因此，要解决 H 公司当前在管理信息系统建设中出现的问题，必须立即成立专门的管理信息系统建设指导委员会，进行管理信息系统规划。

管理信息系统建设指导委员会既是企业领导了解管理信息系统建设情况的咨询机构，也是管理信息系统建设的最高决策机构，其成员一般包括企业高层领导、中层管理骨干、基层业务管理骨干、企业外聘管理顾问、技术顾问、心理顾问等。其

主要工作职责是对管理信息系统建设进行规划、组织和控制，比如制定管理信息系统规划，研究并推行管理信息系统质量评估标准体系，审核评估各阶段建设成果等。

二、管理信息系统规划的目标、任务和主要内容

（一）管理信息系统规划的目标和任务

管理信息系统规划的目标是全面了解企业信息需求，根据企业环境、发展战略和目标，构建管理信息系统整体框架，制定管理信息系统建设行动指南。

管理信息系统（MIS）规划的任务是在管理信息系统建设指导委员会的领导下，充分理解 MIS 规划目标的基础上制定的，一般包括五大基本任务：一是拟定 MIS 规划工作计划；二是评估企业初步需求；三是评估企业当前环境；四是定义系统整体架构；五是制定建设策略和规划。

（二）管理信息系统规划的主要内容

管理信息系统规划的主要内容受规划的目标和基本任务的约束，具体涉及四个方面：

（1）信息系统建设的目标、目的和架构。信息系统建设目标来源于企业战略目标，企业战略目标是 MIS 战略规划的基础，保持 MIS 战略目标与企业战略目标协调一致是 MIS 规划制定的中心问题。信息系统建设的目的就是信息系统建设目标的具体化，是制定 MIS 建设效果考评标准的依据之一，是可以具体说明并通过特定测评手段来衡量的。比如，为了达到“为企业高管及时提供决策信息支持”这一目标，要求系统在每个财务周期结束后的 24 小时之内提供财务报告，这就是具体的目的。管理信息系统架构包括信息系统结构，以及各子系统的类别、名称、用途，是组织未来 MIS 建设的蓝图。

（2）当前资源状况。要摸清家底，弄清楚企业现有哪些资源可以用来支持 MIS 建设。在资源搜寻过程中，一定要注意资源信息的搜集、整理、存档，以便在需要的时候能够及时找到资源。由于组织能够用于支持 MIS 建设的资源总是有限的，因此，MIS 建设在实现各种系统功能时必须分轻重缓急。MIS 建设领导委员会应该根据组织资源状况和系统功能实现的紧急程度确定项目的先后顺序，列出 MIS 项目开发清单。

（3）对规划有较大影响的社会、经济、技术发展趋势预测。比如，信息技术通常会对管理信息系统的架构、功能、运行效益产生重大影响，只有及时预测信息技术的发展趋势，才能有备无患，做好迎接新的信息技术冲击的准备。

（4）项目计划。要依据环境、资源、技术、用户需求约束对项目进行具体安排，比如购买软硬件的安排，系统开发进度的安排，系统维护和更新的安排，人员雇佣、培训的安排，等等，分科目和用途列出财务预算。

三、管理信息系统规划的步骤和组织工作

（一）管理信息系统规划的主要步骤

（1）制定管理信息系统规划工作计划。管理信息系统建设指导委员会应该根据原有规划或投资人、CIO 的建议对当前管理信息系统进行评估，发现问题、机遇或挑战。成立系统组，拟定管理信息系统规划工作计划。

（2）制定审批初步调查方案。实事求是全面调查是系统开发获得成功的保障，为确保初步调查结果准确有效，必须制定初步系统调查方案（survey plan）。调查方案是指导整个系统初步调查过程的纲领性文件，主要包括调查目的、调查对象和调查单位、调查项目列表、调查时间、调查方法、调查组织、具体实施的细则和对调查数据的质量要求等内容。该调查方案由系统组制定，交指导委员会审批。

（3）实施初步调查方案。应该主要针对用户需求、企业目前运行状况、管理模式和基础数据管理状况，以及现有信息系统运行状况等进行重点调查，调查结束后，需对调查过程中获得的数据进行整理，认真审核、分组、汇总，使之条理化、系统化。最后采用科学、美观、通俗易懂的方式向指导委员会报告调查结果。

（4）给出新系统方案建议。系统组认真分析调查结果，发现并分析问题产生的原因，多角度思考解决问题的对策，给出多个备选方案。

（5）进行可行性分析。从社会、经济、管理、技术多个方面分析、评审备选方案的可行性，选择一个最适宜的方案。可行性分析报告是这个阶段的主要成果。

（6）拟定管理信息系统规划书。明确新方案的目标、任务、主要内容、项目开发的优先顺序等，制定具体的项目计划，最后提交指导委员会审批。

（二）管理信息系统规划的组织工作

管理信息系统规划工作既可以在企业内组织相关部门员工完成，也可以外包，或者聘请高校、科研机构、管理咨询机构联合作业。通常，企业 CIO 全面负责管理信息系统规划的组织工作。可选的人事方案及其效能评价如下：

（1）信息系统管理部门。一般这些部门都拥有规划专家，对于这些专家而言，规划很容易制定出来，但是否切合业务部门实际还有待考察。

（2）信息系统应用部门。在制定规划的过程中，由于拥有丰富的业务经验，因此在用户需求把握上显得更加轻松，但是可能过分强调部门利益，导致资源分配不均。

（3）由信息系统管理部门、应用部门主管及外部顾问组成的信息系统建设指导委员会。这是一种看似科学合理的组合，但实际上，在实际规划过程中很容易出现意见分歧，再加上部分参与者缺乏兴趣，很容易导致规划难以完成。

（4）外包服务提供商。通常外包服务提供商拥有相对丰富的行业信息化工作经验，但稍有不慎就容易导致企业信息外泄。

在具体组织过程中，CIO 可以根据企业实际情况，结合上述组织方法各自的优劣势进行选择。

第2节 管理信息系统规划的主要方法

在该如何规划管理信息系统建设这个问题上，20世纪80年代，鲍曼（B. J. Bowman）、戴维斯（G. B. Davis）和韦瑟伯（J. Wetherble）提出了“MIS规划三阶段模型”（见图5—1）。三阶段理论认为，信息资源环境的复杂性决定了MIS规划对于MIS建设取得成功至关重要，虽然可以利用诺兰模型定位企业MIS的发展阶段，但要制定出切实可行的MIS规划，还需要用到很多方法，应该利用三阶段模型对它们进行分类。三阶段模型把整个MIS规划活动划分为战略规划、信息需求分析、资源分配三个部分，并为每个部分提供了一些可用的方法。本节将主要介绍其中的战略目标集转化法、关键成功因素法和企业系统规划法。

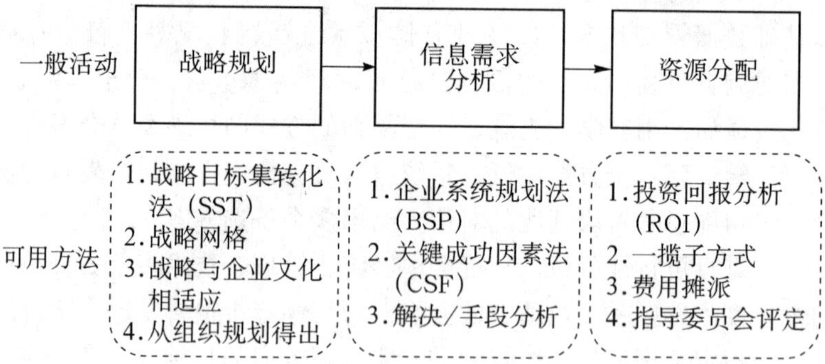

图5—1 MIS规划三阶段模型

一、战略目标集转化法

战略目标集转化法（strategy set transformation，SST）由威廉·R·金（William R. King）于1978年提出，他把整个战略目标看作一个“信息集合”，由使命、目标、战略与其他影响战略的属性组成。通过MIS战略规划过程，将组织战略集转化为MIS战略集，从而把系统目标、系统约束、系统设计战略与组织的使命、目标、战略及影响战略的组织属性关联起来（如图5—2所示）。

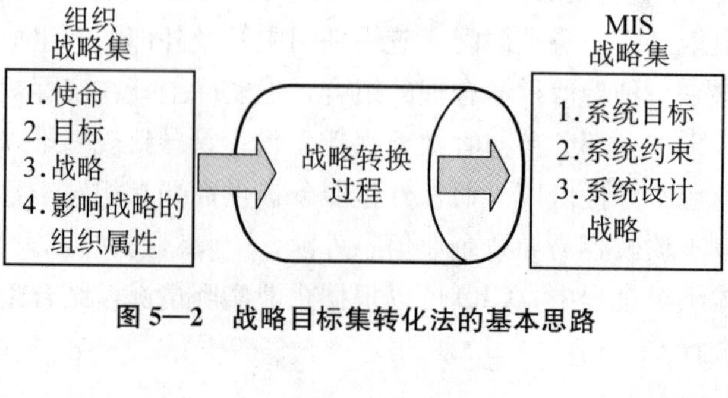

图5—2 战略目标集转化法的基本思路

组织目标综合了不同利益相关者的需求，可以具体化为各种组织战略，而要实现这些战略，必须充分理解影响这些战略实现的组织属性，然后才能更好地制定出切合实际的 MIS 目标。MIS 目标同样受到很多约束条件的限制，在制定 MIS 设计战略时必须充分予以考虑（如图 5—3 所示）。

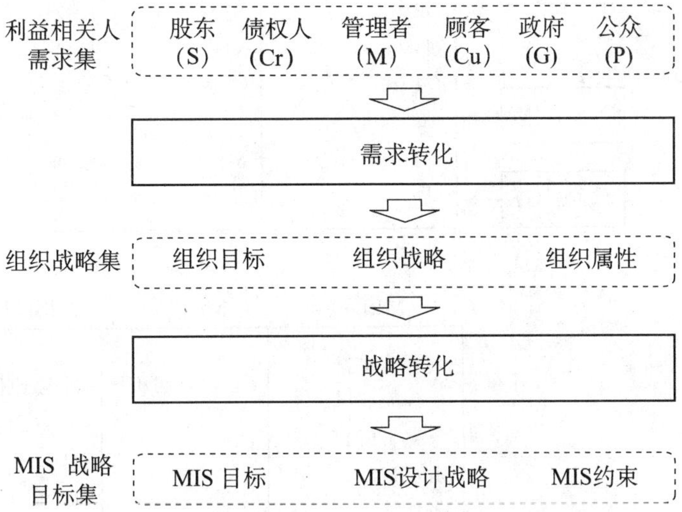

图 5—3　需求—战略转化过程

如果把整个转化过程看作一个系统，那么必定包括系统输入、系统处理、系统输出三个基本过程。其中，需求转化作为一个重要的系统处理过程，具体处理的是系统输入的利益相关者的需求，比如期望增长利润、提高产品质量、减少生产成本等。系统的输出为组织战略集，比如“利润率为 10%”的组织目标、“业务多元化”的组织战略，以及“更复杂的管理流程”的组织属性。第二个处理过程是战略转化，它的输入正是前面需求转化过程的输出，即组织战略集，通过战略转化，它的输出则是 MIS 战略目标集，具体包括 MIS 建设的目标，比如“开发某业务处理系统，加快开单的速度”。这一目标受到“组织最近业绩”的影响，可能出现“项目投资减少”的约束，因此，在制定具体的 MIS 设计战略时，应采用“模块化”的方式进行项目开发（见图 5—4）。

战略目标集转化法充分重视利益相关者的需求，组织战略及 MIS 战略都为满足利益相关者需求而制定。其优点是容易得到各利益相关者的支持，缺点是将重点放在输入、输出及其关联性的分析和研究上，比如，图 5—4 中显示某组织目标 $O1$ 是根据股东、债权人、管理者提出的需求制定的，战略 $S1$ 则是为了实现战略目标 $O1$ 和 $O4$ 制定的，而在实现这些战略的过程中，管理者提出，该战略会对管理复杂度产生影响。$MO1$ 是由 $S2$ 转化而来的，而要实现它，则受到 $A2$ 的影响，存在 $C1$ 投资减少的约束，要在既定约束下实现目标，必须采用 $D1$ 模块化设计战略。但如何实现这种关联，具体如何转化，则未深入探讨。

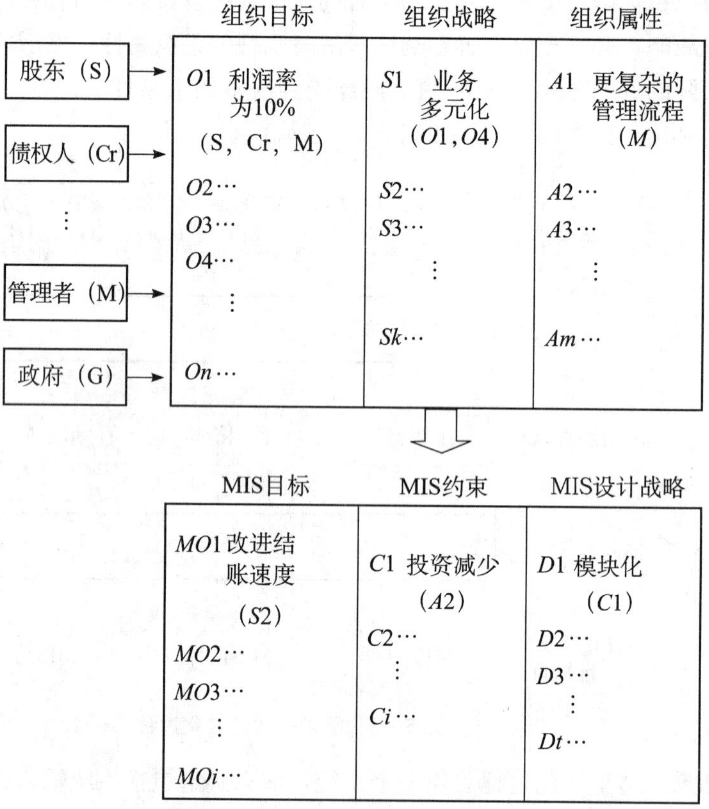

图 5—4 需求—战略—MIS 战略关联示例

二、关键成功因素法

关键成功因素法（critical success factor，CSF）是由哈佛大学教授威廉·扎尼（William Zani）在 1970 年发表的论文“Blueprint for MIS”中提出的。威廉·扎尼教授在 MIS 模型中使用了关键成功变量，用来确定 MIS 成败的关键因素。后来，麻省理工学院约翰·罗卡特（John Rockart）教授把 CSF 提升为 MIS 的开发规划战略，将其运用于管理信息系统的战略规划。

关键成功因素法是企业通过分解自身的整体目标，识别企业的关键成功因素与核心竞争力，以及这些因素的性能指标，然后根据这些因素确定企业分配资源的优先级别，产生数据词典来为企业发掘新的机遇。关键成功因素法需要识别与系统目标相联系的主要数据类及其关系。

CSF 方法的优点是，能够直观地引导高层管理者把握整个企业与信息技术之间的关系。缺点是，只适合企业高层采用，如果进行较低层次的信息需求分析，效率相对较低。

具体实施时，关键成功因素法强调以企业目标为起点，通过目标识别、关键成功因素识别、性能指标识别，一直到产生数据词典（如图 5—5 所示）。

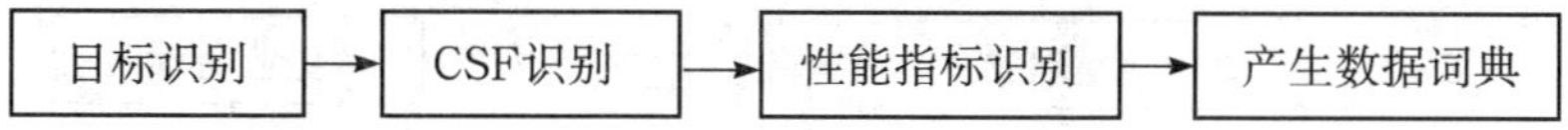

图 5—5　关键成功因素法的基本思路

在评价哪些因素是关键成功因素时，可以采用决策树方法，通过绘制树枝因果图来判断关键成功因素（如图 5—6 所示）。

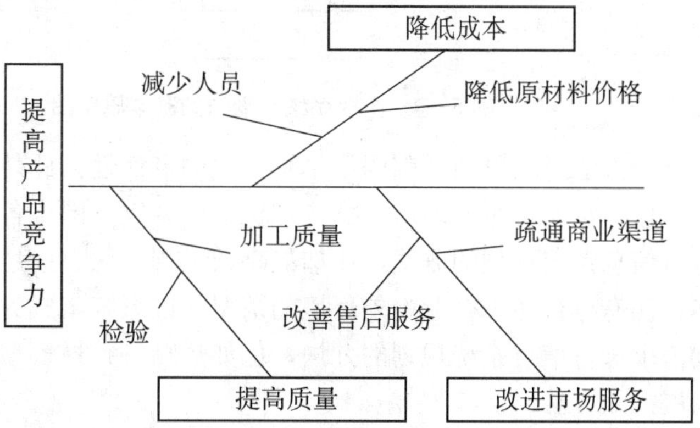

图 5—6　树枝因果图示例

三、企业系统规划法

企业系统规划法（business systems planning，BSP）是 IBM 公司于 20 世纪 70 年代初提出的用于内部系统开发的一种方法。它主要基于“用信息支持企业运行”的思想，先自顶向下识别系统目标，识别企业过程，识别数据，然后自底向上设计系统，以支持目标。其主要思路是：为了将企业目标转化成信息系统战略，自顶向下地进行规划，自底向上地加以实施。

BSP 方法通过分析企业的使命、目标和职能来识别企业的流程；根据企业实体和企业流程来识别数据类；最后按照数据库分析与设计的原则对数据类进行归纳合并。最终的 BSP 规划报告将提供一个全局的信息系统结构和各子系统的实施方案。

BSP 方法强调，高层管理人员的支持和参与是决定规划成败的关键。BSP 方法的不足之处在于，虽然强调目标，但没有明显的目标确定流程，即必须先获取企业目标，才能得到信息系统目标（如图 5—7 所示）。

SST，CSF 和 BSP 都是以数据处理为核心，其主要任务是解决如何实现业务部门信息处理流程的自动化，重点围绕主要职能部门信息流程自动化需求进行系统规划，它们是三种相对基础且成熟的 MIS 规划方法。

针对 SST，CSF 和 BSP 这三种主要方法的优缺点，业界提出了 CSB 法，它是对 SST，CSF 以及 BSP 方法的综合。具体做法是：先用 CSF 方法确定企业目标，然后用 SST 方法补充完善企业目标，并将这些目标转化为信息系统目标，最后用 BSP 方法校核两个目标并确定信息系统结构，这样就弥补了单个方法的不足。当然

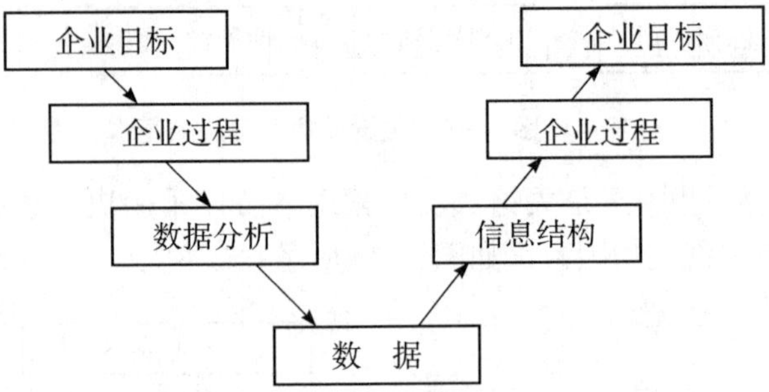

图 5—7 企业系统规划法的基本思路图

这也使得整个方法过于复杂，削弱了单个方法的灵活性。此外，还有以数据管理为核心，主要任务是实现企业内部数据管理标准化，重点围绕各职能部门之间信息共享需求进行信息系统规划的方法，比如战略数据规划法、信息工程方法、战略栅格法。当然，还有综合考虑企业内外环境的情况，以系统集成为核心，真正围绕企业战略发展需求进行信息系统规划的方法，比如战略一致性模型法、基于循环经济的可持续发展规划方法。

第 3 节 业务流程再造

一、业务流程再造概述

(一) 业务流程再造理论诞生的背景

业务流程再造（business process reengineering，BPR）思想最早由麻省理工学院计算机专业教授迈克尔·哈默（Michael Hammer）于 20 世纪 90 年代初提出。70 年代，哈默取得麻省理工学院计算机科学博士学位后，留校担任计算机专业教授。相对于周围同事们对计算机开发的热情和专注，哈默对计算机应用更感兴趣，特别是对人们如何利用计算机技术来改变其工作和生活方式感到好奇，从而产生了强烈的到真实的商业环境中一探究竟的愿望。

1982 年，哈默主动放弃麻省理工学院的教学工作，开始潜心探索计算机技术在真正的商业世界所发挥的作用。在投入商海之前，哈默一直认为商界人士都非常精明，一定会以富有创造性的方式充分利用计算机。但实际情况并非如此，他发现，绝大多数公司只是把计算机当成美化企业的装饰布，盖在陈旧的、已不合时宜的商业经营模式之上。经过深入观察，哈默发现，更糟糕的是，无论是自诩自动化程度高的大公司还是自动化程度低的小公司，它们的生产运作几乎都没有经过精心设计，效率低下，浪费严重，计算机根本未发挥其应有的作用。

借助一些偶然的机会，他发现有些公司在尝试以与众不同的方式经营企业。这些敢于打破常规的公司大多属于财务状况已经处于崩溃的边缘，如不进行根本性的变革就会破产的企业。它们以全新视角重新思考经营之道，并尝试利用计算机支持企业革新措施。结果所取得的成就令人吃惊，完全超出了原有的最大胆的预测。这些偶然出现的成功事件刺激了哈默，激励他开始努力寻找有助于这些公司成功革新的理论，因为他认为至少应该存在某个公式或者原理。遗憾的是，这种努力总是无功而返。后来他才明白，这些公司的成功革新完全是即兴而为，根本没有现成的教科书可循。它们完全凭借在实践中摸索、总结、学习，最后破天荒地创造出了令人羡慕的、全新的、高效率的工作方式。总之，这些企业并没有企图在革新之前先创造一套理论，而是脚踏实地地"做中学"。

意识到这一点后，哈默开始积极行动，尝试从这些成功革新的企业中获得第一手资料，结合教材中的理论知识，总结企业成功革新的理论方法。经过这一番努力，1990 年，他在《哈佛商业评论》上发表"Reengineering Work：Don't Automate，But Obliterate"一文，率先提出了"再造"的思想。三年后，他和 Index Consulting 集团的詹姆斯 · A · 钱皮（James A. Champy）合作，完成了"Reengineering the Corporation：A Manifesto for Business Revolution"一书，标志着"业务流程再造"理论的诞生。该书连续 6 个月被《纽约时报》列为头号畅销书，快速译成多种文字出版发行，引发了众多传统企业家的"觉醒"，掀起了一场"业务流程再造"的热潮。

业务流程再造思想曾在 20 世纪 90 年代的美国引发企业改革新浪潮。当时，传统大型企业背负着过多不事生产的管理层，仅凭逐步的、一次摆脱一层的渐变式改革已不能对抗业界后起之秀，比如精干、灵活的日本公司。究其原因，首先，这些传统企业的业务流程大多是在工业革命时期设计的，当初设计时隐含的关于经济、技术和组织目标等的假设大多已经不复存在。其次，伴随着社会的发展、科技的进步、人民生活水平的提高，顾客的质量意识日益强烈。与此同时，受过良好教育、有责任感、自我管理能力强、喜欢创新、期望拥有更多话语权的知识工作者的数量与日俱增。在上述三方面因素的共同作用下，传统企业现有组织结构和业务流程的制约作用越发凸显，迫切需要快速变革和显著改善绩效。此时，哈默业务流程再造理论的提出，给这些传统企业，特别是濒临破产的传统大型企业带来了新的希望。

据统计，1994 年，美国 3/4 的顶尖级大公司都尝试了"再造"工程，到 1995 年，"再造"工程咨询业务总额高达 500 亿美元。1996 年，哈默被美国《时代》杂志评为"美国 25 位最具影响力的人"之一。但 1997 年的统计结果显示，50%～70%的企业"再造"工程都没有达到预期效果。为解决实践中发现的问题，哈默继续对再造工程实践进行更深入的研究，不断搜集和整理实施再造工程的经验和教训。2001 年 10 月，他发表《企业行动纲领》（The Agenda：What Every Business Must Do to Dominate the Decade）一文，宣称顾客经济时代已经到来，坦言"企业流程再造"对于企业而言的确是一场大革命，风险和机遇并存，事关企业可持续发展大计，对领导者的决心和毅力、员工的学习能力、执行力都是极大的考验。必须以顾客需求为导向，坚持价值创新，勇敢打破传统职能型组织框架，利用信息技术建立全新的"面向流程的组织结构"（process-oriented organization），以最大限度地提升业务流程管理效率，实现企业经营在成本、质量、服务和速度等方面的巨大改善。

（二）业务流程再造的概念

业务流程再造的基本思想是通过不间断的思考，重新认识并打破当前运作不佳的业务流程背后具体的、深层次的、过时的设计假设和规则，对业务流程进行根本的再思考和彻底的再设计，戏剧性地改造企业的成本、质量、服务和速度。

1. 业务

业务（business）是指企业为了实现自己的目标，为社会提供所需产品和服务的过程，主要回答“企业是做什么的”这一问题。业务不仅仅指产品和服务本身，也包括产品和服务的需求与供给。

2. 业务流程

不同的人从不同的角度给业务流程赋予了不同的含义。迈克尔·哈默从再造的角度认为，业务流程是把一个或多个输入转化为对顾客有价值的输出的活动。李·克拉耶夫斯基和拉里·里茨曼则在从运营管理角度加以研究后指出，流程是一种或一组活动，这些活动利用一个或多个输入要素，对其进行转换并增值，向顾客提供一种或多种产出。综上所述，业务流程（business process）是企业为实现业务的某一特定目标所采取的一系列有规律的活动和方法，是一组将输入转化为输出以实现价值增值的活动。它是一个动态过程，既包括物资流动和资金流动，也包括人员流动和信息流动。

用流程之眼看世界，我们周围流程无处不在。比如做饭流程，第一步，列菜单。在头脑中先列个菜单，家人各自喜欢吃什么，哪些菜适合大家的口味，可以多做，哪些菜属于个人的口味，数量要适当。第二步，买菜。根据菜单采购原料。第三步，做饭菜。对采购到的原料进行加工。简单的三个步骤就构成了一个生动的流程。为什么同样是做饭，有些人做得特别快而有些人做得特别慢？流程决定效率。正如华罗庚先生的科学运筹学所揭示的，做事情的时候我们要避免等待，比如，先做饭，在等待饭熟的过程中洗菜、切菜、炒菜。尽量并行做一些事情，尽量将串行环节变成并行环节。

3. 业务流程再造的本质

业务流程再造的本质是强调摆脱传统思想和组织界限的束缚，利用信息技术使企业实现由职能导向向流程导向的根本转变，而不是仅仅利用信息技术实现业务流程自动化。作为对企业的一种系统变革，业务流程再造的核心领域是业务流程，其根本目标是对被专业分工和官僚主义管理体制分割得支离破碎的流程进行重新设计和再造，强调整体大于部分之和。

（三）业务流程再造的原则

业务流程再造体现了一种积极创新、高风险的企业管理革新态度，代表了一种全新的管理信息系统建设理念：关注顾客需求，充分发挥信息技术的优势，在彻底改良现有流程的基础上，打造卓有成效的管理信息系统，才能增强企业应变能力，实现可持续发展。具体实施原则如下：

1. 从零开始原则

在流程再造前，必须遵循从零开始（clean-state）原则，通过重新分析企业宗旨，弄清楚企业到底在做什么，顾客是谁，以及顾客需求是什么，以顾客希望的与企业交往的方式为出发点，以顾客为导向，重新确立企业发展战略目标。

2. “一把手”原则

流程再造会引发多种变革，不仅仅是业务流程本身，与其相关的工作设计、组织结构和管理体系都必须重新设计并实施集成。由于涉及范围广，因此获得成功必须具备一个要件，就是“一把手”必须全力投入，并且真正富有远见。因为从人性的特点分析，多数员工都难以接纳变化，新流程会影响、破坏员工的思维和工作习惯，想赢得安于现状员工的支持，“一把手”必须尽可能显得狂热和坚毅，亲自带领整个管理队伍全力投入，共同应对公司内外的冷嘲热讽和压力。考虑到原有组织结构和流程引发的惯性思维和工作习惯，实施业务流程再造工程的艰辛再怎么高估都不过分，特别是对那些历史悠久的公司来说。每个员工内心都充斥着早期遗留下来的准则，加上长期处于金字塔式的职能导向的组织结构中，权力过分集中。习惯从职能角度思考问题，加之各职能部门间信息共享程度低，信息相对闭塞，必然导致各职能部门员工本位思想严重，只关注本部门目标，对总体目标漠不关心。要打破这种“只见树木、不见森林”的思维定式是非常困难的。

3. 价值创新原则

再造意味着对业务流程进行全新思考，制定新规则，即创新。创新并不意味着随意，必须认真仔细观察、分析现有流程，学习、借鉴已实施业务流程再造工程的企业或专家的经验和教训，才能不断提升顾客附加价值，明确增值环节，发现提高效率的新方法。价值创新不是技术创新，它关注的是怎么做才能让顾客需求得到更好的满足，而不是采用什么更先进的技术。因此，价值创新是以顾客需求为导向的，强调从源头获取信息，围绕输出组织流程，在设计过程中注重将分散在各处的资源加以集中；尽可能将信息处理工作归入产生该信息的流程，使整个流程执行过程对使用流程结果者透明；联结平行活动，而不仅仅是合并它们的结果；在流程执行地设置决策点；实施统计质量控制；尽可能采用灵活、扁平的组织结构，快速适应市场变化。

4. 团队作业原则

流程再造要求企业从跨职能的角度审视业务基础流程。由于跨越多个职能，因此必须团队作业，要求团队成员来自新流程涉及的所有职能单元。团队作业时，不断反复自问或互问：“是什么？为什么？”“如果……那么……”“它是必需的吗？”“这是一个控制环节还是一个决策点？”“能否授权？”“假如根本没有人注意到这些，该怎么办？”等问题。分辨哪些是基本流程，哪些是附属流程，每个流程设计的基本原则应该是什么。比如，某企业年初要求每个员工撰写当年工作计划和上年总结，但没有人意识到这些计划和总结最终只被简单归档而很少甚至从未被使用。诸如此类的问题只有在团队作业交流、头脑风暴中才能被发现。

5. 善假信息科技原则

信息技术为企业再造提供了契机。必须清醒地认识到，引进信息技术的目的不是使现有流程自动化，而是利用信息技术解决企业内部信息不对称引发的不良信息问题，帮助企业摆脱传统思想和职能界限的束缚，实现由职能导向向流程导向的根本转变。

二、业务流程再造的类型

企业业务流程再造有多种类型。按照业务类型，可分为生产流程再造和服务流程再造；按照流程所行使的基本功能，可分为输入、处理、输出三种基本类型；按照市场占有率，可分为红色业务流程再造和蓝色业务流程再造；按照流程的状态可分为现实业务流程再造和虚拟业务流程再造；按照 APQC 流程分类框架，则可以分为运营流程再造和管理及支持流程再造。

(一) APQC 流程分类框架

APQC 是美国生产力与质量中心（American Productivity and Quality Center）的简称。该中心自 1991 年开始研究开发流程分类框架（process classification framework，PCF），于 1992 年发布 PCF 1.0。最初，APQC 提出的流程分类框架是一个跨行业的框架，参与设计的 80 个组织单位希望创造出“前瞻性标杆式企业流程分类法则”向全球推广。历时 10 年之后，该标准已经被全球数百家企业所认同并使用。PCF（Process Classification Framework℠）由 APQC 与其会员公司创立，是一个通过流程管理与标杆分析，不分产业、规模与地理区域，可用于改善流程绩效的公开标准。PCF 将运营与管理等流程划分成 12 个企业级流程类别，每个流程类别包括许多流程群组，总计超过 1 500 个作业流程与相关作业活动。2008 年，APQC 陆续提出了 10 个行业的流程分类框架，包括跨行业、电力行业、消费品行业、航空航天和国防行业、汽车行业、传媒行业、医药行业、电信行业、石油行业、石化行业的流程分类框架。

(二) 运营流程再造

运营流程再造主要针对企业发展愿景与战略、设计与开发产品及服务、市场营销与销售、物流与服务、顾客管理服务等流程进行再造。再造过程中主要强调对流程进行系统化设计、组织和控制，使这些流程能更高效地把输入要素有效地转化为提供给内外部顾客的服务或产品。执行运营流程再造时涉及多个运营部门的组织与协调，应严格沿着价值链，以订单为导向进行流程分析和设计。

(三) 管理及支持流程再造

管理及支持流程再造的对象主要是人力资本发展与管理、信息技术管理、财务资源管理、资产采购与管理、环安卫管理、外部公众关系管理以及管理知识改善与变革。再造的目的是辅助提升运营流程效率，再造时会涉及各个职能部门权力范围的变革，阻力一般比运营流程更大。特别是在管理模式由职能导向向流程导向转换的过程中，势必会打破原有的职能思维习惯，很容易引起职能部门的不配合或者集体抗衡。

三、业务流程再造的实施步骤与策略

（一）业务流程再造的实施步骤

1. 企业自查

企业自查的目的是识别企业问题、机会或挑战，企业自查分为个人管理自查、企业管理自查两个阶段，主要帮助个人和企业了解现状、历史及未来三个方面的情况。个人管理自查的主要问题包括"你是谁，你来自哪儿；你要到哪里去，为什么；你在做什么，你做的事情方向是否正确，方法是否正确；描述你正在做的事情的正确方向和方法……"。企业管理自查的主要问题包括"企业在做什么，客户是谁，客户需求是什么，目标是什么，计划是什么……"。比如，H 公司再造前针对高管设计的自问问题如下：

（1）H 公司是做什么的？

（2）H 公司的客户是谁？

（3）H 公司客户的需求是什么？

（4）H 公司的发展目标是什么？

（5）H 公司今年的计划是什么？

（6）H 公司目前的计划执行得怎样？

（7）是什么阻碍或促进了公司计划的执行？

2. 企业环境调查分析

企业环境调查分析的目的是界定流程再造的范围，进行流程的初步调查，整理相关流程文档资料。企业环境调查分析既包括企业外部环境影响因素调查分析，也包括企业内部环境影响因素调查分析。在企业外部环境方面，可以通过 SWOT 分析、五力竞争力模型、差距分析等方法了解社会、经济、科技、政治、法律、市场等诸多方面的外部影响。比如，H 公司通过对外部环境的分析发现，供应链管理不力是制约企业发展的一大瓶颈，特别是第三方物流公司，在提供运输、配送服务过程中经常出现早到、迟到、窜货、掉货等问题，导致仓储、生产加工计划经常被打乱，影响门店经营业绩。内部环境分析可以采用系统调查分析法、统计调查分析法、对比调查分析法等多种方法，主要涉及组织结构、战略管理、业务流程管理、信息资源管理等因素的调查分析。

3. 价值链分析

价值链分析（value chain analysis，VCA）的目的是进行流程性能评估，帮助企业识别出那些具有增值作用的有价值活动序列。它可以对企业现有业务流程按照基本活动和辅助活动进行分类排序，然后将具有增值作用的活动进行标示、量化。

(1) 企业内部价值活动分析。价值链既存在于制造行业也存在于服务行业。价值链通常表现为一个由自主或半自主企业构成的网络，主要包括原料供应商、运输公司、生产制造商、零售商和消费者，始于原材料供应商，终于最终消费者，由一系列连续完成的活动构成，可以看作一个从顾客订单、原材料供应、储存、产品生产到最终将产品送到顾客手中的价值逐步增加的过程。在价值链中每一个能创造价值的活动称为价值活动，价值活动是企业构筑竞争优势的基石。

价值链中主要包括物流、资金流和信息流三种流程。物流一般从上游向下游流动，资金流则相反，而信息流是双向的。其中，需求信息自下而上流动，供应信息则自上而下流动。订单从用户向供应商移动，而订单受理通知、货运通知、发票则按相反的方向流动。在分析过程中，重点要弄清楚顾客需要的是什么样的产品和服务，而企业到底是如何将原材料转换成顾客需要的最终产品的，其中经历了哪些物流、信息、资金流程，弄清楚每类流程的具体活动以及时间、地点、人员、物料、目的五个基本元素。要明确先后顺序和增值作用，提取价值活动。

(2) 企业内外价值活动关系分析。除了分析价值活动之外，还需要分析这些价值活动之间的结构或连接关系。企业的竞争优势经常来源于企业内外价值活动的联系。对于相同的价值活动，不同企业采用不同的连接方式，会形成不同的竞争优势。在进行价值链分析时，企业首先要挑选出那些反映企业核心战略价值的活动，然后对它们之间的联系加以仔细琢磨。

企业价值链与供应商以及渠道之间的价值链也存在联系，供应商或渠道活动方式直接影响企业活动的成本或效益，因此，对供应商和渠道价值活动及其连接关系也应予以充分重视，并进行必要的调查分析。

4. 制定业务流程管理战略

业务流程管理战略确定流程再造的方向，是实施变革的指南，必须与企业战略相融合。业务流程管理战略规划的目的是对企业整个业务流程管理工作进行总体设计。业务流程管理是沿着企业整个价值链进行跨组织流程控制的理念、方法和过程，业务流程再造的目标就是对业务流程进行数字化、一体化管理。而要实现这个目标必须进行流程建模分析、优化设计、转换实施、软件系统自动监控，这些工作都需要在业务战略的指导下完成，因此企业需要对业务流程进行总体调查分析，设计与企业战略相融合的业务战略。制定战略主要应该明确以下问题：

(1) 上一年业务目标达成情况如何？有何进步和不足？

(2) 公司战略是什么？有没有调整？

(3) 流程管理对本组织的价值是什么？领导和员工是否接受这种价值？

(4) 未来 3～5 年公司对流程管理的定位和需求是什么？

(5) 流程管理的目标是什么？

(6) 流程管理在本组织中的发展前景如何，流程管理的未来是什么样子，突破点在哪里，局限在哪里，关键点又在哪里，我们要放弃哪些工作，即计划是什么？

5. 业务流程建模与优化

从业务流程模型的建立到最终的优化，是对企业业务流程实施变革的过程。其中，业务流程模型作为企业内外业务活动的数字化，也是对企业价值链的透明化。建立业务流程模型是实现业务流程管理一体化的前提，也是管理信息系统建设的基础。一般需要依次建立流程架构模型、流程配置模型和流程执行模型。

（1）流程架构模型。流程架构模型（process architecture model）主要从企业管理的角度构建，建立流程架构模型的主要任务有两个，一是实现现有业务流程可视化、透明化，便于后期分析当前流程质量；二是重新设计现有流程，以适应当前市场要求。要完成上述任务，方法论指导和统一的描述语言至关重要。该模型可以帮助企业发现流程中组织、结构和技术方面的弱点，挖掘出改善的潜力，同时，只有在架构模型的基础上，才能进一步明确企业的流程战略，也就是说，建立架构模型是企业流程战略落实的第一步。

（2）流程配置模型。流程配置模型（process configuration model）是对流程架构中所有流程配置的说明，精确到具体流程场景中的每个步骤。

（3）流程执行模型。流程执行模型（process execution model）通常构建于基于标准的业务流程执行语言（business process execution language）的开发环境下，在这个开发环境中，可以将抽象的流程逻辑转换到集成服务器中运行，以方便各种跨系统、跨应用的流程与具体系统的应用流程灵活连接，支持企业员工在跨应用流程中进行交互。

（4）业务流程模型标记系统。业务流程模型标记系统（business process modeling notation，BPMN）最早由业务流程管理倡议组织（business process management initiative，BPMI）开发，提供绘制流程图的符号规范。它包括若干成套的用于业务流程建模的图形符号，是一个国际标准的图形标记系统。BPMN 反映了 BPMI 组织的一个具有前瞻性的观点，即业务人员（多是非技术人员）对 IT 执行流程的可视化和管理将成为未来 BPMN 的关键。通过授权，业务人员能够管理自己的流程。在 BPMN 出现之前，市面上已经存在流程建模图的标准，如 UML 的活动图（UML 由对象管理组织 OMG 维护管理），但这些标准被认为过于技术化，而 BPMN 在设计之初就强调要对业务人员友好。BPMN 1.0 在 2004 年 5 月由 BPMI 组织正式发布，仅仅作为业务流程建模的一系列符号标准。2005 年，BPMI 组织被 OMG 组织合并，2006 年 OMG 组织正式通过 BPMN 1.0，2008 年 2 月发布 BPMN 1.1。BPMN 2.0 正式将自己更名为 business process model and notation（业务流程模型和符号），与 BPMN 1.x 相比，最重要的变化在于定义了流程的元模型和执行语义，即自己解决了存储、交换和执行的问题。BPMN 由单纯的业务建模重新回归至它的本源，即作为一个对业务人员友好的标准流程执行语言的图形化前端。

（二）业务流程再造策略

1. “红海”策略

红海是对企业现有市场领域的简称。存在于企业现有市场领域的业务流程称为红色业务流程。之所以标注为红色，是因为它们对于企业而言是现有利润的直接来源。企业正是通过这些红色流程实现价值增值的。红海保卫策略强调对红色业务流程的保护和对非红色业务流程的剔除，实施此种策略的一般是那些市场前景好、业绩突出的企业。

2.“蓝海”策略

蓝海是对企业未知市场领域的简称。蓝海策略认为，市场唯变化永恒，没有永恒的产业，也没有永恒的企业，因此，要想可持续发展，无论是产业还是企业都必须不断突破自我，开拓蓝海。存在于企业未来市场领域的业务流程称为蓝色业务流程，它们虽然不是企业现有利润的直接来源，却是那些濒临破产边缘的企业起死回生的希望，因此，通常被那些市场前景暗淡、濒临破产的企业所采纳。实施蓝海策略需要企业具有更多的创新和创意。蓝色业务流程再造的过程意味着企业在未知市场领域艰难创业，强调部分剔除甚至完全剔除红色流程，创造蓝色流程。

3.“长尾”策略

长尾是指符合幂指数形式的需求曲线——一条由左上陡降至右下的倾斜曲线。左边的短头部分代表具有巨大市场需求的产品，右边就是“长尾”，代表新兴的小批量、较个性化的产品。长尾业务流程关注创意、网络、个性化生产、智能搜索。该策略依托网络开展，主要适用于市场前景一般、业绩平平的企业，以便改善企业市场业绩，利用网络技术构造虚拟业务流程。同时，这种策略也适用于那些期望快速成长的中小企业。

四、业务流程再造与管理信息系统的关系

一个企业要紧跟世界经济发展潮流，从经营战略到业务流程，以至信息系统都必须具有足够的灵活性。业务流程再造作为一种具体的业务流程管理理念，要求对企业流程进行彻底的重新设计，在这种理念的支持下，用图形方式表示业务流程的方法（即业务流程建模）也得到了越来越多的应用。实践表明，再造理念与业务流程建模、业务流程控制和 IT 实施办法的结合，明显提升了企业信息系统开发的效益。

（一）管理信息系统建设以业务流程为导向

目前，在企业信息化过程中存在两个明显的趋势：一是管理顾问努力向企业推荐以流程为导向的企业架构，力求使其企业组织结构扁平化，业务流程灵活化，以快速应对市场变化；二是软件提供商努力使其产品的架构和平台完全以流程为导向。这两种趋势都预示着企业流程导向管理时代的到来。管理信息系统必须顺应趋势，以业务流程为导向，才能更好地与企业战略、业务流程相融合，从而更好地服务于管理者。

（二）管理信息系统提升业务流程再造效率

当市场发生变化时，企业战略、业务流程必须进行相应的调整。由于业务流程再造实现了业务流程管理的系统化、透明化，因此，当市场环境发生变化时，企业可以通过管理信息系统提供的信息快速发现企业面临的问题、机遇和挑战，通过业务流程管理信息系统及时分析、设计新的业务流程，并把这种新的业务流程模型转换为新的应用系统模型。管理信息系统可以使业务流程再造变得更有效率，因为再造过程的信息化可以让原来忙于收集业务数据、制作报表、进行流程管理的员工腾出手来，有更多的时间思考业务问题和管理问题。企业可以顺势让管理更细化，增加更多的管理岗位。

总之，在这个流程导向的管理时代，面向流程的组织结构有效地将参与企业价值创造的所有人员连接起来。为了建立业务流程导向的管理模式，大量的企业需要进行业务流程再造，而在再造的过程中，除了辨识和改善企业那些创造价值的活动之外，还需要引进一大批用于业务流程设计、实施和控制的业务流程管理信息系统。它们可以帮助企业快速实现业务流程再造理想。此外，业务流程管理信息系统还具备业务流程模型到信息系统模型的自动转换功能，比如 IDS Scheer 公司提供的 ARIS 流程平台，使得信息系统开发人员可以快速将企业的业务需求转化为系统需求，从而实现敏捷开发。

案例 5—1

福特汽车的再造之旅

20 世纪 80 年代早期，美国汽车工业尚处于低潮，福特汽车公司的高层管理者就与部门管理者一起，开始尝试寻找新的降低成本的途径，最后他们把目光落到了应付账款管理流程上。当时福特北美分公司应付账款部的员工超过 500 人，管理者期望通过合理化流程和采用新的计算机系统将该部门员工人数削减 20%，由于福特的管理者一直热衷于紧缩预算计划，因此这项改革很快取得了成功。正当福特的管理者为这一成果而沾沾自喜时，他们却意外地发现马自达汽车公司的应付账款仅由 5 人负责，虽然他们了解到这可能与这个企业规模较小有关，但是如此巨大的人员数量差距让福特的管理者重新陷入沉思。在进一步调查分析后他们发现，自己的应付账款管理部门的员工人数是合理人数的 5 倍。

为了实现将大量应付账款交由少量员工管理的目标，福特的管理者首先对现有流程进行分析，具体流程如图 5—8 所示。

（1）为完成相应的采购任务，采购部填写一个采购订单交给供应商，同时，将其副联送到应付账款部。

（2）供应商发货，当材料控制部收到所发货物后，则填写收货单，同时，将收货单的副联送至应付账款部。

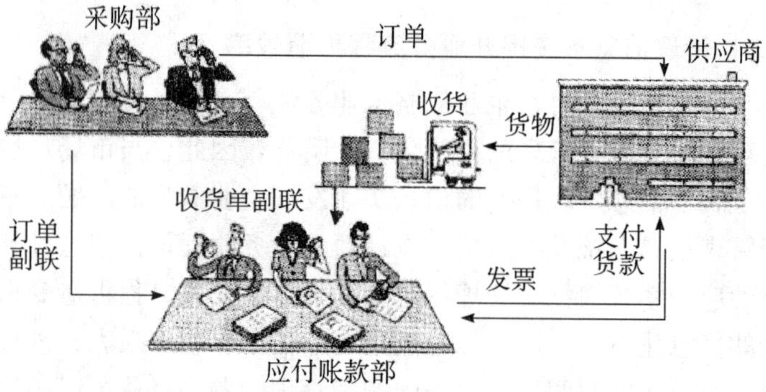

图 5—8 再造前的业务流程

(3) 供应商将发票寄至应付账款部。

(4) 应付账款部的工作人员开始对收到的三种单据(采购订单、收货单、发票)进行核对，三单一致无误，则将货款支付给供应商。

这个流程看似很流畅、也不存在逻辑上的问题，但实施起来却总是出现“采购订单、收货单、发票三者数据不一致”的问题，应付账款部把大量时间都花在处理这个问题上。为了帮助应付账款部提高处理该问题的效率，管理者最初认为提高调查的有效性是一个可行的办法，但经过深入彻底的分析，管理者发现这不是解决问题的根本，根本在于最好能尽可能减少甚至消除数据不一致现象的发生。为了减少甚至消除数据不一致现象的发生，福特的管理者决定进行应付账款业务流程再造，再造出的“无发票流程”如图 5—9 所示。

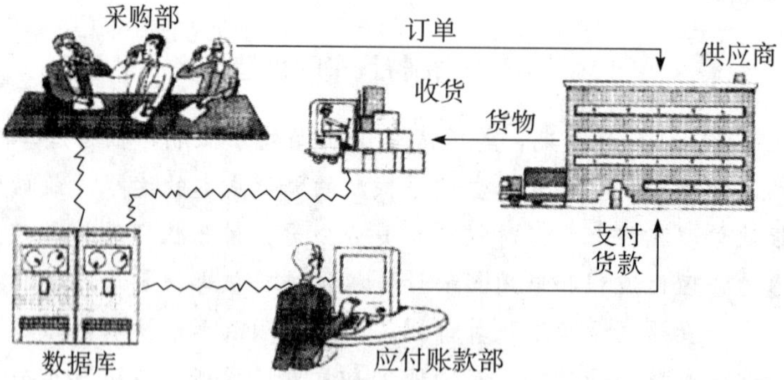

图 5—9 再造后的业务流程

该流程再造时首先考虑到充分利用计算机来提高数据处理的效率，鉴于数据库技术在应对数据不一致问题时的特殊作用，特意将数据库技术引入了计算机系统。流程再造后，采购部只需一次性地将采购订单信息录入在线数据库，然后将信息直接打印出来发给供应商，货物到达后，材料控制部负责收货的工作人员直接根据在线数据库提供的订单信息来验收货物，一致则收货并录入相关确认信息，否则直接将货退给供应商。随后，应付账款部利用计算机自动匹配采购和收货记录，生成应付货款记录，以便应付账款部工作人员及时支付货款，而无须担心供货商不向福特提供发票。新的业务流程显著减少了原来流程中应付账款部的工作量，将原有 3 张单据共计 14 个数据项的匹配任务缩减为只需匹配采购订单和收货单之间的 3 个数据项（部件号、单位、供应商编号）。福特公司此次对应付账款实施的根本性变革取得了显著效果，新流程实施后，福特应付账款部的工作人员减少了 75%，不仅如此，材料控制部的物料管理也变得简单化，而应付账款部提供的财务信息则变得更加精确。

资料来源：张刚：《管理学基础文献选读》，杭州，浙江大学出版社，2008。

思考

1. 什么是业务流程再造？该如何进行业务流程再造？

2. 是否每个企业的管理信息系统建设都需要进行业务流程再造？举例说明理由。

3. 除了业务流程再造外，企业还可以采用哪些业务流程管理方法？

基本概念

战略目标集转化法（strategy set transformation，SST）

关键成功因素法（critical success factor，CSF）

企业系统规划法（business systems planning，BSP）

业务流程再造（business process reengineering，BPR）

价值链分析（value chain analysis，VCA）

思考题

1. 企业在管理信息系统规划时通常可以采用哪些方法？其优缺点分别是什么？除了第 2 节提到的方法外，你还知道其他哪些方法？请举例说明。

2. 通过网络或实地访谈，了解目前我国哪些企业成功实施了业务流程再造，具体是怎么做的，其关键成功因素是什么。

3. 什么是业务流程管理？业务流程再造与业务流程管理的关系是怎样的？

4. 简述业务流程再造与管理信息系统的关系。

案例分析

美国互惠人寿保险公司的业务流程再造

美国互惠人寿保险公司（Mutual Benefit Life Insurance，MBL）是 20 世纪 80 年代美国第 18 大人寿保险公司。在企业流程再造之前，MBL 处理客户申请的方式和其他保险公司（竞争对手）大同小异，流程烦琐而冗长。一份客户申请必须经由 30 个独立步骤，跨越 5 个部门，涉及 19 名工作人员。最佳状态下，MBL 可以在 24 小时内处理一份申请，但更典型的状况是大多数申请处理周期为 5～25 天，其间大多数时间都被用来在部门之间传递信息。(另一家保险公司曾估计，其实，对于处理周期为22天的一份申请而言，它实际占用的工作时间只有17分钟。) 例如，如果一位客户打算退掉现有保单，再买一份新的，就必须涉及三个部门多名工作人员之间的协调。首先老业务部要帮助客户办理退保手续，然后委托财务部为客户开具一张以MBL为收款人的支票，客户再带着该支票连同其他书面文件到新业务部办理新的保单。这种相对冗长、僵化的顺序式流程不仅给MBL带来了高昂的管理成本，而且给客户带来了很多麻烦。为了改善客户服务，MBL总裁迫切希望马上停止目前这种高成本、低效率的做法，将工作效率提高60%。经过初步调研，受命的管理咨询小组发现，对现有流程修修补补根本无法实现总裁这个雄心勃勃的目标，于是公司总裁下令采取强制措施，为此，管理咨询小组开始寄希望于技术来帮助他们实现目标。针对原流程出现的信息传递成本过高的特点，管理咨询小组进行了如下流程再造：

(1) 大胆打破现有工作界定和部门界限，设立一个名为“专案经理”(case manager)的新职位，全权负责从收到申请到开具保单的整个过程，与原有的办事员不同，在新流程中，专案经理的工作是完全自主的，无须在主管的监督下重复完成固定任务。此举有效避免了因文件在不同办事员之间频繁转手而导致的对顾客询问相互推诿责任的现象。

(2) 为确保专案经理有能力执行与保险申请有关的所有任务，建设强大的计算机工作站，该工作站拥有一个专家系统，还与某个大型机上的一系列自动系统相连接，以便专案经理及时获得某个资深代理人或医生等专家的协助，但这些专家只是专案经理的咨询师和顾问。

再造后的流程使MBL实现了由多部门交叉协作向授权个人处理整个申请流程的转变，使得最快只需4个小时就可以处理完一份申请，申请处理的平均周期缩短到了2～5天。不仅如此，公司还撤销了100个一线办事处的职位。更令人惊喜的是，经由专案经理处理的新申请的数量是原先的两倍多。

思考

1. 上述MBL的业务流程再造属于什么类型？
2. MBL的业务流程再造属于“红海”策略还是“蓝海”策略？为什么？

第6章 管理信息系统开发

本章重点

1. 熟悉管理信息系统开发各阶段的基本理论
2. 了解管理信息系统开发各阶段的主要过程及工具
3. 掌握管理信息系统开发各阶段的主要内容
4. 了解管理信息系统开发各阶段的主要文档内容及格式

引 例

某施工企业MIS开发及应用问题

某企业为建筑施工型企业，有丰富的施工管理经验和强大的施工技术队伍，因此采取虚拟企业的方式运作，即企业作为施工总承包，按照承揽工程项目的要求和特点，组织合作伙伴完成特定工程项目的施工。该企业设置了经营管理部，其主要工作包括企业的经营计划、经营分包与结算、经营统计，由相应的科室完成。除此之外，该部门还设有综合科来处理企业的其他杂事。由于该部门的工作时间性强，若早晨结算得不及时、不正确，就会影响企业与合作伙伴的关系。因此企业经过项目规划，对开发管理信息系统的可行性进行了研究，决定开发该系统以解决现有的问题。系统开发人员对经营管理部的运作与管理的任务、流程、信息载体进行了详细调查，调查了每个科室并收集了全部需求。在此基础上，经过六个月的开发完成了原型系统的设计、程序设计和程序调试。当系统开发人员将开发的系统拿来给用户使用时，发现系统的许多功能难以使用，其中有些问题不是管理信息系统所能解决的，原因有许多。系统开发人员在长时间与用户进行艰巨而细致的交互后，系统的部分功能可以正常使用了，但是还有相当多的功能被废弃。这时系统的开发人员感叹道："早知道是这样……"问题到底出在哪里？

资料来源：蔡淑琴：《管理信息系统》，北京，科学出版社，2006。

第1节 系统分析

按照系统开发的生命周期，管理信息系统经过系统规划（即可行性研究报告得到批准）后，就进入了项目开发阶段。管理信息系统的项目开发主要包括三个阶段，即系统分析、系统设计和系统实施。系统分析阶段的主要任务是根据系统规划报告确定的目标、范围和要求，在对现行系统进行详细调查的基础上，深入分析当前系统的信息处理过程、整体管理情况和综合环境，深入理解组织对信息系统提出的需求，从企业运作和管理出发，完成管理信息系统的逻辑模型的设计。在管理信息系统开发的过程中，系统分析占据着重要的地位。系统分析报告是系统设计阶段的主要工作依据。

一、系统分析概述

（一）系统分析的基本原则

系统分析是系统开发的关键环节。系统分析面临各种各样的问题、可能变化的需求和形形色色的用户。要对可能遇到的开发环境给出细致的指导非常困难，但是有以下基本原则可以遵循。

1. 坚持系统思想，运用系统方法

新系统目标的确定、逻辑模型的设计必须坚持系统思想，运用系统方法进行分解与综合，应贯穿整个系统分析阶段。

采取“自顶向下”和“自底向上”开发策略相结合是重要的系统方法。自顶向下是从最高层逐步分解问题，直至分解的子问题是我们熟悉的、可认识的为止。对每一子问题按照系统定义和特征进行详细的分析，然后自底向上，将每个子问题的分析结果逐层向上完成综合、抽象，最后达到了解问题的目的。

2. 内部条件与外部环境相结合

管理信息系统的运行不但受到企业内部人、财、物等资源的限制，而且受到外部环境因素的制约，如政府的有关法令法规、自然环境、协调系统、市场情况、竞争对手、合作伙伴等。因此在做系统分析时，必须将内部条件与外部环境相结合。

3. 协调性

企业管理信息系统一般由多个子系统组成，不同子系统之间有着信息关联。因此，要保证子系统之间、系统与环境之间相协调，使系统达到总体性能最佳，就要保证信息流通畅。

4. 基于原系统，高于原系统

系统分析阶段是保证新系统“基于原系统，高于原系统”的主要环节。新系统逻辑模型的设计必须以现行系统为基础。系统分析工作既不能脱离实际，凭空想象，又要对现行系统中不合理的管理体制、管理模式、思想观念、工作方法以及传统习惯等进行大胆的改革和正确的引导，从而充分发挥信息技术的能力，提高工作效率和管理水平。

5. 用户参与

系统分析过程需要具有较丰富工作经验的业务人员参与，这样系统分析员能够及时掌握用户情况，便于交流，及时修改或补充系统需求，用户也能尽早熟悉系统。因此，不论采取何种开发方式，用户的参与都必不可少。

（二）系统分析的主要步骤

图 6—1 给出了系统分析的工作步骤。

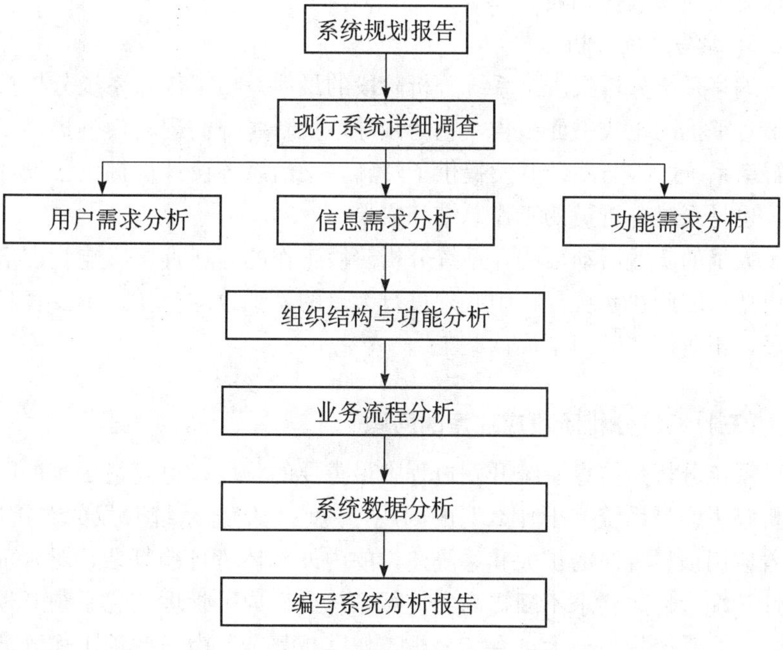

图 6—1　管理信息系统的系统分析步骤

1. 现行系统详细调查

建立一个结构良好的管理信息系统，离不开对现行管理系统的调查。详细调查让系统分析员对现行管理系统有了一个较深刻的认识，为了解现行系统的运行方式提供了第一手资料。

2. 系统需求分析

系统需求分析就是在详细调查的基础上，分析用户的需求，包括新系统目标分析、信息需求分析、功能需求分析等，对新系统逻辑模型的设计提出要求与依据。

3. 组织结构与功能分析

组织结构图描述了组织的机构设置、层次和它们之间的隶属关系。组织的功能结构反映了各种数据在组织活动中的位置和作用，所以在分析组织情况时还应该画出其业务功能一览表，以便概括地了解依附于组织结构的各项业务功能。

4. 业务流程分析

业务流程分析可以帮助了解某项业务的具体处理过程，发现和处理系统调查工作中的错误和疏漏，修改和删除原系统的不合理部分，在新系统的基础上优化业务处理流程。业务流程分析的工具就是业务流程图（transaction flow diagram，TFD）。

5. 系统数据分析

系统数据分析就是为了更好地设计新的信息系统，在分析阶段彻底弄清当前系统中的所有数据以及数据的存储、传输、处理等各项工作的过程。这部分工作非常重要，也非常烦琐，每个细节都要考虑到，因为数据分析的好坏将会直接影响到以后数据库系统设计和功能模块划分能否取得成功。进行系统数据分析的主要工具是数据流程图和数据词典。

6. 编写系统分析报告

编写系统分析报告是系统分析阶段的最后一项工作。系统分析报告是提交企业决策者审批的正式书面报告，它为领导审批新系统的逻辑模型提供了依据，为用户了解新系统、参与系统开发提供了资料，又给系统设计员提供了设计依据和设计要求，也是系统分析员的工作总结和成果。

大量的实践活动表明，系统分析阶段工作的好坏直接影响管理信息系统能否取得成功。因此在系统分析中必须进行大量的、细致的工作，不要轻易进入系统设计阶段，正所谓“磨刀不误砍柴工”。

（三）系统分析阶段应注意的问题

系统分析是信息系统开发过程中最重要的阶段，也是最困难的阶段，因为系统分析解决的是系统“干什么”的问题，这也是信息系统开发的关键所在。实践中，随着应用项目规模的扩大和系统建设的内外部环境日趋复杂，对管理信息处理的系统性、综合性的要求不断提高，使得系统分析成了管理信息系统开发中最繁重的任务之一。系统规模越大，系统分析工作就越复杂。由于此项工作既涉及复杂的技术背景，又涉及复杂的组织管理背景，计算机技术人员和管理人员之间的直接交流因专业背景不同而面临困难，这导致开发时间延长甚至开发失败。因此，系统分析阶段应注意以下问题。

1. 工作内容涉及面广、不确定程度高

系统分析是围绕管理问题展开的，但要涉及现代信息技术的应用。系统分析员既要和各级各类管理人员打交道，又要了解相关技术（如计算机软硬件技术、数据管理技术、计算机网络和数据通信技术等）的应用与发展情况。由于系统分析工作的主要任务是明确问题、确定目标、了解用户的信息需求，故完成这类任务可能遇到的困难、需要解决的问题以及工作量，甚至工作进程都难以预先估计，工作不确定程度高。现代社会组织（尤其是企业）的管理环境复杂多变，信息技术日新月异，是系统分析工作面临的主要挑战之一，特别是政策体制和权力分配的变化对信息需求和系统方案有很大影响，因而在工作中必须对发展与变革进行科学预测与深入分析，努力提高系统的应变能力。

2. 系统分析工作主要面向组织管理问题，工作方式主要是和人打交道

系统分析的目的是明确管理信息系统在支持管理决策方面要解决什么问题，因而必须对管理系统进行描述。由于管理系统是以人为主体的系统，对人的思想与行为（如决策过程、信息需求）的描述是系统分析面临的主要困难之一，必须综合运用定性、定量分析方法以及有关知识与经验，对组织行为和管理决策过程进行科学分析，对各级各类管理人员的信息需求进行深入了解。因而在系统分析工作中，大量的工作是和各级各类管理人员进行联系与交流，这是明确问题、获取信息需求的主要方式。

系统分析工作涉及的用户主要人员有：

(1) 用户单位的主要领导成员。

(2) 使用管理信息系统的各职能部门的负责人。

(3) 用户单位信息管理的高层负责人，如主管信息工作的副总经理、信息中心主任等。

(4) 负责运行、维护管理信息系统的管理人员、技术人员和操作人员。

由于上述人员具有不同的专业背景、利益与风格，因此系统分析人员与他们的沟通以及他们之间的交流和协调常常会由此面临困难与冲突。系统分析人员必须善于与各类人员建立相互理解和信任的关系，善解人意，并且努力促进人与人之间的相互理解、交流与协调。这是系统分析工作发现问题、解决问题的主要途径。

3. 系统分析工作的主要成果（产品）是文件

系统开发建议书、现行系统调查报告、系统分析说明书等，是系统分析的主要成果。这些文件是领导部门决策的依据，是下一步工作的基础，也是系统分析人员和用户交流与相互理解的手段。这些文件编写的质量对系统开发工作有着重要的影响，但由于常常缺乏严格的评价准则，文件内容涉及的问题范围随意性大，边界比较模糊，内容的深度和篇幅的长短难以掌握，文件读起来容易有冗长、重复、烦琐、乏味之感。编写文件缺乏有效的工具，通常主要依靠纸和笔手工打草稿，由计算机辅助进行文字和图形的编辑，因而编写效率较低，特别是组织管理环境和用户需求在系统分析工作过程中发生的变化常常使得目标文件难以定稿。系统分析人员不但要对情况有详细的了解、对问题有深刻的理解，而且要掌握有关文件编写的规范与标准，有较强的文字表达能力以及很大的耐心与毅力，才能编写出内容翔实准确、文字精练、结构清晰、符合规范的目标文件。

4. 系统分析工作追求的是有限目标

在管理信息系统建设中，由于用户单位各部门各类人员的信息需求和目标具有多样性，有些目标和需求不一致，甚至相互冲突。例如，工业企业中，生产部门常常希望销售部门尽早提供比较准确的市场对产品的需求信息，以便对产品的制造做出合理的安排，销售部门则希望生产部门根据市场的变化及时调整生产计划。而且，管理信息系统的建设是长期任务，不是一次项目开发就能全部完成

的，因此在一次系统开发中，系统分析工作实现的目标是有限的，不可能把现有系统中的所有问题都提出来，更不可能全部解决。所以一次系统开发只能满足用户的部分信息需求，达到有关用户人员基本满意，其他问题需留待后续的系统开发项目解决。由此可见，在系统分析中，既要明确本次系统开发项目要集中力量解决哪些问题，即“干什么”，又要清醒地认识这次开发中哪些问题暂不解决，即“不干什么”，明确系统开发任务的边界。管理系统各部分之间联系密切，如果系统开发的边界不明确，则可能造成系统开发任务在开发过程中不断扩张，导致主要任务难以完成。

二、系统分析的主要内容

用户的需求是在现有系统的基础上提出的，新系统源于现有系统，但比现有系统更完善，功能更强大，使用更方便。因此，要想开发新系统，就要充分研究现有系统，在它的基础上进行新系统的设计。

（一）系统需求分析

1. 用户需求分析

详细调查的资料整理完成后，需要与用户多次交互。在确定调查资料以及整理的资料符合实际情况后，就可以进入用户需求分析，即对调查资料整理的结果进行确认，从而获得用户需求。

用户提出的需求是开发新系统的基础所在，因此，要在与用户充分沟通的前提下，分析需求所涉及的各个方面的内容。有时用户提出的需求比较理想化，而在实践中，由于受到客观环境或开发成本等方面的制约，无法或难以按用户的想法实现。这就需要系统分析人员与用户、管理人员和业务人员开展广泛交流，尽可能使最终的可实现需求达到使用户“最满意”的程度。

2. 信息需求分析

在组织中各个部门分别进行作业和业务拓展，其数据、报表和资料的收集和整理工作相对独立，一个部门并不关心其他部门是否有类似的业务及其数据资料等情况，也就是说，各部门有自己的一套信息载体。如果分别进行处理当然没有问题，但若把信息和数据放在信息系统中进行统一管理，这种信息载体的大量增值就存在极大的危害，将增加程序设计和维护的费用。

在后面进行的数据库设计中，开发人员主要从计算机的角度去考虑数据的物理实现方法。对于组织中的数据库管理员来说，他们所关心的常常是对于一个职能部门或业务部门有意义的数据。而在系统分析阶段，需要的是一种能够确定数据在不同职能部门的用途，并且能把所有的数据综合在一个企业总体模型之中的技术。这是一种能够确定所有管理层面上的信息需求的技术，一种能够基于企业既定战略，确定未来可能的信息需求的技术。信息需求分析就是能满足这种要求的技术，它根据企业规划和管理理论分析企业的信息需求，其目的是对企业的数据和信息需求进行分析，为新系统数据存储模型的设计提供信息。

一般来说，要对企业的以下三类信息需求进行分析：

(1) 业务处理工作的信息需求。业务处理工作的信息需求分析主要是分析现有工作的信息需求。

(2) 高层领导者的信息需求。高层领导者的信息需求是指辅助决策的信息需求。高层领导者需求的信息并不只是那些日常查询和报表，他们更需要决策所需的信息。

(3) 企业发展和改革方面的信息需求。企业发展和改革方面的信息需求是通过对未来发展的分析，提出所需的相关数据或数据类和信息，它注重对趋势的分析以及对现在与过去的比较，对未来生产和经营提供指导和帮助，是企业未来发展的信息需求。

3. 功能需求分析

功能需求分析的主要任务就是确定新系统的各项功能。分析人员不仅要分析系统基本的业务功能需求，还要分析支持辅助决策的各项功能，并考虑组织未来发展的一些扩展功能需求。

表 6—1 给出了一种描述功能需求汇总的格式，其中，“图形处理要求”描述该功能是否有图形要处理，例如图片、图像或图形的输入、显示、输出等；“人工处理”描述当实现相应功能时，需要人工辅助完成的工作。

表 6—1　功能需求汇总

序号	名称	主要内容	输入数据	输出数据	图形处理要求	人工处理

资料来源：蔡淑琴：《管理信息系统》。

4. 系统需求分析

围绕用户提出的各项需求，分析人员还要分析研究相关的组织、环境方面的情况，并据此对用户提出的需求进行适当的调整。系统需求分析又可分为：

(1) 管理需求分析。有时，要想顺利满足用户对系统的要求，就要对组织内部的结构、部门设置、人员安排、管理方式作出一定的调整。这需要管理者的理解和配合，否则就要分析管理者可接受的范围，并应用于新系统的设计。

(2) 人员需求分析。在新系统的分析、设计过程中，人员问题有时也会成为障碍。组织中人员知识水平的高低、对组织和管理变革的接受程度，都将影响他们对参与新系统分析工作的热情和系统实施的效果。

(3) 环境需求分析。对系统进行分析时，在系统设计阶段要考虑到系统所处环境的各方面限制。在详细调查阶段已经对系统所处的环境有了充分了解，结合用户的需求，分析人员要对系统环境提出改进建议，以适应新的需要。

在需求分析完成之后，项目组要生成需求分析报告，并在系统分析阶段最后将其纳入系统分析报告。

（二）组织结构与功能分析

虽然管理信息系统应该尽可能摆脱对组织机构的依赖，但现行的组织机构仍然是了解组织基本活动的切入点。组织的功能结构反映了各种数据在组织活动中的位置和作用。

1. 组织结构图

每个组织都有组织结构图，但它们经常只表示机构之间的领导层次关系，这对系统分析来说是不够的。分析人员除了要了解组织中各个机构的详细组成，还要了解组织机构之间的各种联系，因此，通常用组织结构图（一种树状结构图）来描述组织的机构设置、层次和它们之间的隶属关系（举例见图 6—2）。

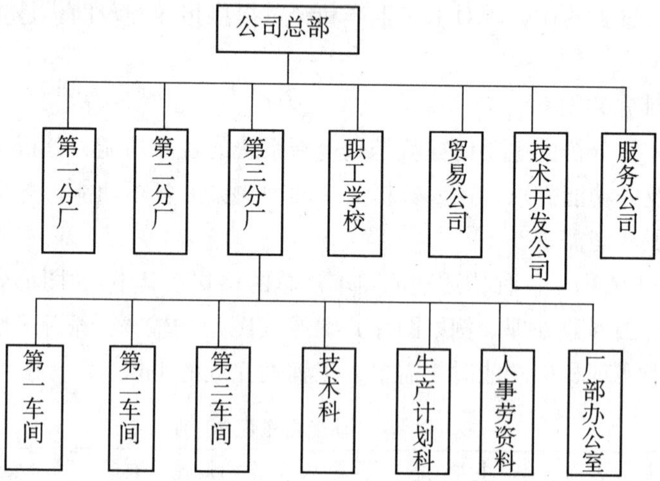

图 6—2 某公司的行政组织结构

资料来源：姚家奕：《管理信息系统》，2 版，北京，首都经济贸易大学出版社，2007。

2. 业务功能分析

在组织中经常会出现各部分的名称并未完整地反映该部分所包含的所有业务的情况。因为在实际工作中，组织的划分或名称往往是根据最初同类业务人员的集合而定的。随着生产的发展和生产规模的扩大，某些部分的业务功能越来越细。如果以功能为准绳来设计和考虑系统，那么系统将会对组织结构的变化有一定的独立性。所以在分析组织情况时还应该画出其业务功能一览表，这样可以在了解组织结构的同时，对于依附于组织结构的各项业务功能也有一个概括性的了解。需要强调的是，这里的业务功能一览表是一个完全以业务功能为主体的树型表，图 6—3 即为某企业业务功能一览表中的一部分。

（三）业务流程分析

在对系统的组织结构和功能进行分析时，需从一个实际业务流程的角度将系统调查中有关该业务流程的资料串起来做进一步的分析。

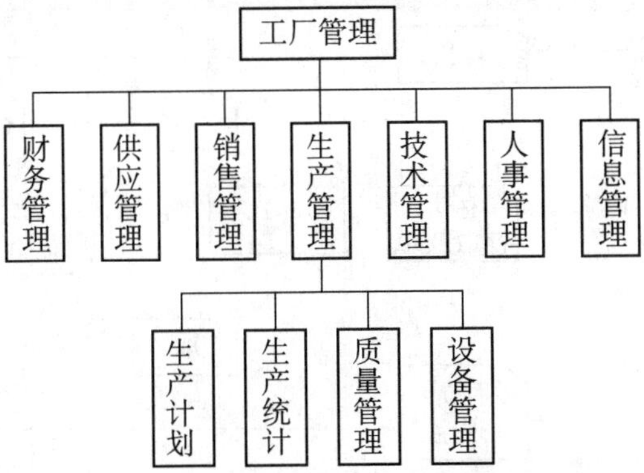

图 6—3　某企业业务功能一览表

资料来源：薛华成：《管理信息系统》，5 版，北京，清华大学出版社，2007。

一般来说，组织在某项业务需要时，会将其交由具有相关业务部门执行，或根据实际情况建立新的小组或机构。同时，随着组织的发展、生产规模的扩大和管理水平的提高，组织部门会调整自己的业务内容，或增加新的功能，或进行功能细分，由原来的业务派生出其他相关或不相关的子业务。这些业务在组织中由不同的人员进行管理和执行，其工作性质或内容已经发生变化。当这种变化发展到一定阶段时，就会分裂出一个更专业化的新的业务部门。因此，机构和业务是相互交叉的，分析人员需要专门描述组织的业务流程来分析业务资料的走向。业务流程图就是用规范的符号以及连线来描述组织中各项业务具体处理过程的方法。它基本上按照业务的实际处理步骤进行描绘。在画法上，业务流程图没有统一的规定，只要在分析过程中保持统一并且表述清晰即可。

1. 基本符号

常用的业务流程图的基本符号如图 6—4 所示。

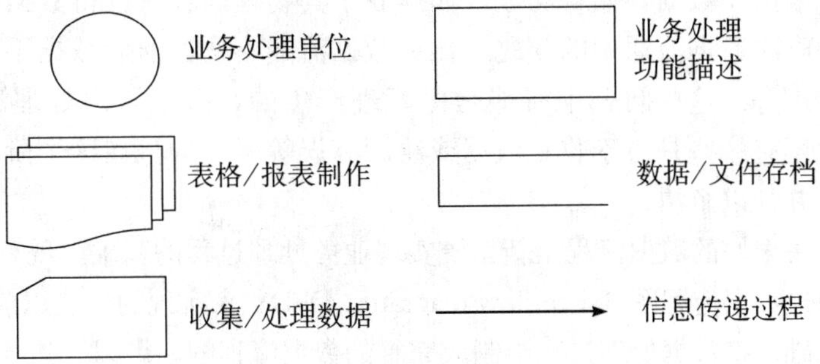

图 6—4　业务流程图的基本符号

2. 业务流程图绘制举例

业务流程图的绘制是根据系统调查表中的资料和问卷调查的结果，按业务实际处理过程将它们绘制在同一张图上。例如，某系统的存取款业务流程如图 6—5 所示。

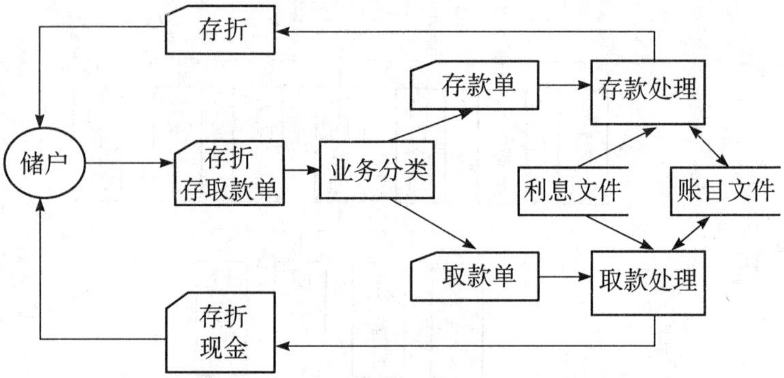

图 6—5　某系统的存取款业务流程

（四）系统数据分析

数据是信息的载体，也是系统处理的主要对象。为了更好地设计新的信息系统，在分析阶段要彻底弄清当前系统中的所有数据以及对数据的存储、传输、处理等各项工作。

1. 数据流程分析

数据流程分析是把数据在组织（或原系统）内部的流动情况抽象地独立出来，舍去具体的组织机构、信息载体、处理工作、物资、材料等，单从数据流动过程来考察实际业务的数据处理模式。主要包括对信息的流动、传递、处理、存储等的分析。

在业务流程分析中，人们的工作是根据实际情况来描述业务处理过程，要求结果尽可能具体、贴近实际。数据流程分析则是在业务流程的基础上舍去其具体的组织机构、信息载体等，把数据在组织内的流动情况抽离出来。它通过分析数据在组织中的产生、传输、存储、加工处理、输出等情况，精确地从逻辑上描述系统的输入、输出、数据存储等功能，而摆脱了其物理内容。进行数据流程分析的目的是发现和解决数据流通中的问题，比如数据流通不畅、前后数据不匹配、数据处理过程不合理等。这些问题中有些是由管理产生的，有些是由处理流程本身不合理导致的，还有一些是由于收集数据或绘图有误等引起的。在这个阶段，分析人员要发现问题并加以解决。

一个好的数据流程是新系统实现业务处理过程的基础。现有的数据流程分析一般是通过数据流程图（data flow diagram，DFD）来实现的。它以前面介绍的业务流程图为基础，将数据处理过程绘制成完整的数据流程图，可以一边绘图，一边核对相应的数据报表、模型等。同时，数据流程图是分析人员与用户交流思想的工具，符号少，通俗易懂，且分层的数据流程图更适合与不同管理层的人员进行交流。

下面就来介绍数据流程图的基本画法。

（1）数据流程图的基本组成及符号。数据流程图由四个基本成分组成：

1）外部项（外部实体）。在数据流程图中表示所描述系统的数据来源和去处的各种实体或工作环节。这些实体或环节向所开发的系统发出或接收信息。系统开发不能改变这些外部项本身的结构和固有属性。

2）加工（数据加工）。又称数据处理逻辑，描述系统对信息进行处理的逻辑功能。在数据流程图上，这种逻辑功能由一个或一个以上的输入数据流转换成一个或一个以上的输出数据流来表示。

3）数据存储。逻辑意义上的数据存储环节，即系统信息处理功能需要的、不考虑存储物理介质和技术手段的数据存储环节。

4）数据流。与所描述系统信息处理功能有关的各类信息的载体，是各加工环节进行处理和输出的数据集合。在数据流程图中数据流用箭线表示，箭头所指处表示数据流的输送地，箭尾连接处表示数据流的来源。

图 6—6 给出了常用的数据流程图基本成分的符号。

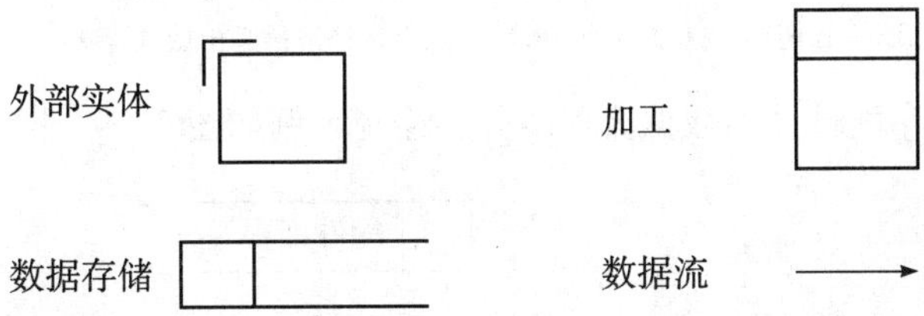

图 6—6　常用的数据流程图的基本符号

（2）数据流程图绘制举例。某系统的存取款业务的数据流程图如图 6—7 所示。

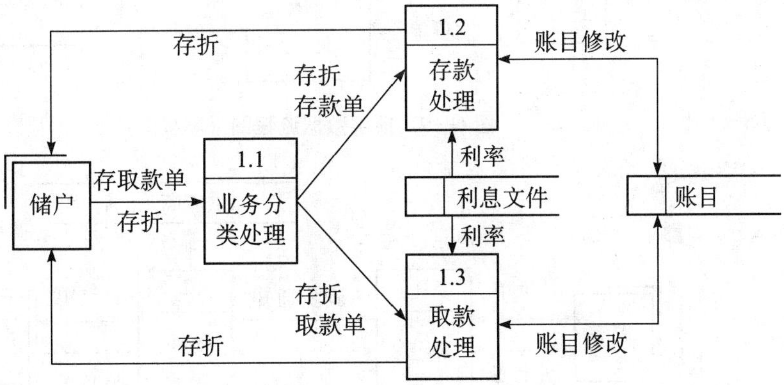

图 6—7　某系统的存取款业务的数据流程图

（3）数据流程图的分层绘制过程。首先，在调查研究的基础上，明确所描述的系统与各外部实体的信息联系。绘出最高层的数据流程图——顶层图。在顶层图中，将所描述的系统当作一个数据加工项，着重描述系统与外部实体的联系，表明系统作用的范围和边界。然后确定系统的几个主要的、综合性的逻辑功能，绘制第一层数据流程图，其中每个逻辑功能由一个数据加工符号描述。第一层数据流程图可进一步分解，其中某些或者所有的数据加工项可分解为数个数据加工项，这样就形成了第二层数据流程图。依次逐层向下扩展，直到最底层的数据流程图，表示了所有具体的数据加工功能和输入输出关系。分层的数据流程图如图 6—8 所示。

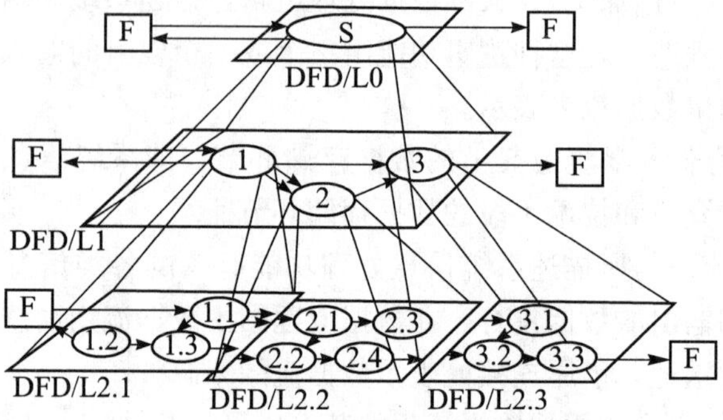

图 6—8 分层的数据流程图

资料来源：甘仞初：《信息系统开发》，北京，经济科学出版社，2000。

某汽车配件公司数据流程图分层绘制示例如图 6—9、图 6—10、图 6—11 所示。

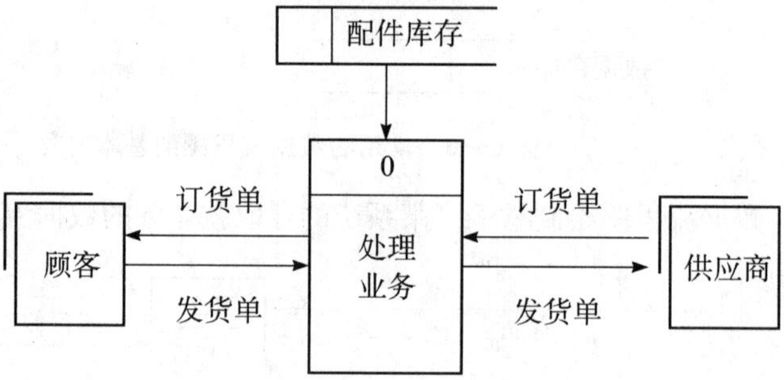

图 6—9 顶层数据流程图（环境图）

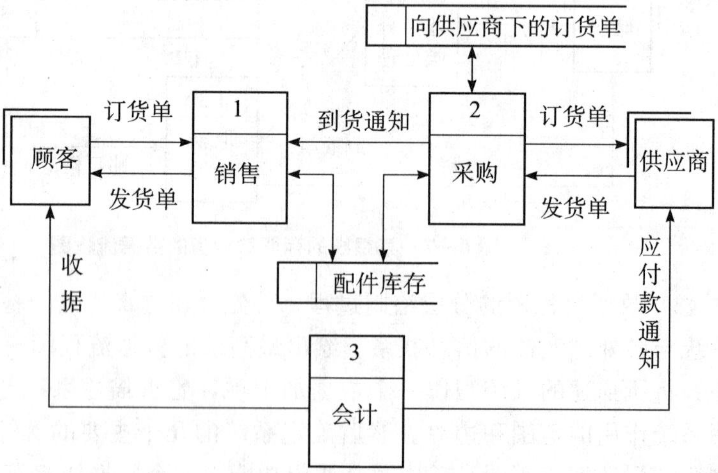

图 6—10 第一层数据流程图

2. 数据词典

（1）数据词典的作用和内容。词典的作用是给词汇以定义和解释。在结构化分析中，数据词典（data dictionary，DD）的作用是给数据流程图上的每个成分以定义和说明。换句话说，数据流程图上所有成分的定义和解释的文字集合就是数据词

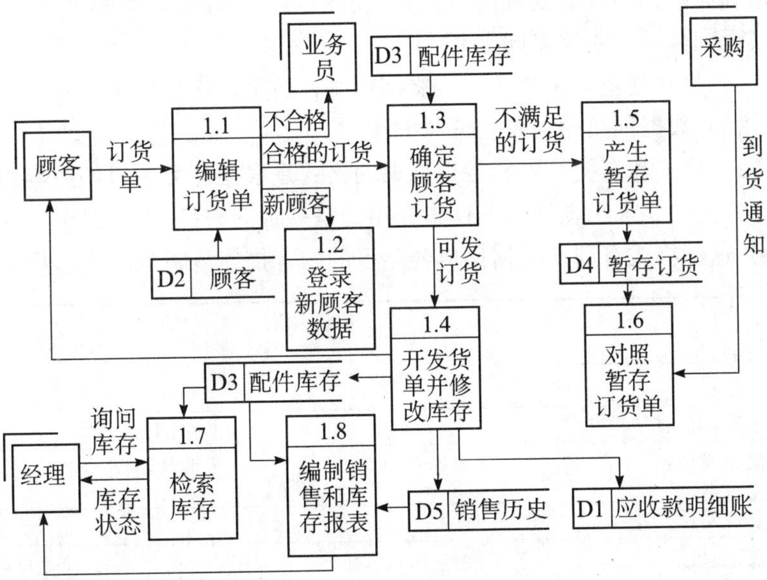

图 6—11　第二层数据流程图

典。上面讨论的数据流程图只能给出系统逻辑功能的一个总框架，缺乏详细、具体的内容。数据词典对数据流程图的各种成分起注解、说明作用，给这些成分赋予实际的内容。除此之外，数据词典还要对系统分析中其他需要说明的问题进行定义和说明。

数据词典描述的主要内容有：数据流、数据元素、数据存储、加工和外部项，其中数据元素是组成数据流的基本成分。在系统分析中，数据词典起着重要的作用，它包含关于系统的详细信息。一般来说，系统分析人员把不便在数据流程图上注明但对于系统分析而言应该获得的，整个系统开发以至将来系统运行与维护所必需的信息尽可能放入数据词典。除了上述有关成分的定义与解释，比如关于数据流与加工发生频率、出现的时间、高峰期与低谷期、加工的优先次序、加工周期及安全保密等方面的信息，在数据词典中都在有关成分的基本定义后根据系统开发、维护和运行的需要加以说明。总的来说，数据词典对数据流程图中有关成分的描述尽可能要说明下列问题：

1）什么？（是什么或做什么）

2）何处？（在何处或者来自何处，去向何处）

3）何时？（何时出现、时间长短）

（2）编写数据词典的基本要求。从上面的讨论可知，数据词典是系统逻辑模型的详细的、具体的说明，是系统分析阶段的重要文件，也是内容丰富、篇幅很大的文件。编写数据词典是一项十分重要而繁重的任务，其基本要求是：

1）对数据流程图上各种成分的定义必须明确、易理解、唯一。

2）命名、编号与数据流程图一致，必要时（如计算机辅助编写数据词典时）可增加编码，以方便查询、检索、维护和统计报表。

3）符合一致性与完整性的要求，对数据流程图上的成分定义与说明无遗漏项。

数据词典中无内容重复或内容相互矛盾的条目。数据流程图中同类成分的数据词典条目无同名异义或异名同义者。

4）格式规范，风格统一，文字精练，数字与符号正确。

（3）数据词典的格式和编写方法。

1）格式和有关符号。数据词典的格式是根据各类条目的内容以及编写、维护、使用方便的要求来设计的。这里介绍的是一种图表格式（如图 6—12 至图 6—16 所示）。这种格式有利于数据词典各条目的内容描述清晰、明确、规范。

<table>
<tr><td colspan="5">数据元素</td></tr>
<tr><td colspan="3">系统名：________
条目名：________</td><td colspan="2">编号：______
别名：______</td></tr>
<tr><td colspan="3">属于数据流：</td><td colspan="2">存储处：</td></tr>
<tr><td>数据元素值：</td><td colspan="2">代码类型</td><td>取值范围</td><td>意义</td></tr>
<tr><td colspan="5">简要说明：</td></tr>
<tr><td rowspan="2">修改记录：</td><td>编写</td><td></td><td>日期</td><td></td></tr>
<tr><td>审核</td><td></td><td>日期</td><td></td></tr>
</table>

图 6—12　数据词典条目类型之一：数据元素

<table>
<tr><td colspan="5">数据流</td></tr>
<tr><td colspan="3">系统名：________
条目名：________</td><td colspan="2">编号：______
别名：______</td></tr>
<tr><td colspan="1">来源：</td><td colspan="4">去处：</td></tr>
<tr><td colspan="5">数据流结构：</td></tr>
<tr><td colspan="5">简要说明：</td></tr>
<tr><td rowspan="2">修改记录：</td><td>编写</td><td></td><td>日期</td><td></td></tr>
<tr><td>审核</td><td></td><td>日期</td><td></td></tr>
</table>

图 6—13　数据词典条目类型之二：数据流

<table>
<tr><td colspan="6">数据存储</td></tr>
<tr><td colspan="4">系统名：________
条目名：________</td><td colspan="2">编号：______
别名：______</td></tr>
<tr><td>存储组织：</td><td>记录数：</td><td colspan="4">主关键字：
辅关键字：</td></tr>
<tr><td colspan="6">记录组成：
项　　名：
近似长度：
（字节）</td></tr>
<tr><td colspan="6">简要说明：</td></tr>
<tr><td rowspan="2" colspan="2">修改记录：</td><td>编写</td><td></td><td>日期</td><td></td></tr>
<tr><td>审核</td><td></td><td>日期</td><td></td></tr>
</table>

图 6—14　数据词典条目类型之三：数据存储

<table>
<tr><td colspan="6">加工
系统名：________　　　　　　编号：______
条目名：________　　　　　　别名：______</td></tr>
<tr><td colspan="2">输入：</td><td colspan="4">输出：</td></tr>
<tr><td colspan="6">加工逻辑：</td></tr>
<tr><td colspan="6">简要说明：</td></tr>
<tr><td colspan="2" rowspan="2">修改记录：</td><td>编写</td><td></td><td>日期</td><td></td></tr>
<tr><td>审核</td><td></td><td>日期</td><td></td></tr>
</table>

图 6—15　数据词典条目类型之四：加工

<table>
<tr><td colspan="6">外部项
系统名：________　　　　　　编号：______
条目名：________　　　　　　别名：______</td></tr>
<tr><td colspan="2">输入数据流：</td><td colspan="4">输出数据流：</td></tr>
<tr><td colspan="6">主要特征：</td></tr>
<tr><td colspan="6">简要说明：</td></tr>
<tr><td colspan="2" rowspan="2">修改记录：</td><td>编写</td><td></td><td>日期</td><td></td></tr>
<tr><td>审核</td><td></td><td>日期</td><td></td></tr>
</table>

图 6—16　数据词典条目类型之五：外部项

资料来源：甘仞初：《信息系统开发》。

为了准确、规范地描述各类条目的内容，数据词典中采用以下符号；

等号：=，意义：等于，是，由……组成，表示等式左边的项目由等式右边各项组成或等式两边项目内容相同。

加号：+，意义：与，表示加号两边项目同时出现或共同组成某项内容。

方括号：[]，意义：或者，表示方括号内各项目中至少一项出现。

花括号：{}，意义：重复，表示花括号内项目重复出现多次或重复取值多次。重复次数的注明方式为：*n* {}，表示重复 *n* 次；*n*1 {}，表示括号内项目从取第 1 个值到第 *n* 个值；{}（条件）表示在满足所注明的条件下重复；如不注明条件，表示无条件重复，如不注明次数，表示重复次数任取。

圆括号：()，意义：选择项，表示括号内所列项目为可选项目，即可能出现，也可能不出现。

［例 6.1］数据流结构 1

学生成绩通知={学号+学生姓名+（课程名称+成绩）+（补考课程名称+补考时间+补考地点）} 所有在册学生

［例 6.2］数据流结构 2

学生奖励通知={学号+学生姓名+［一等奖，二等奖，三等奖，鼓励奖]} 所有获奖学生

在数据词典中，如遇数值型数据元素，也采用各种数值运算符号如加（+）、

减（—）、乘（×）、除（/）、分式、乘方、开方等。

2）数据词典的编写方法。数据词典的编写方法有两种：手工编写和计算机辅助编写。

手工编写的主要工具是笔和卡片，当然可以辅以计算机文字处理手段。这时计算机只是作为手工书写工具来使用，没有处理数据词典的结构、内容和格式的功能。由于数据词典各条目的定义、说明和分解细化主要靠人的知识、经验和判断，因此手工编写具有较大的灵活性与适应性，也就是说，可以随着系统分析工作的深入和对用户信息需求了解的细化而不断充实、修正数据词典的内容。但手工编写效率不高，编辑困难，容易出现疏漏与错误，对数据词典的检验、维护与查询、检索、统计、分析都不方便。

计算机辅助编写是指在计算机辅助绘制数据流程图的同时，随着数据流程图的逐层分解，由计算机系统生成数据词典的某些条目，人工进行修改与补充。在计算机辅助编写数据词典时，计算机以输入的方式接受数据词典各类成分的定义和说明的原始数据，根据规范要求提供编辑、索引、完整性和一致性检查的功能。这种方式具有统计、报告、查询功能，可以定义某些加工中使用，但数据流程图上未注明的数据元素。这类计算机辅助工具称为计算机辅助系统工程（computer-aided systems engineering）工具，或称计算机辅助软件工程（computer-aided software engineering）工具，简称 CASE 工具。这些 CASE 工具提供 DFD 和 DD 的编制功能，具有图形处理、数据管理和文字编辑的能力，有的还能在系统设计与系统实施阶段提供帮助。

对于计算机辅助编写数据词典来说，最重要的是建立便于输入、查询与维护的数据库，这种数据库称为数据词典库。因此，除了采用商品化的 CASE 工具软件辅助编写数据词典外，也可采用通用的开发工具和数据库管理系统来创建数据词典库及相应的编辑、查询与检验程序。

(4) 数据词典举例。图 6—17 至图 6—21 列举出了数据词典中各类条目编写的例子，供读者参阅。

<table>
<tr><td colspan="5">数据流
系统名：学籍管理　　　　编号：＿＿＿＿
条目名：学生成绩通知　　　　别名：成绩通知单</td></tr>
<tr><td>来源：成绩管理</td><td colspan="4">去处：学生</td></tr>
<tr><td colspan="5">数据流结构：
学生成绩通知＝{学号＋学生姓名＋（课程名称＋成绩）＋（补考课程名称＋补考时间＋补考地点）} 所有在册学生</td></tr>
<tr><td colspan="5">简要说明：学生成绩通知在每学期期末考试结束后一周至下学期开学前一周期间内发给所有本期在册学生。</td></tr>
<tr><td rowspan="2">修改记录：</td><td>编写</td><td>张××</td><td>日期</td><td>2010.5.2</td></tr>
<tr><td>审核</td><td>李××</td><td>日期</td><td>2010.5.12</td></tr>
</table>

图 6—17　数据词典“数据流”条目举例

数据元素

系统名：学籍管理　　　　编号：______

条目名：学号　　　　别名：______

属于数据流：F_1-F_7　　　　存储处：D_1学生名册　D_2学生成绩

数据元素值：

代码类型	取值范围	意义
字符（由数字组成的字符串）	000001001～999920999	×××× ×× ×××

××××——学生入学年份

××——系别代号

×××——班级排名代号

简要说明：学号是学生的识别符，每个学生都有唯一的学号。

修改记录：	编写	张××	日期	2010. 5. 2
	审核	李××	日期	2010. 5. 12

图 6—18　数据词典“数据元素”条目举例

数据存储

系统名：学籍管理　　　　编号：D_1

条目名：学生名册　　　　别名：______

存储组织：	记录数：约 800	主关键字：学号
每个学生一条记录 按学号顺序排列	数据量：约 72K	辅关键字：学生姓名

记录组成：

项　　名：	学号	姓名	性别	出生年月	注册学期	修课代号 1……	修课代号 7	备注
近似长度：（字节）	7	10	2	4	4	6 ……	6	20

简要说明：

1）学籍变动（留级、转专业）在备注中说明。

2）重修课程在备注中说明。

修改记录：	编写	张××	日期	2010. 5. 2
	审核	李××	日期	2010. 5. 12

图 6—19　数据词典“数据存储”条目举例

<table>
<tr><td colspan="5">加工
系统名：学籍管理　　　　编号：3
条目名：成绩管理　　　　别名：</td></tr>
<tr><td>输入：学生修课名单
课程安排
学生成绩</td><td colspan="4">输出：教学安排
学生成绩通知单
学生修课情况与成绩统计</td></tr>
<tr><td colspan="5">加工逻辑：
1. 从学生名册中获取修同一课程的学生名单；
2. 统计每门课程的修课人数并报系部机关；
3. 从系部机关获取课程安排数据，包括各门课程的上课时间、地点；
4. 形成教学安排数据，其中包括各门课程的修课学生名单、上课时间、地点，通知有关任课教师；
5. 接收任课教师的学生成绩数据，并记录在学生成绩档案中；
6. 进行成绩统计，计算每门课程成绩优良、及格、不及格、缺考各项人数及比率，计算各科平均成绩并向系部机关报告；
7. 向学生发出学生成绩通知，并附补考安排。</td></tr>
<tr><td colspan="5">简要说明：课程安排由系部机关中教学管理人员直接向学生公布。</td></tr>
<tr><td rowspan="2">修改记录：</td><td>编写</td><td>张××</td><td>日期</td><td>2010.5.2</td></tr>
<tr><td>审核</td><td>李××</td><td>日期</td><td>2010.5.12</td></tr>
</table>

图6—20　数据词典“加工”条目举例

<table>
<tr><td colspan="5">外部项
系统名：学籍管理　　　　编号：W3
条目名：教师　　　　别名：任课教师</td></tr>
<tr><td>输入数据流：教学安排</td><td colspan="4">输出数据流：学生成绩</td></tr>
<tr><td colspan="5">主要特征：
教师：即本系统中为修课学生授课的任课教师，其主要特征是：教师姓名、讲授课程名称、联系地址。</td></tr>
<tr><td colspan="5">简要说明：
本系统不负责下达教师的教学任务，只是根据系部机关课程安排通知教师有关教学安排。</td></tr>
<tr><td rowspan="2">修改记录：</td><td>编写</td><td>张××</td><td>日期</td><td>2010.5.2</td></tr>
<tr><td>审核</td><td>李××</td><td>日期</td><td>2010.5.12</td></tr>
</table>

图6—21　数据词典“外部项”条目举例

资料来源：甘仞初：《信息系统开发》。

三、系统分析报告

按照管理信息系统生命周期开发方法，系统分析报告是管理信息系统开发过程中生成的第二个文档。系统分析文档主要是系统分析报告，是提交企业领导审批的正式书面报告。一旦系统分析报告通过审批，则标志着系统分析阶段结束，可以进入系统设计阶段。

（一）系统分析报告的结构

由本节前面的内容可知，系统分析会产生大量的图表，为使系统分析报告清晰，便于不同人员查看、参考，系统分析报告一般分为正文和附录两个部分。

(1) 正文主要阐述系统分析各环节的工作任务、内容、一般原则和方法、现行系统的分析、新系统逻辑模型设计的思想、综合性表格（如信息载体一览表）等内容。

(2) 附录给出新系统逻辑模型的表述，包括各种表格、图形等。

（二）系统分析报告的主要内容

企业的领导和相关业务人员一般不了解管理信息系统分析的流程和工作内容，为使他们尽快、准确地对新系统的逻辑模型做出审核，在系统分析报告中，概要阐述各环节的工作任务、内容、一般原则和方法是必要的。

为了帮助读者了解系统分析报告编写格式与内容方面的要求，现将国家计划委员会和国家标准局发布的《国家经济信息系统设计与应用标准化规范》中关于系统分析报告的内容指南介绍如下。

系统分析报告内容指南

1　引言

1.1　摘要

[摘要说明所建议开发的系统的名称、目标和功能]

1.2　背景

1）项目的承担者

2）用户

3）本系统和其他系统或机构的关系和联系

1.3　参考和引用资料

1）本项目的经核准的计划任务书或合同、上级机关的批文

2）属于本项目的其他已发表的文件

3）本文件中各处引用的文件资料

[列出上述文件资料的标题、编号、发表日期和制定单位，说明这些文件资料的来源]

1.4　专门术语定义

[本文件所用到的术语]

2　项目概述

2.1　项目的主要工作内容

[简要地说明本项目在开发中须进行的各项主要工作，这些工作是建立新系统逻辑模型的必要条件，而逻辑模型是书写系统分析报告的基础]

2.2　系统需求说明

[新系统是在现行系统的基础上建立起来的。在新系统设计工作开展之前，必

须对系统调查清楚，掌握现行系统的真实情况，了解用户的新要求和问题所在]

2.2.1 现行系统的现状调查说明

[列出现行系统的目标、主要功能、用户要求等，并简要指出问题所在]

2.2.2 业务流程说明

[简要说明现行系统现场工作流程和事务流程概况。反映这些业务流程的业务流程图可根据需要另附]

2.3 系统功能说明

[在现行系统现状调查的基础上，进一步通过具体工作，分析组织内信息、数据流动的路径和过程，真正弄清用户要解决什么问题，明确系统的功能要求]

2.3.1 新系统功能要求

[数据流程图是系统需求的高度概括，是调查研究的重要产物，它源于现行系统，又高于现行系统。这里主要通过数据流程图概况说明系统的功能要求]

1）新系统的目标

[在新系统数据流程图的分析中说明新系统有哪些目标]

2）新系统的功能要求

[列出新系统的主要功能]

3）验收

[简单说明分析员和用户一起讨论分析的验收结果是否达到要求]

2.4 系统的数据要求说明

[用数据流程图和数据词典分析逻辑数据结构，标识每个数据结构中的每个数据项、记录和文件的长度以及它们之间的关系]

2.4.1 系统的数据要求

[这里的数据是指静态数据，即在运行过程中主要作为参考的数据，它们在很长一段时间内不会变化，一般不随运行而改变]

1）数据项定义

[说明数据项定义中出现的例外情况，列出作为控制或参考的主要数据项]

2）容量

[本系统所有数据项的总长度]

3）用户

4）验收

[指出验收情况]

2.4.2 系统的数据要求的粗略估计

[粗略估算系统在运行过程中动态数据的内容]

上述工作，再加上环境对系统影响的估计，以及研制时间和人力、物力引起的费用估计，构成系统说明书。

3 实施总计划

3.1 工作任务的分解

[对于项目开发中应完成的各项工作，按系统功能（或子系统）划分，指

定专人（或小组）分工完成，指明每项任务的负责人]

3.2　进度

[给出每项工作任务的预定开始日期和完成日期，规定各项工作任务完成的先后顺序以及每项工作任务完成的界面]

3.3　预算

[逐项列出本开发项目所需要的劳务（包括工作量/人）以及经费的预算（包括办公费、差旅费、资料费等）]

（三）系统分析报告的审议

系统分析报告是系统分析阶段的工作报告，也是要提交审议的一份工作文件。系统分析报告一旦审议通过，就成为具有约束力的指导性文件，成为用户与技术人员之间的技术合同，也成为下阶段系统设计的依据，因此，系统分析报告的编写很重要。它应简明扼要，抓住本质，反映系统的全貌和分析人员的思想。它的质量优劣是系统分析人员水平和经验的体现，也是分析人员对任务和情况了解深度的体现。

对系统分析报告的审议是整个系统开发过程中一个重要的里程碑。审议应该由开发人员、领导、管理人员和局外分析专家共同进行。审议通过之后，系统说明书就成为系统开发人员与组织对该项目共同意志的体现，系统分析作为一个工作阶段也宣告结束。若有关人员在审议中对所提的方案不满意，或者发现分析人员对系统的了解有比较大的疏漏和误解，就需要重新进行调查分析，也可能发现条件不具备、不成熟，导致项目中止或暂缓。一般来说，在经过认真的可行性分析之后，出现这种情况的可能性不大。

上面提到的局外分析专家指开发过类似系统又与该组织无关的人。他们一方面协助审查分析人员对系统的了解是否全面、准确；另一方面审查提出的方案，特别是对系统实施后会给组织的运行带来的影响做出估计，而这需要借助他们的经验来完成。

第 2 节　系统设计

系统分析完成之后，需要根据系统调查所收集的内容和系统分析所得到的结果，设计出与新系统的逻辑模型相对应的物理模型，以达到所确立的系统目标，这个阶段就是系统设计阶段。

一、系统设计概述

（一）系统设计的主要任务

系统设计阶段的主要任务是针对新系统的目标，依据系统分析阶段建立的逻辑模型，确定新系统的软件/总体结构和功能模块之间的关系，设计系统实现的物理方案，即系统的物理模型。系统分析阶段解决管理信息系统“干什么”的问题，系统设计阶段则解决管理信息系统“怎么干”的问题。系统设计从管理信息系统的逻辑模型出发，以系统分析报告为依据，逐步展开对系统物理模型的设计。

系统设计阶段的主要工作分为总体设计和详细设计。总体设计是根据逻辑模型来完成系统软件体系结构、系统计算模式、系统运行平台等方面的设计；详细设计是根据总体设计来完成数据存储、用户界面、安全等方面的设计。

只有通过系统设计，才能把逻辑模型准确地转换为用户所需的物理模型。系统设计的工作质量直接影响管理信息系统的优劣，决定新系统的质量和所能产生的效益大小，以及将来系统维护的难易程度。

（二）系统设计的特点及要求

1. 系统设计的特点

系统设计的主要任务是提出合理的计算机软硬件系统的技术方案，并采取具体的技术措施来满足用户需求，因而大量工作是技术性的。这就是说，系统设计人员的工作环境首先是技术环境。同时，系统设计人员对系统的逻辑功能和用户的各类需求必须有深刻的、切实的理解。系统分析说明书是对系统逻辑功能的详细说明，但在系统设计阶段仍需就一些可能出现的含混不清和模棱两可的细节问题征求用户的意见，以便进一步了解用户对系统分析阶段提出的信息需求的解释，要允许用户对已提出的信息需求做非原则性的修改或补充，如有原则性的修改，则必须提出对系统分析说明书的修改意见。同时，一些在系统分析说明书中没有反映的用户在操作使用和运行环境等方面的具体要求，也要在系统设计阶段加以明确并在系统的技术方案中得到反映。因此系统设计人员还需要与管理环境打交道，系统设计工作的环境是管理环境和技术环境的结合，这是这一阶段工作的重要特点。

2. 系统设计的要求

对于系统分析阶段得到的各项逻辑功能，在系统设计过程中可能存在多种设计方案，因此在系统设计阶段还必须提供一组评价标准来对这些方案进行评判。评价系统的物理模型主要有以下几个指标：

（1）系统的正确性。所设计的系统应该能够正确运行，达到用户的要求，并且在系统实施后相当长的一段时间内不会发生大的系统改造。保证系统的正确性是系统设计的基本要求。

（2）系统的可靠性。系统的可靠性包括系统的容错能力、恢复能力、安全性和保密性等。对于一个可靠的系统，其平均故障间隔时间长，平均排除故障所用的时间短。系统的可靠性可以借助备份系统、输入检验等手段来提高，还可以通过设置口令、存取权限、防火墙，安装防病毒软件，以及定期查杀病毒等方式来实现。

（3）系统的运行效率。系统的响应时间和处理速度反映了系统的运行效率。对于不同应用背景的系统，其运行效率的要求也有所不同。例如，银行管理信息系统的响应时间应该尽可能短。影响系统运行效率的因素有系统的硬件设施、网络设计、数据组织方式、数据存取方式、软件算法设计等。

（4）系统的可移植性和易修改性。系统的可移植性是指系统不做改动或仅做少量改动，就可在不同的硬件环境或软件环境中运行；易修改性是指系统的各个部分应当具有较强的独立性，在系统做出局部修改时，能够尽可能地不涉及全局。随着企业经营环境的快速变化以及信息技术的飞速发展，企业对管理信息系统的需求会不断发生变化，因此系统要适应这种需求的变化，就必须具有可移植性和易修改性。

（5）系统对用户的友好性。在建立和改造管理信息系统时要始终牢记将来使用系统的是用户而不是设计者，因此用户对系统的接受程度决定了系统能否成功。在设计用户界面时，需要考虑用户操作是否方便，屏幕显示是否符合用户的习惯，提供的结果是否易读、易懂等。

（6）系统的经济性。系统的经济性是指系统的收益与支出之比。在系统的可行性研究阶段，对系统的成本以及在经济、管理和社会方面可能产生的价值进行了估计，而在系统开发完成之后，还要对这些成本和收益进行评估。不可见的收益，如管理水平、工作效率的提高，其价值的体现不但与系统的功能、好坏有关，人员因素也起着决定性的作用。

（7）系统的安全性。系统的安全性是指系统的保密功能和防病毒功能。系统的功能、效率、工作质量、可靠性、可变更性、经济性、安全性等指标既相互联系又彼此制约，在一定程度上也是相互矛盾的。例如，为了提高系统的可靠性，就要采取一些校验和控制的措施，这样系统的效率就会受到一定的影响。但从另一个角度看，系统可靠性的提高加强了抗干扰能力，系统能不间断地运行，中断时间的减少又会提高系统的效率。某些系统对可靠性的要求很高，要选取可靠性高的设备，显然成本会大幅增加，经济性下降。这些制约关系说明在系统设计时，应根据系统的具体情况有所侧重。

从上面的分析可以看出，系统设计必须推出一套易于理解、易于维护的系统。为了分析具备什么特点的系统易于修改，必须先找出修改一个系统的困难来自何处。对于系统的修改，往往是某功能块或若干功能块结合关系的某些变动，这种修改本身并不困难，困难的是掌握需要修改的地方和这一修改对其他部分的影响。我们知道，系统的各个部分之间存在控制、调用、数据交换等种种联系，对某一部分的修改都会直接或间接影响到系统的其他部分。因此，要对系统进行某一部分的修改，必须十分小心地追踪这一修改所涉及的各个部分，这才是系统难以修改的主要原因。为了使系统容易修改，要注意以下几个问题：

首先，把系统划分为几个部分，其中每一部分的功能要简单明确，内容要简明易懂、易于修改。我们通常将这样的部分称为模块。

其次，系统分成模块的工作要按层次进行。先把整个系统看成一个模块，按功能分解成若干第一层模块，这些模块相互配合，共同完成整个系统的功能；然后按功能分解第一层的模块，依次下去，直到每个模块都十分简单。

再次，每个模块应尽可能独立，即尽可能减少模块间的调用关系和数据交换关系。

最后，模块间的关系要阐明，这样，在修改时可以进行追踪和控制。

总之，一个易于修改的系统应该由一些相对独立、功能单一的模块按照层次结构组成。这些模块之间不必要的联系都已去掉，而且它们的功能及相互关系都已阐明。这就是结构化设计的思想。

系统设计是分析输入/输出、处理和控制的要求，系统总体规划只描绘了各主要处理活动之间的关系，系统详细设计则扩展到包括所有处理活动和有关的输入/输出，这是系统开发过程的基础活动。正是这一步，将分析说明书与具体的技术和方法结合在一起来实现一个系统。

二、系统设计的主要内容

（一）系统总体结构设计

系统总体结构设计是根据系统分析的要求和组织的实际情况对新系统的总体结构形式和可利用的资源进行大致设计，是一种宏观、总体上的设计和规划。系统总体结构设计的主要内容有子系统划分、功能模块设计和系统运行平台的设计。

1. 子系统划分

（1）子系统划分的任务和原则。按照系统的思想，划分子系统的目的就是将复杂的、难以研究的大系统划分成若干简单的、易处理的子系统。一个企业的管理信息系统涉及多个部门、多种管理职能，是一个大型系统，作为一个整体来开发，难度较大。因此，必须将企业管理信息系统划分为若干子系统。

划分管理信息系统的子系统，有管理上的要求，也有技术上的要求，其主要原则有如下几点：

1）企业发展的需求。由于管理信息系统要求高于原系统，因此在划分子系统时，既要考虑企业现行组织结构和管理工作，也要考虑系统适合企业发展的需要，便于现代化管理思想、管理方法的实施，便于生产经营和管理。

2）高凝聚性。高凝聚性要求子系统内部在数据和功能等方面的凝聚性较高。

3）相对独立性。子系统之间的数据和功能的相对独立性较高，数据关联较少。数据关联较少使系统网络中传送的数据减少，从而可以减轻网络负担。子系统之间的相对独立性便于管理信息系统的分阶段实施。

（2）子系统划分方法。划分子系统的常用方法有参照法、职能法和过程/数据类法三种，不同的方法各有利弊，应该根据实际情况选择一种方法。

1）参照法。参照法是选择一个已经实施的管理信息系统，按照其子系统的划分来确定本企业的子系统。采用这种方法时，要考察所选企业与本企业的相似性，包括战略规划、组织结构、管理模式等若干问题，还要分析所选企业管理上的先进性。通常需要在考察多个企业后，从中选择一个较好的企业作为参考。该方法简单，有可借鉴的经验和教训，便于系统的实施。

2）职能法。职能法是参考企业现行组织机构的设置来划分子系统。按照管理理论和方法设置的组织机构，其部门的设置基本符合子系统划分的原则，部（处）科（室）之间的联系相对较弱，而内部联系密切。采用这种方法时，要重点研究企业现行的组织机构、管理模式是否真正符合管理理论和方法的要求，是否适应市场竞争的环境。该方法的特点是划分简单，费用很低，便于实施，但是部门内有重复的业务活动，不合理的设置难以消除。目前，我国许多企业管理信息系统的子系统划分通常采用该方法。但是对于前些年采用职能法开发管理信息系统的企业来说，近几年的企业改革调整影响了管理信息系统的运行。

3）过程/数据类法（U/C 矩阵法）。参照法和职能法都是主观方法，难免受相关人员主观因素的影响。要使管理信息系统具有较强的适应能力，应该采取依据企业数据处理、业务工作需要的客观的方法来划分子系统，过程/数据类法就是这样一种方法。

遵照子系统划分的主要原则，为保证子系统内部的高凝聚性和子系统之间的相对独立性，应采取过程/数据类法来划分子系统。其中“过程”对应用户功能需求分析中得到的“功能需求”（见表 6—1），“数据类”对应信息需求分析中得到的“信息需求”以及数据模型设计中得到的数据。

从数据处理的角度来分析，过程和数据类之间的关系只有三类：产生并使用（create，C）、使用（use，U）、无关（null），即 C 表示某流程或者活动产生并使用相应的数据类，U 表示某流程或者活动仅使用相应的数据类，无关表示某流程或者活动既不产生也不使用某数据类。

根据功能需求以及信息需求，获得的初始 U/C 矩阵（use/create matrix，U/C）如表 6—2 所示。尽量按照企业产品或者服务的生命周期顺序将过程和数据类在表中分别从上向下按行排列，从左向右按列排列。一般企业的过程或者活动和数据类很多，因此表 6—2 中尽量列举主要的业务过程和数据类。当排列完成后，针对每一数据类，依次判断每个业务过程是否与之相关（产生、使用），然后在相应的格中填入相应的符号（C，U），“无关”则不标识。每个数据类至少要由一个过程产生，若一个数据类由多个过程产生，那么应该考虑将这个数据类分解。当对全部数据类的判断完成后，则建立了初始 U/C 矩阵。

表 6—2　　**U/C 矩阵**

过程 \ 关系 \ 数据类	数据类 1					…						数据类 n
过程 1												
⋮												
过程 m												

在初始 U/C 矩阵中，采用表上作业法，调整表中的列、行，使子系统的边界能较为清晰地显示出来。具体方法为通过多次行行变换、列列变换，使字母“C”尽量移动到表中的对角线上，调整行、列并不改变过程和数据类之间的关系，因此

调整后的 U/C 矩阵是不变的。

调整过程直到大多数字母“C”调至从左上角至右下角的对角线上为止（因为要想将全部的字母“C”调整到对角线上是很难的，有时是不可能的），得到最终的 U/C 矩阵。在最终的 U/C 矩阵中，用若干不重叠的矩形将对角线上的字母“C”覆盖，这样每个矩形代表一个子系统，矩阵之间的字母“U”表示子系统之间的数据流。

当系统规模较大时，相应的数据类、过程也会很多，从而导致 U/C 矩阵过大而难以操作。因此，在构建初始 U/C 矩阵时，暂时不必考虑次要的过程和数据类，当子系统划分完成后，根据划分出来的子系统，再将未考虑的过程划归到相应的系统中。

当子系统划分完成后，要明确列出各子系统的总体目标和工作范围等（见表 6—3）。

表 6—3　　子系统说明

序号	名称	总体目标	工作范围

例如，某商品批发公司根据详细调查和用户需求分析的资料，采用过程/数据类法划分子系统，其初始 U/C 矩阵如表 6—4 所示，调整后的最终 U/C 矩阵和划分的子系统如表 6—5 所示。由表 6—5 可知，该商品批发公司的管理信息系统划分为物资计划、合同管理、采购管理、销售管理、库存管理、财务管理和人力资源管理七个子系统，各子系统之间的数据流也清晰可见。

表 6—4　　初始 U/C 矩阵

过程 \ 关系 \ 数据类	物资需求	采购合同	物资进货	物资销售	物资库存	财务	进销存费用	物资计划	商品价格	客户	供应厂商	职员	工资	职员考勤
货源管理	U	U	U							U	C			
销售预测	C			U						U				
需求计划	C									U				
采购计划	U				U			C						
合同登记		C								C	U			
合同执行		U	U								U			
核价									C		U			
入库登记			C						C		U			
进货质检		U	U											
开发货票				C					U	C				
售后服务				U						U	C			
库存统计					U				U					
库存控制					U									
财务记账			U	U		C	U			U	U			
财务结算			U	U		C	C			U	U			

续前表

过程 \ 数据类（关系）	物资需求	采购合同	物资进货	物资销售	物资库存	财务	进销存费用	物资计划	商品价格	客户	供应厂商	职员	工资	职员考勤
人事计划												C	U	U
人员考核												U		C
工资管理												U	C	U

资料来源：薛华成：《管理信息系统》，5 版。

表 6—5　　**调整后的最终 U/C 矩阵**

过程 \ 数据类（关系）	物资需求	物资计划	供应厂商	采购合同	物资进货	商品价格	物资销售	客户	物资库存	进销存费用	财务	职员	职员考勤	工资
销售预测	C					U		U						
需求计划	C		←物资计划					U						
采购计划	U	C							U					
货源管理	U		C	U	U			U						
合同登记			U	C	←合同管理			C						
合同执行			U	U	U									
进货质检				U	U									
入库登记			U		C	C	←采购管理							
核价			U			C								
开发货票						U	C	C	←销售管理					
售后服务			C				U	U						
库存统计						U			C	C	←库存管理			
库存控制									U					
财务记账			U		U		U	U		U	C	←财务管理		
财务结算			U		U		U	U		C	C			
人事计划												C	U	U
人员考核								人力资源管理→				U	C	
工资管理												U	U	C

资料来源：薛华成：《管理信息系统》，5 版。

2. 功能模块设计

从系统的观点出发，管理信息系统的功能体现了系统与外部环境信息的输入/输出的转换关系，是系统内部固有能力的外部表现。因此功能模块设计的主要任务是根据用户需求分析中的功能需求分析和辅助决策需求分析的结果，按照子系统的划分，确定新系统的目标，确定新系统的功能范围和功能结构、功能模块，把用户的功能需求分析的设想变成正式的方案。

由于划分的子系统可能与现行系统不同，因此功能模块的设计按照子系统分别进行。功能模块设计的基本步骤如下：

(1) 确定子系统的工作目标。系统目标分析工作在现行系统的目标分析、问题分析的基础上，从现行组织机构或部门的业务工作、管理工作以及决策的角度，对新系统进行目标需求分析。子系统工作目标的确定要以这个目标需求为基础，根据子系统划分时确定的子系统总体目标和业务范围，确定子系统具体的工作目标。

例如根据表 6—5 中子系统的划分，与合同管理子系统相关的数据类有合同、客户和供应厂商，主要业务过程有货源管理、合同登记和合同执行，还有企业对合同管理的要求，因此其工作目标确定如下：

1）及时完成合同数据的增删改，使企业其他子系统能共享合同信息。

2）及时收集、保存合同变更信息和执行信息。

3）提供合同各种信息的实时查询。

4）按时编制合同报表。

5）及时收集客户、供应厂商信息，建立相关档案。

6）及时为相关领导提供合同签订、变更、供货、未执行等信息查询和分析。

7）及时为相关领导提供供应厂商分析。

（2）设计子系统功能。子系统的功能一般分为辅助日常业务的功能、信息查询功能及辅助决策功能。

辅助日常业务的功能、辅助决策功能可以由表 6—5 获得，信息查询功能则需要系统分析人员根据详细调查的资料、信息需求分析和辅助决策需求分析的结果，从中提取各级管理人员、企业领导以及业务人员的信息查询要求，从而设计相应的功能。

子系统功能用树型图来表示。在进入下一步之前，应该将所设计的子系统功能与相关领导、业务部门等讨论，不断完善子系统的功能，直到用户满意为止。

若采用参照法划分子系统，可以根据所参照的企业或者系统，结合用户需求分析信息来设计子系统的功能结构；若采用职能法划分子系统，则结合用户需求分析信息来设计子系统的功能；若采用过程/数据类法划分子系统，U/C 矩阵提供了子系统功能设计信息。但是有时由于企业的业务过程种类太多，而 U/C 矩阵只列出了其中主要的业务过程，因此在进行子系统功能设计时，还应该参考用户需求分析的相关资料。

图 6—22 显示了表 6—5 中合同管理子系统的功能。

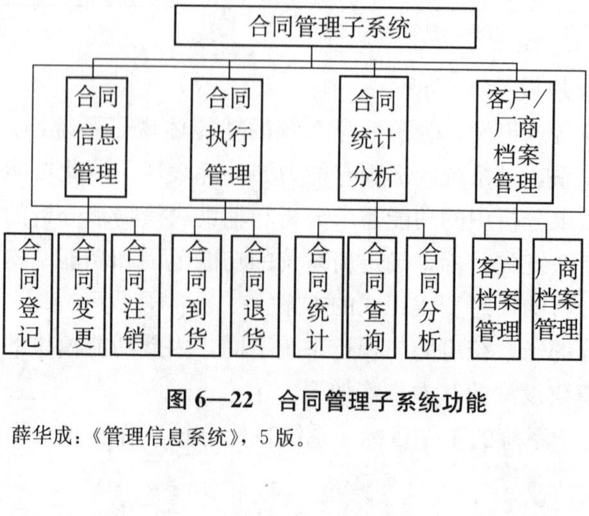

图 6—22 合同管理子系统功能

资料来源：薛华成：《管理信息系统》，5 版。

3. 系统运行平台的设计

系统运行平台是指管理信息系统运行所依赖的硬件和软件，因此其设计就是针对新系统的目标，在各种技术手段和实施方法中权衡利弊，合理地利用各种资源，选择适当的计算机硬件、网络通信设备及其他辅助设备、软件，以满足新系统逻辑模型的需要和技术需求。系统运行平台设计的内容主要包括系统网络配置、硬件平台选择、软件平台选择等。系统运行平台设计是每一个企业在开发管理信息系统时都要遇到的问题，影响着整个系统的成败。

根据不同计算模式的使用，系统运行平台也可以分为前台和后台，其中前台是管理信息系统终端用户操作的部分，后台包括提供各种服务功能（如数据库服务、Web 服务、事务服务）等部分。

系统运行平台还可以分为客户端以及服务器端（这里服务器是指逻辑服务器）。

（1）软件选型。系统软件、实用软件构成了管理信息系统的软件平台。一个好的管理信息系统的软件平台必须能够与硬件平台、系统要求和系统环境很好地匹配，才能保证管理信息系统的开发运行更易成功、运行效率高、便于维护。

1）数据库管理系统。根据数据模型的不同，数据库管理系统分为很多种，例如层次型、网络型、关系型、面向对象型等，其中关系型数据库管理系统是目前使用较为广泛的一种。随着 Web 技术在管理信息系统开发中的大量使用，XML 数据库管理系统成为一种新的选择，如以纯 XML 为基础的数据库管理系统 Tamino。

数据库管理系统的选择应考虑数据库性能以及各种支持能力，例如对所选计算模式的支持、数据库的开放性、对开放数据库互联（Open Data Base Connect，ODBC）的支持、对异质网络和异质操作系统的支持、对移动计算和网络计算的支持等，还要考虑易安装与易维护等因素。

现在市场上可供选择的数据库管理系统种类是有限的，常用的有 Oracle，Sybase，Microsoft SQL Server，IBM DB2，Informix 等，以及开源的数据库管理系统 MySQL。除数据库管理系统外，不同的供应商还提供了可选的数据管理的其他软件，导致选型有一定难度。同时数据库管理系统的选择还受操作系统的限制，例如 Microsoft SQL Server 只能在 Windows 平台上运行。

2）应用软件开发的工具或计算机语言。开发管理信息系统应用软件的一类实用软件可以是一般的计算机算法语言，也可以是开发工具。后者为开发应用软件提供了一个功能齐全的集成环境，例如编程、常用的图形、跟踪等。这类实用软件根据提供商的不同，分为数据库开发工具和第三方开发工具。前者由数据库厂商提供，主要针对数据库产品本身的开发，这类产品集成其他数据源的能力较差，例如 Oracle 公司的 Developer/2000、Sybase 公司的 PowerBuilder、Informix 公司的 Informix-NewEra。后者由第三方提供，这类产品一般具有良好的开放性，可支持多种数据源，同时界面也非常友好，例如 Borland 公司的 Delphi 客户/服务器版、Microsoft 公司的 Visual Basic 等。

（2）硬件选型。硬件选型应与用户紧密结合，以方便、实用为目的，注重系统的安全性与可靠性，以及技术和设备的先进性。在保证系统功能及其结构先进与可扩充的前提下，考虑到计算机硬件更新换代快、降价快、性能价格比提高快等特殊性，硬件一步到位的想法是不可能实现的，系统性能过多地超出应用需求实际上是一种浪费。在计算机技术飞速发展的今天，计算机厂商不断地推出新产品，其性能价格比均极大地优于旧产品。例如硬盘技术，1994 年时 1GB 的硬盘价格与 1997 年时 9GB 的硬盘价格相当。根据摩尔定律，“计算机芯片功能每 18 个月翻一番而价格保持不变”，一台最新的计算机在一年半以后，在性能上将大大落伍，在价格上将大大贬值。

在硬件的选型方面，要将硬件配备的重点放在稳定、性能可靠及可扩充、可升级方面，应尽量使得用户所投资的设备至少不会在一两年之内被废弃，而且系统能够随用户自身的发展而不断发展下去。因此，选择适当的硬件成为合理控制投资、降低开发风险的重要因素之一。

1）主要的硬件配置。硬件配置是建立在系统调查、技术需求以及软件选型基础之上的，主要考虑以下几类设备：

A. 服务器。服务器是整个系统的中心，它决定了整个系统的性能。不同的服务器对硬件各有一定的要求。当一台计算机在系统中兼做多种服务器时，则必须考虑各类指标的平衡问题，注意选用不同型号的部件。硬件的选择必须与操作系统和数据库管理系统的选择统筹考虑。

B. 网络设备。在确定了系统所需的计算机类型和数量之后，根据各业务位置分布和有无联机通信的要求来决定是否需要与网络相连以及怎样与网络相连。网络设备包括网卡、集线器、交换设备、各种型号的访问设备等，对网络设备的要求是安全可靠、抗干扰性强，但价格却不能过于昂贵。对网络设备的选择既要考虑设备自身的特性，更要考虑网络结构的要求。

C. 外部设备的配置。外部设备包括各种输入/输出设备，其中外存设备是一类重要的设备。外存设备有磁带、硬盘、光盘、软盘等多种。对外存设备的考虑不仅取决于系统所处理的数据量，也取决于系统对数据处理时间的要求和存取方式的限制。

输入/输出设备还包括键盘、鼠标、POS 机、显示器、打印机、条形码阅读器、无线射频识别设备等，有通用和专用之分。输入/输出设备是直接与用户打交道的设备，其选型的好坏直接关系到系统能否正常运转，因此在输入/输出设备的选型上要考虑外观、性能、质量、是否操作方便等。

D. 安全设施的选择。对于管理信息系统的硬件来说，安全设施包括不间断电源、防雷/防潮设施、安全加密设施等。

2）硬件选型的原则。硬件平台则是系统正常运行的“引擎”，是那些需要经常维护的系统。维护工作本身往往就是最常见的故障源。而拥有高可靠性的硬件平台，可使年宕机概率达到最低，保证管理信息系统的正常运行，最大限度地避免企业因为系统故障而引发的经济损失。

（二）代码设计

目前的计算机还无法识别客观世界中的任何一种具体的事物，只能识别 ASCII（美国国家信息标准代码）字符集中的 256 个基本字符和数字，因此，计算机管理信息系统设计的基本前提是把管理对象数字化或字符化，这就是代码设计。

代码就是用来表征客观事物的实体类别，以及属性的一个或一组易于计算机识别和处理的特定符号或记号，它可以是字符、数字、某些特殊符号或它们的组合。

代码的种类很多，下面介绍几种主要的、常见的代码类别及其优缺点。代码间的相互关系见图 6—23。

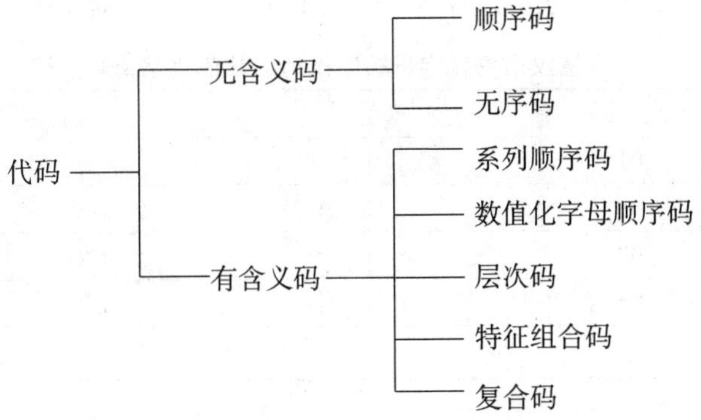

图 6—23　代码的分类

资料来源：甘仞初：《信息系统开发》。

1. 无含义码

无含义码只起代替编码对象名称的作用，并不提供有关编码对象的其他信息，有顺序码和无序码两类。

（1）顺序码。是一种最简单、最常用的代码。此种代码是将顺序的自然数和字母赋予编码对象。例如：GB/T 2261—1980《人的性别代码》中，1 为男性，2 为女性。通常非系统化的编码对象采用此代码。其优点是代码简短，易于管理，易于添加，对编码对象的顺序无特殊要求。缺点是代码本身不给出有关编码的其他信息。

（2）无序码。是将无序的自然数或字母赋予编码对象。此种代码无任何规律，是由机器的随机程序编写的。

2. 有含义码

（1）系列顺序码。是用连续数字代表编码对象的代码，通常从 1 开始，如张平的职工号为 0001，王立为 0002……系列顺序码因为没有逻辑含义作基础，一般不能说明信息的任何特征，但在有些场合下使用它比较方便。

块码是系列顺序码的特例，将系列顺序码分为各个块，每块代表一定类型的编码对象，这种编码允许扩充。

（2）数值化字母顺序码。数值化字母顺序码是按编码对象名称的字母排列顺序编写的代码。此种代码是将所有的编码对象按其名称的字母顺序排列，然后分别赋予不断增加的数字码。

例如，按英文字母顺序排列的数值化字母顺序码如表 6—6 所示。

表 6—6　按英文字母顺序排列的数值化字母顺序码

代　码	名　称
01	Apple（苹果）
02	Banana（香蕉）
03	Cherries（樱桃）
⋮	⋮

资料来源：甘仞初：《信息系统开发》。

又如，按汉语拼音字母顺序排列的数值化字母顺序码如表 6—7 所示。

表 6—7　按汉语拼音字母顺序排列的数值化字母顺序码

代　码	名　称	
01	an	安
02	bai	白
03	chai	柴
04	dai	戴
⋮	⋮	

资料来源：甘仞初：《信息系统开发》。

(3) 层次码。层次码适用于线性分类体系，它是以分类对象的从属、层次关系为排列顺序的一种代码。对产品来讲，可以按工艺、材料、用途等属性来排列顺序。编码时，将代码分成若干层次，并与分类对象的层次相对应，代码从左至右表示的层次由高至低，代码的左端为最高层次代码，右端为最低层次代码。每个层次的代码可采用顺序码或系列顺序码。

(4) 特征组合码。特征组合码常用于面分类体系。它是将分类对象按其属性或特征分成若干个“面”，每个“面”内的诸类目按其规律分别进行编码。因此，“面”与“面”之间的代码没有层次关系，也没有隶属关系。使用时，根据需要选用各“面”中的代码，并按预先确定的“面”的顺序将代码组合，以表示类目。

(5) 复合码。复合码是一种应用较广的有含义的代码，常常由两个或两个以上完整的、独立的代码组成。例如，由分类部分和标识部分组成的复合码是将编码对象的代码分成分类部分和标识部分两段。分类部分表示分类编码对象的属性或特征的层次属性关系；标识部分起分类编码对象注册号（即登记号）的作用，常采用顺序码或系列顺序码。

3. 代码的校验

校验码又称校验位。为了保证正确的输入，有意识地在编码设计结构中原代码的基础上，通过事先规定的数学方法计算出校验码（一位或两位），附加在原代码的后面，使它变成代码的一个组成部分；使用时与原代码一起输入，此时计算机会用同样的数学运算方法对输入的代码数字计算出校验位，并将它与输入校验位进行比较，以检验输入是否有错。

（三）输出、输入及用户界面设计

用户界面设计目前已成为评价软件质量的一个重要指标，用户界面是指软件系统与用户交互的接口，通常包括输出、输入、人机对话的界面与方式等。下面分别讨论。

1. 输出设计

输出是指由计算机对输入的原始信息进行加工处理，形成高质量的有效信息，并使之具有一定的格式，供管理者使用，这是输出设计的主要职责和目标。

输出设计主要涉及以下内容：

（1）输出信息使用方面的内容：使用者、使用目的、报表数量、使用周期、有效期、保管方法以及复印份数等。

（2）输出信息的内容：输出的项目、位数、数据形式（文字、数字）。

（3）输出设备：显示终端、打印机、卡片输出机、绘图仪、声、像等多媒体设备。

（4）输出介质：纸张、磁盘、磁带或其他多媒体介质。

从以上输出设计所涉及的内容来看，我们选择什么样的数据输出方法和手段，取决于使用什么样的输出设备和输出介质，目前，报表输出是使用较为广泛的一种输出方式，但报表格式的设计不仅应符合使用者的要求，还要受到输出设备、输出介质等客观条件的约束。因此，在设计一个输出报表时，首先要考虑的是用户的要求，用户满意是报表设计的基本原则，在这一基础上，还要考虑现有输出设备的支持环境，必要时可购置新的输出设备。

目前，大部分管理信息系统都为用户提供专门的报表处理工具，其功能之强大，内容之丰富，足以解除用户在这方面的后顾之忧。

2. 输入设计

输入设计必须根据具体应用的要求来确定。数据的产生是非常分散的，我们几乎不可能将一个信息系统的计算机设备分配至每一个数据的产生地点。当然，现在已有这种趋势，条形码的普遍应用就是这种趋势的一个证据。但在更多的场合，把计算机设备分配至每一个数据产生地点是不经济的，也完全没有必要。在一个实际的管理系统中，人工的信息处理通常是必不可少的，因此，人工的信息处理和计算机的信息处理就必然存在一个接口问题，这个接口相对于计算机来讲就是原始数据表格。可以说，原始数据表格是计算机信息系统的生命线，是信息系统工作的基础。

一般来说，输入数据的收集和录入是比较费事的，需要大量人力和一定的设备，而且容易出错。如果输入系统的数据有误，则处理后的输出将扩大这些错误，因此，输入设计的出发点是确保向信息系统提供正确的信息。

表 6—8 列出了目前常用的输入设备。有的设备自动化程度高，有的则自动化程度低，自动化程度低的设备一般成本较低。因此输入设备应该根据输入数据的特点以及企业可承受的投资来决定。

表 6—8 常用的输入设备

输入设备	特点
光学条形码阅读机	可以将条形码转换成编码输入，适用于商品销售
读卡机	将卡片上的数据成批输入，目前已较少使用
键盘	直接输入，无须媒介转录，简单方便，是目前常用的输入设备，输入速度较慢
磁盘驱动器	逐个或批量读入磁盘上的记录或文件，可用于大数据量的输入，成本低、携带方便、速度快
磁性墨水阅读器	能识别用磁性墨水书写的单据，经转换输入计算机，处理效率高，适用于银行支票处理等
光学字符识别装置	直接阅读符合规范要求的原始凭证上的数字和符号，只能识别有限的、特定的字形和符号
语音识别输入	通过语音识别将语音转换成数据输入，简单方便，识别率不高
触摸屏	通过对屏幕的触摸输入相应的选项，常用于广告展示、公共查询等
光笔输入	将笔画转换成数据或字符
鼠标选择输入	适合数量较少的场合
无线射频识别设备	通过对物品上电子标签的自动识别、扫描，完成数据输入

资料来源：蔡淑琴：《管理信息系统》。

3. 人机对话设计

人机对话主要是指在计算机程序运行中，使用者与计算机系统之间通过终端屏幕或其他装置进行一系列交替的询问与回答。对话设计的任务是与用户共同确定对话方式、内容与具体格式。

人机对话的方式有多种，如光笔屏幕方式、键盘—屏幕方式和正在研究中的声音对话方式等。键盘—屏幕方式是主要的人机对话方式。屏幕是系统对用户的窗口，如果设计得不好，会使用户对整个系统失去信任。故此种对话设计又称屏幕设计。

(1) 菜单式。系统通过屏幕显示出各种可供选择的内容，用户根据显示的内容输入有关代号，或用鼠标或通过键盘上的→ ←键和回车键配合，来进行人工对话，这种对话称为菜单方式。该方式好像点菜，供选择的项目一目了然，回答简短，容易掌握。

(2) 填表法。将需要输入的项目先显示在屏幕上，用户根据项目输入相应的数据。这种方法类似于填表，使用户不至于遗漏项目，输入格式是由系统控制的。

(3) 回答法。当程序执行到一定阶段，屏幕上进行提问，待用户回答后，再进入下一阶段运行。回答的方法有两种：一种是简单的“Y”(YES) 或“N”(NO)，另一种是根据提示键入其他有关字符。

(4) 提问法。主要是用户向机器查询，在这种方式中用户是主动的。用户可以用自然语言或其他经过加工的缩略语进行查询，但必须采用预先规定的格式。机器实时检索后由屏幕显示查询结果。

此外，还可以在人工对话的同时，辅以不同的事先约定的声音来提示操作者进行操作，或对操作者操作正确与否做出判断。

(四) 数据库与处理过程设计

1. 数据库设计

信息系统的主要任务是通过细节数据获得管理所需要的信息，这就要求存储和管理大量的数据。因此，建立一个良好的数据组织结构和数据库，使整个系统都可以迅速、方便、准确地调用和管理所需的数据，是衡量系统开发工作好坏的一个重要指标。数据结构和数据库设计就是根据数据的不同用途、使用要求、统计渠道、安全保密性要求等，来决定数据的整体组织形式及表和文件的形式，以及数据结构、类别、组织方式等。

一个好的数据结构和数据库应该充分反映信息流发展变化的状况，充分满足组织的各级管理要求，同时还应该有使后继系统的开发工作方便快捷、系统运行费用低、易于管理和维护等特点。在管理信息系统中，对数据的存储和管理方式有文件和数据库两种。目前数据库技术的发展使分析和建立数据结构的工作变得越来越重要，因此，首先要做的就是将数据组织成规范化的形式，数据组织的规范化是建立关系数据库的基本范式。在数据的规范化表达中，将一组相互关联的数据称为一个关系，这个关系下的每个数据指标项被称为数据元素。这种关系对应到具体的数据库上就是表，数据元素就是表中的字段。规范化表达还规定在每一个表中必须定义一个数据元素为关键字，它可以唯一地标识出该表中其他相关的数据元素。具体的内容可以参阅数据库设计的相关图书，这里不再详细介绍。

在对数据进行规范化后，运用 E-R 模型（entity relationship model，E-R）工具建立整体数据的关系结构。这一步设计完成后，数据库和数据结构设计的工作就基本完成了。到系统实现时，将数据分析和数据词典的内容对应到整体数据结构中，规范化的数据库结构就建立起来了。

另外，在建立了数据的整体关系结构之后，还要确定数据资源的分布和安全保密性。

数据资源的分布是针对网络数据库（或称分布式数据库）而言的。也就是说，若系统是在网络环境下进行规划和设计的，在对数据库进行设计时，就要考虑整个数据资源在网络各节点上的分配问题，否则，下一步的网络建设及系统实现工作就无法按预定的方案进行。同一子系统的数据应该尽量放在该子系统所使用的机器上，只有需要公用的数据和最后统计汇总类数据才放在服务器上。这样可以避免网络数据的通信紧张，还可以提高系统效率。

考虑系统资源分布最好的依据是功能/数据类矩阵的分析结果。在整理之后的矩阵图中，方块内对应的数据放在子系统的本地计算机设备上，而对于子系统内部产生的要被其他子系统调用的数据项，则应该在产生后送到服务器上供其他子系统使用。

数据的安全性保护是指防止机密数据被泄漏，防止无权者使用、修改数据。完整性保护是指保护数据结构不受破坏，保证数据的正确性、有效性和一致性。由于数据的保护和计算机系统环境的保护是密切相关的，因此这个问题要在更大的范围内才能解决，例如，计算机所处的环境，硬件、软件及通信设施等方面的保护。在系统的设计和实施阶段，主要是从软件方面设计和实现数据保护的功能。

2. 处理过程设计

如前所述，在总体结构设计阶段已经描述了子系统划分和各个子系统的模块结构，确定了模块的外部特征，即功能和界面，最后的工作就是对每个模块内部的执行过程进行描述，包括数据组织、控制流、每一步的具体加工要求和实施细节。目的是通过这样的设计，为编写程序制定一个周密的计划，也可以对功能简单的模块直接编写程序。描述处理过程的工具有很多，比如传统的 HIPO 图、控制结构图、结构化语言、判断树、判断表等，其中比较重要的是 HIPO 图，它是由模块结构图和若干张具体模块内部展开的 IPO 图组成的。IPO 图的设计因人而异，但无论怎么设计，都包括输入、处理、输出以及与之相应的数据库/文件、在总体结构中的位置等信息。其中只有处理部分的描述较为困难，这是因为对于一些处理过程较为复杂的模块，用自然语言描述其功能十分困难，并且对于同一段文字描述，不同的人可能会有不同的理解。

（1）HIPO（分层和输入—处理—输出）图。HIPO 图就是用图形表示一个系统的输入和输出功能，以及模块的层次。HIPO（hierarchy plus input/process/output）图包括两个方面的内容：

1）HIPO 分层图。用此图表示自顶向下分解所得系统的模块层次结构。

2）IPO 图（输入—处理—输出图），此图描述分层图中一个模块的输入、输出和处理内容。

应用 HIPO 技术可以进行系统设计、评价，在系统实施之前加工和修改已设计的系统。HIPO 图清晰易懂，可以使用户、管理人员和其他系统建设者很方便地理解系统的程序结构，也有利于程序的编写和系统的维护。

现以一个库房补充订货系统为例，对其中的数据加工“修改库存数据”这一功能，应用 HIPO 技术进行模块结构设计。

首先绘制 HIPO 分层图。HIPO 分层图用一个方块代表一个模块，方块内可写出标识此模块的处理功能或模块名。模块之间的调用关系用连接两模块的直线表示。采用自顶向下扩展的方法先画综合性较强、层次较少的模块结构，然后根据需要一步一步扩充，直到每个模块的处理功能和规模符合系统分解的原则。例如，首先把“修改库存数据”这一处理逻辑看作由一个总模块来实现。此时系统需具备以下几种数据处理过程：

1）提取库房收发数据。

2）提取库存数据。

3）处理收发数据。

4）重写库存记录。

5）写补充订货记录。

按以上几种数据处理过程，将修改库存数据模块分解成五个模块。得到第一轮 HIPO 分层图（如图 6—24 所示）。

图 6—24 所示的分层图还可进一步分解，因为模块结构要求每个模块的数据处理功能尽可能单一、明确、完整，它所占的程序行数最好不要超过一页（50～100 行）。例如，处理收发数据这一模块对收发数据具有以下四种类型的处理过程：

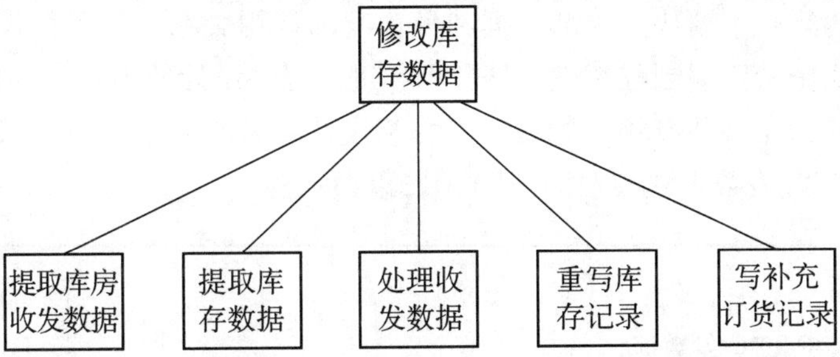

图 6—24　第一轮 HIPO 分层图

资料来源：甘仞初：《信息系统开发》。

1）当库房收货时要增加在库数。

2）当库房发货时要减少在库数。

3）在库存文件中增加一新记录。

4）从库存文件中删除一旧记录。

其中第 2）项还可进一步分解。当在库数降到低于临界库存水平时，要发出补充订货处理信号，使下一处理逻辑“设置补充订货标志”开始工作。

根据以上分解，我们得到本例中的第二轮 HIPO 分层图（如图 6—25 所示）。此图就是实现“修改库存数据”这一处理逻辑的模块结构图。整个系统的总体结构可以按此法逐步推出。

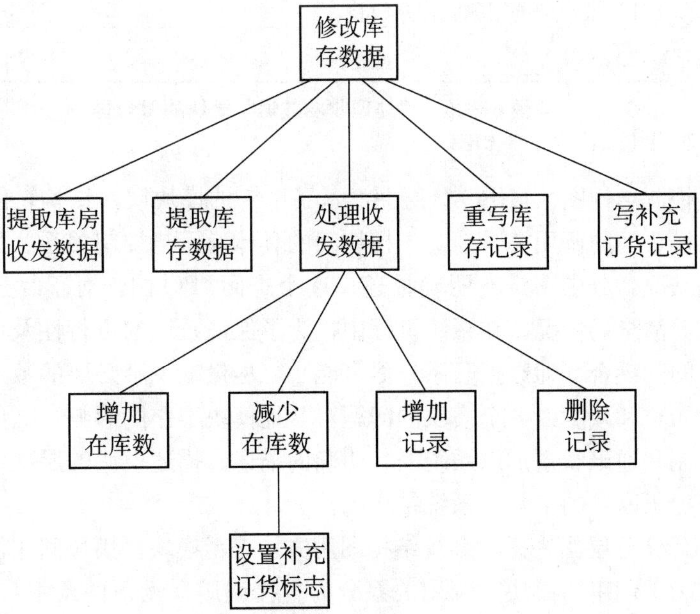

图 6—25　第二轮 HIPO 分层图

资料来源：甘仞初：《信息系统开发》。

现在我们来讨论 IPO 图的绘制问题。

IPO 图实际上是一张图形化的表格。它描述分层图中每一个模块的输入输出关系、处理内容、本模块的内部数据和模块间的调用关系，是系统设计的重要成果，也是系统实施阶段编制程序设计任务书和进行程序设计的出发点和依据。在系统设计中，每一模块必须有相应的IPO图作为设计结果的描述。图6—26显示了图6—24中“处理收发数据”模块的IPO图，以做示例。

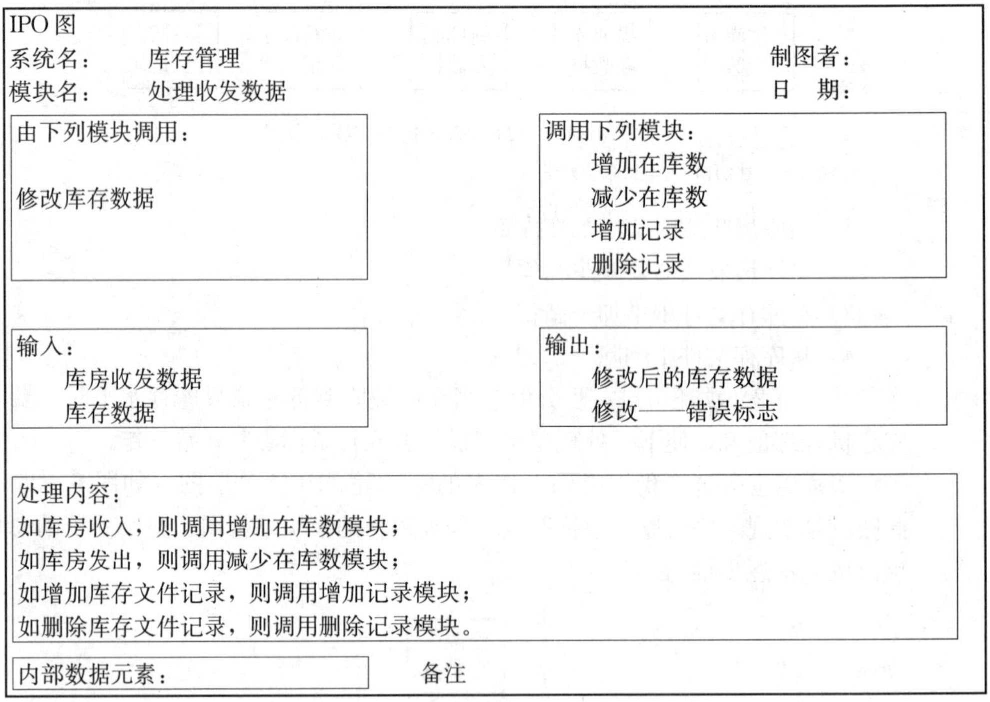

图6—26 “处理收发数据”模块的IPO图

资料来源：甘仞初：《信息系统开发》。

（2）控制结构图。HIPO分层图显示了系统的模块层次结构，但它只能一般性地看到各模块间的调用关系。对于模块间的具体通讯与控制关系、数据流在模块之间的流动状况，分层图没有明确描述。逐个查阅IPO图，对于复杂的系统如堕烟海，无法看清全局情况。在系统设计中，为了保证系统的可行性及可修改性，要求各模块之间的耦合（即数据联系）尽可能小，尽量减少不必要的数据在模块之间流动，尽量防止和减少因一个模块的问题对其他模块工作的影响，这些都要求对模块之间的控制和通讯联系加以系统的、明确的描述。描述模块的层次结构和它们之间的控制、通讯联系的工具是系统结构图。

和HIPO分层图一样，系统结构图用方块表示模块。模块间用箭线连接，箭头指示方向为被调用的模块。调用关系分为直接调用（无条件调用）、选择调用（判断调用）和重复调用（循环调用）三种。其表示方法如图6—27所示。

重复调用可以嵌套，图6—28显示的是双层嵌套的重复调用。其中在外层的模块B、模块D每被模块A调用一次，内层的模块C就会被模块A重复调用多次。

模块间通讯的表示方法为：在两模块连接箭线旁边用短箭线○→并加注文字或代号表示数据流，箭头方向表示数据传送方向，用短箭线●→并加注文字或代号表示

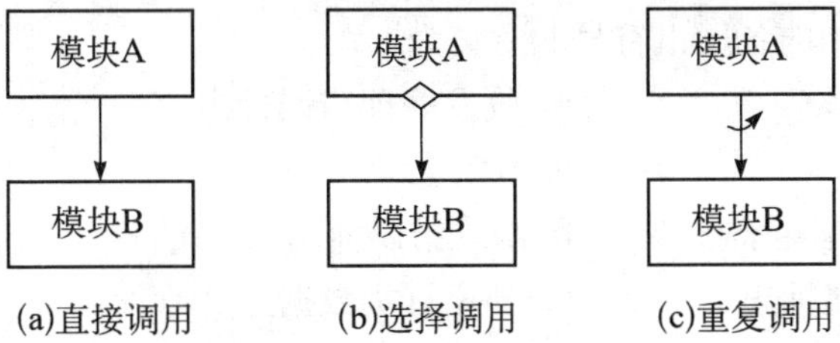

图 6—27　模块间的调用关系

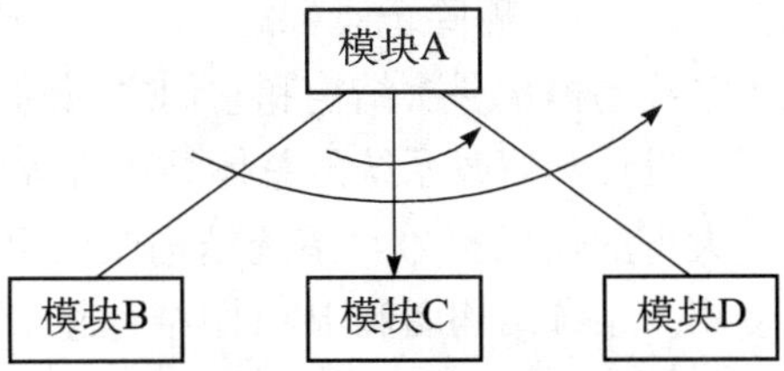

图 6—28　双层嵌套的重复调用

传送状态标志信号（如错误信号或开关信号）。

绘制系统结构图的出发点仍是数据流程图。但如果已具备 HIPO 分层图，则在此基础上加注模块间的控制与通讯标志就成了系统结构图。作为示例，在如图 6—24 所示 HIPO 分层图的基础上绘制的系统结构图见图 6—29。

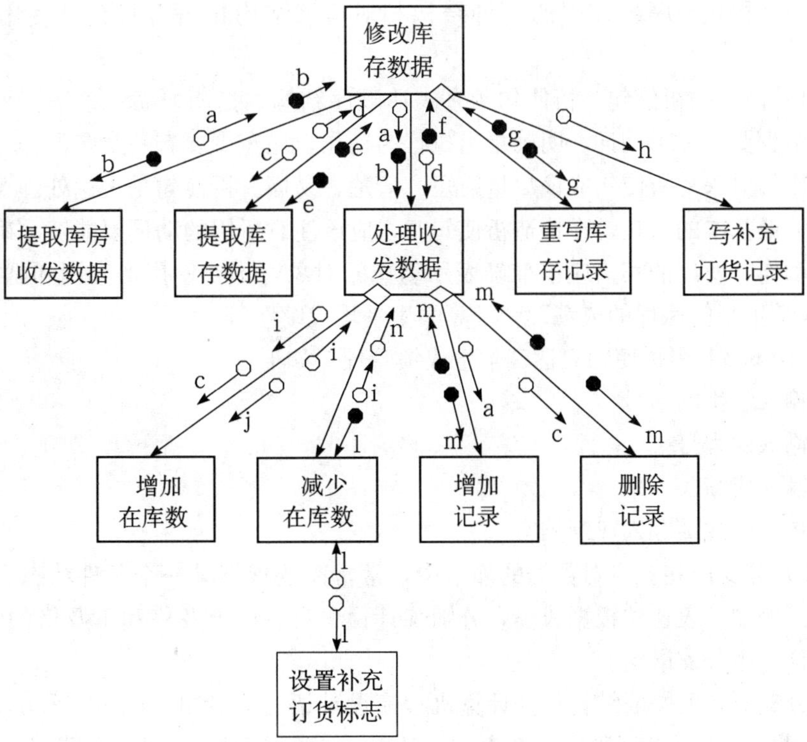

图 6—29　系统结构图示例

资料来源：甘仞初：《信息系统开发》。

图 6—29 中的各通讯符号的意义为：

a. 收发数据	b. 收发处理错误标志
c. 零件号	d. 库存数据
e. 主文件错误标志	f. 修改错误标志
g. 重写错误标志	h. 补充订货数据
i. 在库数	j. 收发数
k. 临界库存水平	l. 补充订货标志
m. 增加记录标志	n. 删除记录标志

系统结构图反映了系统的模块层次结构和它们之间的控制和通讯联系。系统设计者可以利用它来分析、设计和修改系统的总体结构方案，以求得到最合适的模块结构。但是由于注上了大量的通讯符号，系统结构图的可读性和可维护性比较差，一般只供系统设计者使用。系统结构图和 IPO 图结合起来可以全面详细地描述系统的总体结构。

(3) 结构化语言。结构化语言是介于自然语言与计算机程序设计语言之间的一种语言，它根据结构化程序设计的思想，只使用三种基本的结构：顺序结构、分支结构和循环结构，并且用极少的词汇来描述这三种结构。结构化语言使用的词汇主要有三类：祈使句中的动词、在数据词典中定义的名词和某些逻辑表达式中的保留字。

与结构化程序设计中的三种结构相对应，结构化语言只允许使用以下几类语句。

1) 简单的祈使句。祈使句用来表达顺序结构，指明要做的事情。每一个祈使句中至少要有一个动词，明确指出执行的动作，还至少要有一个名词作为宾语，表示动作的对象。祈使句应该尽量简短、清楚、易懂。祈使句是表达处理逻辑的处理功能的最基本的语句。在构造祈使句时，应该注意所用的动词要能够准确地表达相应的动作，所用的宾语应该准确表示动作的对象，不要使用形容词和副词。例如："输入学生某门课程的成绩"、"计算学生平均成绩"等。

[**例 6.3**] 用祈使句表达"学生成绩管理"如下：

输入学生的学号

输入课程号

输入成绩

将学生成绩存入成绩档案

2) 分支语句。在对数据的加工中，常常需要根据某一个条件状态完成不同的处理。例如，表达"根据成绩，分别统计优、良、中、及格和不及格的学生人数"就需要采用分支语句。

分支语句的一般结构如同计算机程序设计语言中的 if…else…语句，可以采用 if（如果）…else（否则）…来表示，其中"else（否则）…"可以没有。分支语句中的 if 和 else 后可以嵌套另一个分支语句。为清晰表达分支的情况，在书写分支语句时，一般采用锯齿状格式：

如果〈条件〉
则（动作 A）
[否则
就（动作 B）]

[例 6.4] 将例 6.3 中的处理加强限制后，描述如下：

输入学生的学号
输入课程号
在“学生选课”数据存储中查找该生的记录
如果找到
则输入课程的成绩
将学生成绩存入成绩档案

3）循环语句。循环语句是指在某种条件下，连续完成相同的处理若干次，直到条件不成立为止。例如在“学生成绩管理”中，需要将某班全部学生某门课程的成绩输入并保存，这时就需要循环语句，可以用如下循环语句来描述：

对每一个学生，循环处理
成绩的录入、保存
直到全部学生的成绩处理完毕

在实际中，一个处理逻辑不是单一结构，而需要将上述语句复合使用。

[例 6.5]“学生成绩管理”完成某班全部学生某门课程的处理，采用结构化语言可以描述如下：

对每一个学生，循环处理
输入学生的学号
输入课程号
在“学生选课”数据存储中查找该生的记录
如果找到
则输入课程的成绩，将学生成绩存入成绩档案
直到全部学生的成绩处理完毕

在小说明中，描述处理逻辑可以使用上述三种方法或其他方法，在描述某一个处理逻辑时，可以选择一种方法描述，或者根据其特点，在不同部分采用不同的方法描述。

图 6—30 给出了处理逻辑小说明的一种参考格式。

（4）判断树。判断树是采用树形数据结构表达处理逻辑的一种方法，具有直观、明确等特点。它方便用于描述一种策略以及相关条件的组合关系。例如，图 6—31 描述了某批发公司的批发折扣策略。由该图可知，该公司的批发折扣策略分为四种。

判断树易于使用、检查，但是不太适合表示复杂的条件组合关系，例如在同一节点有“或”又有“与”的关系则不好表示。

<table>
<tr><td>处理逻辑编号</td><td>XS. 1</td><td>处理逻辑名称</td><td>产品入库管理</td></tr>
<tr><td>功　能</td><td colspan="3">记录自制或自组产品入库的品种、数量、金额等信息</td></tr>
<tr><td>输入数据</td><td colspan="3">产品出产单、产品采购单</td></tr>
<tr><td>输出数据</td><td colspan="3">产品入库单</td></tr>
<tr><td colspan="4">功能描述：
1）选择本次产品入库的种类（自制或自组）
2）输入产品入库单或产品采购单的基本信息：入库日期、入库单号、收货人、送货人
3）对单据中所有的产品，循环处理：
　　输入产品标识、入库数量、金额等
　　存入数据存储“产品库存”
　　从数据存储“产品库存”中查找该产品的库存数、库存单价
　　如果　找到
　　　　则　计算库存单价：库存单价＝（原库存数×库存单价＋金额）/（原库存数＋入库数量）
　　　　　　计算库存数：库存数＝原库存数＋入库数量
　　否则
　　　　库存单价＝金额/入库数量
　　　　库存数＝入库数量
　　修改数据存储“产品库存”中相应产品的库存数、库存单价等信息
4）打印入库单</td></tr>
<tr><td>处理方式</td><td colspan="3">每一次产品入库，则执行该处理逻辑一次</td></tr>
<tr><td colspan="2">填表人：</td><td colspan="2">日期：</td></tr>
</table>

图 6—30　“产品入库管理”处理逻辑

资料来源：薛华成：《管理信息系统》，5 版。

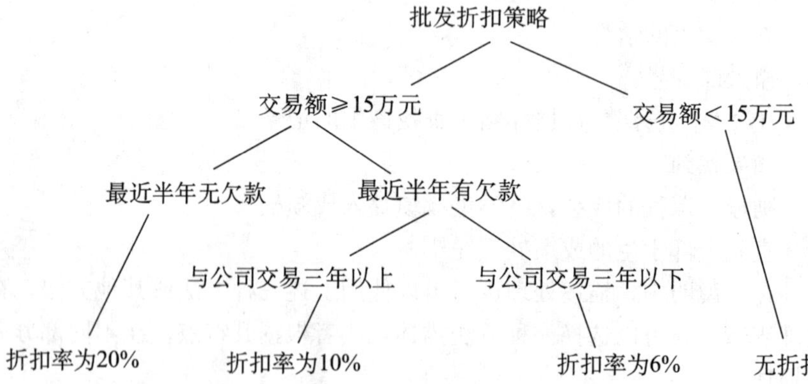

图 6—31　批发折扣策略的判断树描述

（5）判断表。判断表采用表格方式来表达处理逻辑，其表的结构由条件说明、行动说明、条件组合和行动选择构成，用“Y”表示条件满足，“—”表示与相应条件无关，“X”表示采取相应的行动。若判断表中的条件有 n 个，则有 $2n$ 个条件组合。但是在实际中，有些条件组合有相同的行动，而有的则是无意义的，因此应该合并相同行动的条件组合，或者采用删除方法去掉无意义的条件组合，从而简化判断表。表 6—9 是合并后的公司批发折扣策略。

表 6—9　　合并后的公司批发折扣策略

条件和行动 \ 条件组合方式		1	2	3	4
条件	C_1 交易额≥15 万元	Y	Y	Y	N
	C_2 最近半年无欠款	Y	N	N	—
	C_3 与公司交易三年以上	—	Y	N	—
行动	A_1 折扣率为 20%	X			
	A_2 折扣率为 10%		X		
	A_3 折扣率为 6%			X	
	A_4 无折扣				X

判断表的逻辑表达能力较强，描述比较完整，易于表达比较复杂的逻辑判断。

三、系统设计报告

系统设计报告是依据系统分析所形成的系统物理方案，也是系统实施的依据，是系统运行和维护的必备文件。系统设计报告应该按照规范编写，以使后续工作能够顺利进行。系统设计报告是程序设计人员的指导性文件和任务书，其主要使用者是程序设计人员。根据某一功能模块的系统设计说明，程序设计人员就能十分清楚自己应该做什么，怎么编写这个模块，而且不必知道其他模块或上一层模块是如何设计的。有些人形容一份好的系统设计报告使“编程序的不用动脑子”；如果编程人员在仔细阅读了某一功能模块的系统设计说明文件后，依然不知道这个模块应该如何设计，需要原系统设计人员不断解释，就表明该系统设计报告的深度不够。

国家规范《计算机软件产品开发文件编制指南》（GB 8567—88）中规定的系统设计文件应包括关于功能、性能、输入项、输出项、算法、流程逻辑等内容的说明。按照国家规范编写系统设计文件必须将整个系统所有的功能模块整理一遍，同时要整理出全局变量、局部变量、公共函数。由于在系统设计阶段会产生大量的图表，因此报告也应该像系统分析报告一样，分为正文和附录。

为了帮助读者了解系统设计说明书的编写格式与内容方面的要求，现附上一份系统设计说明书内容指南，供读者参考。

系统设计说明书内容指南

1.1　摘要

[摘要说明所设计的系统的名称、目标和功能]

1.2　背景

1）项目的承担者

2）用户

3）本系统和其他系统或机构的关系和联系

1.3　工作条件/限制

[说明本项目开发中所具备的工作条件和受到的限制]

1）硬件/软件/运行环境方面的限制

2）保密和安全的限制

3）有关部门业务人员提供确切的数据及其定义

4）有关系统软件文本

5）网络协议标准文本

6）国家安全保密条例

1.4 参考和引用资料

1）本项目的经核准的计划任务书或合同、上级机关的批文

2）属于本项目的其他已发表的文件

3）本文件中各处引用的文件资料

[列出上述文件资料的标题、编号、发表日期和制定单位，说明这些文件资料的来源]

1.5 专门术语定义

[本文件所用到的术语]

2. 系统总体技术方案

2.1 模块设计

[模块设计阶段中，在系统内部划分成各个基础部分——模块结构，确定系统的总体结构]

2.1.1 模块结构图

[模块结构图是采用 HIPO 图（即分层和输入—处理—输出图）形式绘制而成的框图]

1）名称

[列出系统中各主要功能的结构图名称和它们之间的关系]

2）功能

[用文字简单说明主要模块结构图应具有的功能]

3）功能说明

[说明是用伪码形式还是用结构英语形式，或者用其他自然语言形式描述模块结构图]

4）评价

5）验收

[指设计人员验收的决定和处理情况]

2.2 代码设计

[代码设计是信息系统所必需的条件，是不可缺少的重要内容，它是进行信息分类、校对、总计和检查的关键，也用于指定数据的处理方法，区别数据类型，并指定计算机处理的内容]

2.2.1 代码

1）代码的方式和种类

[简单说明代码的方式和种类]

2）功能

[根据编码的原则要求（如单义性、可读性等）简单说明所体现的功能]

3）评价

[对信息识别、信息标准化、节省存储单元、提高运算速度、节省计算机的处理费用以及代码的特性进行的评价]

4）验收

2.3　输入设计

[输入设计担负着将系统外的数据以一定的格式送入计算机的任务，它直接影响到人工系统和机器系统的工作质量。输入设计的基点是确保向信息系统提供正确的信息。输入必须有必要的介质和设备]

2.3.1　输入

1）输入项目

[说明本系统的主要输入项目]

2）输入的承担者

[说明对数据输入工作的承担者的安排，并指出操作人员、维护人员的教育水平和技术专长。如果输入数据同某一接口软件有关，应说明该接口软件的来源]

3）主要功能要求

[根据满足正确、迅速、简单、经济、方便使用者等方面的要求进行说明]

4）输入要求

[简单说明各主要输入数据类型和来源及所用的设备、介质、格式、数值范围、精度等]

5）输入校验

[简述所用的数据校验法和效果]

6）评价

7）验收

2.4　输出设计

[输出的含义是，把计算机对输入的原始数据进行处理加工的结果按一定的格式提供给用户。输出不仅有一定的格式要求，还必须有必要的介质和设备]

2.4.1　输出

1）输出项目

[说明本系统的主要输出项目]

2）输出接受者

[说明输出的主要项目的数据接受者]

3）主要功能

4）输出要求

[说明输出数据类型及所用的设备、介质、格式、数值范围、精度等]

5）评价

6）验收

2.5 数据库设计说明

[数据库设计是指数据库应用系统的设计。编制数据库设计说明书的目的是对设计中的数据结构的所有标识、逻辑结构和物理结构作出具体的规定]

2.5.1 概述

1）目标

[说明开发的意图、应用目标、作用范围以及有关数据库开发的背景材料]

2）主要功能

[简要说明数据库系统的主要功能]

3）用户的安排

[指最终用户。说明操作人员、数据管理人员、维护人员的水平]

2.5.2 需求规定

1）性能规定

a. 精度

[简述对数据精度的要求]

b. 有效性

[说明对数据库存取数据有效性的要求]

c. 时间要求

[如响应时间、数据的转换和传送时间等]

d. 其他专门要求

2.5.3 运行环境要求

1）设备

[简述运行数据库系统的硬件设备及其专门功能]

2）支撑软件

[列出支撑软件并说明测试用的软件]

3）安全保密

[说明在安全保密方面的全部要求]

4）其他要求

2.5.4 设计考虑

1）逻辑结构设计

[简要说明本系统（或子系统）内所使用的数据结构中，有关数据项、记录、文件的标识定义和长度及它们之间的相互关系]

2）物理结构设计

[简要说明本系统内所使用的数据结构中，有关数据项的存储要求、访问方法、存取单位、存取的物理关系（索引、设备、存储区域）、设计考虑和保密处理]

2.5.5　评价

[简要说明对时间和空间效率、维护代价和各种用户要求进行权衡所产生的方案的性能情况]

2.5.6　验收

2.6　模型库及方法库设计

2.7　网络设计

[系统的网络结构、功能的设计]

2.8　安全保密设计

2.9　实施方案说明书

[系统设计（总体结构设计和实施设计）阶段完成以后就要确定系统实施方案，书写实施方案说明书，信息系统的研制工作就从系统设计阶段转入系统实施阶段。实施方案说明书是系统实施阶段的依据和出发点]

2.9.1　实施方案说明

2.9.1.1　项目的说明

[指对系统名称、子系统名称、程序名称、程序语言、使用的设备等逐项说明]

2.9.1.2　数据项目的说明

[指对数据长度、文件名称和形式编号、构成记录的各项目名称和内容等逐项说明]

2.9.1.3　处理内容的说明

[指对进行程序设计的处理内容进行详细说明]

2.9.2　实施的总计划

2.9.2.1　工作任务的分解

[对于项目开发中应完成的各项工作，包括文件编制、审批、打印、用户培训、使用设备的安排等，按层次进行分解，指明每项任务的要求]

2.9.2.2　进度

[给出每项工作任务（包括文件编制）的预定开始日期和完成日期，规定各项工作任务完成的先后顺序以及每项工作任务完成的标志]

2.9.2.3　预算

[逐项列出本开发项目所需要的劳务（包括办公费、差旅费、机时费、资料费、通信设备和专用设备的租金）]

2.9.3　实施方案的审批

2.9.3.1　参与审议人员

[除用户、系统研制人员、程序员、操作员以外，还包括邀请的专家、管理人员等]

2.9.3.2　审批的实施方案

[说明经审批的实施方案概况和审批人员名单]

第3节 系统实施

在系统分析阶段，我们得到了信息系统的逻辑模型；在系统设计阶段，我们将系统的逻辑模型转换为物理模型；而在系统实施阶段，我们就要对系统的物理模型加以具体的实现。系统实施就是将系统设计阶段的结果，如模块结构图、IPO图等设计图和文档，在计算机中加以实现，包括软硬件配置与安装、程序设计、系统测试、系统转换等一系列工作。系统实施阶段，需要投入大量的技术力量来进行程序的设计与调试，投入大量资金来进行软硬件的配置，是耗费人力、物力和财力较多的阶段，也是成功实施管理信息系统的关键阶段。

一、系统实施概述

（一）系统实施领导小组的建立

系统实施过程中涉及的人员多、范围广，占用的时间也比较长，有时，还需要对组织人员和设备加以重新安排，对组织结构进行调整，对工作方法进行改革。所以，在系统实施阶段，需要进行很好的计划和组织，提前建立一个系统实施领导小组。

系统实施涉及开发人员、测试人员和各级管理人员，要用到大量的物资、设备、资金和场地，所以实施过程十分复杂。如果没有强有力的组织管理，系统实施将无法进行。领导小组的主要职责是：编制目标系统的实施计划，进行项目控制，检查工作进度，协调各组人员的工作，及时处理实施过程中产生的新问题。

领导小组可以由新系统原开发设计小组组成，也可以专门成立一个新的领导小组，但无论采取哪种方式，领导小组的组长都应该由一名企业内部的高层管理者来担当。实施领导小组应下设几个专业小组，分别是：硬件安装小组、数据库建设小组、程序设计小组、文档编制小组等（如图6—32所示）。其中，硬件安装小组主要负责计算机硬件以及网络设备的安装与调试；数据库建设小组主要负责数据的收集、数据库系统的选择与安装以及数据的载入工作；程序设计小组主要负责用一定的程序语言开发软件系统；文档编制小组主要负责资料的收集整理和文档的编制工作。各专业小组分别制定相应的专业计划并负责具体工作的执行，实施领导小组协调并监督各专业小组的活动。

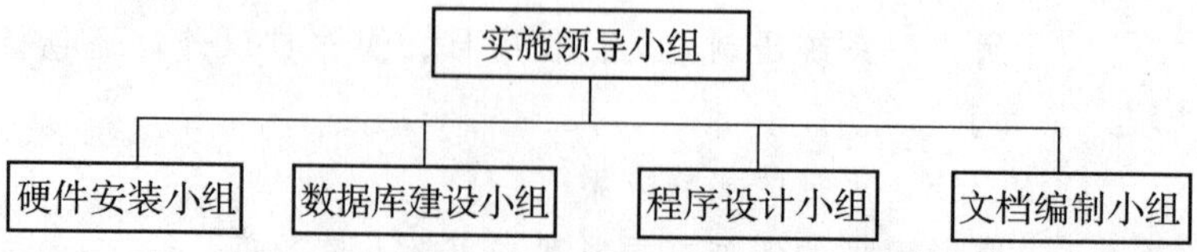

图6—32 实施领导小组结构图

(二) 系统实施阶段的流程和主要活动

系统实施阶段的流程如图 6—33 所示。

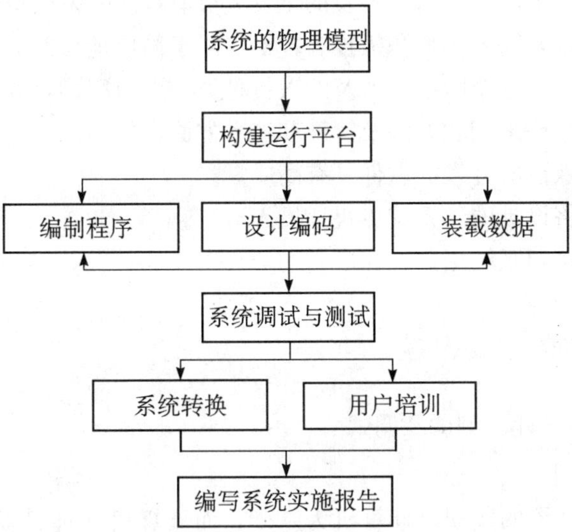

图 6—33 系统实施阶段的流程

资料来源：蔡淑琴：《管理信息系统》。

系统实施阶段以系统的物理模型为依据，完成其计算机可执行模型的设计以及系统的转换，包括的主要活动如下：

(1) 构建运行平台。将系统设计的物理平台实际构建起来。

(2) 设计编码。按照编码模型，为每类编码对象的实例设计相应的编码。

(3) 装载数据。录入与新系统相关的基础数据和状态数据。

(4) 编制程序。将系统设计的软件模型，用选定的计算机语言或者开发工具来实现。

(5) 系统调试与测试。完成主要功能之间、子系统之间的数据接口的调试，使所开发的系统内部能正常共享数据，使得新开发的系统与现有运行的其他系统之间能正常共享数据。

(6) 系统转换。将调试好的新系统投入运行。

(7) 用户培训。培训系统的终端用户和系统维护人员。

(8) 编写系统实施报告。编写系统实施阶段的相关文档。

因此，系统实施的主要活动分为两类，一是程序设计以及调试，二是系统的验证和确认。为保证所设计的计算机可执行模型的运行结果可靠，就需要对应用软件进行验证（verification）和确认（validation）。验证是指检查系统的计算机可执行模型能否正确地反映系统物理模型，确认是指检查系统的物理模型、逻辑模型是否真实地反映了系统或问题。

（三）系统实施阶段的主要问题

系统实施阶段是一个非常重要的阶段，此阶段工作是否顺利，关系到整个系统的前期投入是否成功。该阶段涉及的主要人员有程序开发人员和用户。

在这个阶段，需要用户积极投入，不仅限于简单地参与和被动地配合，而是积极主动地工作。在这个阶段，涉及的人员种类和人数很多，要求工作做得细致。因此，该阶段存在许多问题，涉及管理和技术方面，例如：

（1）如何保证所开发的软件具有高质量。

（2）如何将设计的新系统更快地投入运行。

（3）如何培训系统用户。

二、系统实施的主要内容

（一）程序设计、测试及调试

1. 程序设计

管理信息系统的实现以计算机为基础，而计算机处理又以计算机程序为基础。程序设计就是将系统设计的物理模型转换为计算机程序的过程，它是系统实施阶段的主要内容。

管理信息系统程序设计的工作量很大，而且需要经常修改和改进，所以程序设计要符合软件工程化的思想。软件工程化的思想就是利用工程化的方法进行软件开发，通过建立软件工程环境来提高软件开发的效率。

目前的程序设计方法主要有以下几种：结构化方法、原型法和面向对象的方法。

2. 程序测试

程序测试是为了发现程序中的错误而执行程序的过程。确切地说，程序测试的目的不在于证明程序是正确的、有效的，而在于如何以最低的成本、最短的时间尽可能多地发现程序中存在的问题。对于一个很简单的程序，我们可以考虑穷举法，即对程序中所有的语句和路径都加以测试。但对于管理信息系统这样复杂的软件系统来说，穷举法是不可能采用的，因为如果试图用穷举法测试一个管理信息系统的软件程序，那么，很可能在信息系统的需求功能已经被淘汰的时候，系统测试工作还未完成。

在实际中，我们通常通过设计适当的测试用例来进行程序测试。程序测试工作共分三步：设计测试用例，执行被测试程序，分析执行结果并发现错误。

通常，按照在设计测试用例时是否需要了解系统的内部结构，将程序测试分为黑盒测试法和白盒测试法。

（1）黑盒测试法。黑盒测试法也称功能测试法，它将软件看作一个黑盒子，在完全不考虑程序的内部逻辑和功能结构的情况下，测试软件的外部特性，即考察程序具备哪些功能。测试在接口上进行，看输入能否被正确接收并输出正确的结果，同时保持外部数据、数据库和数据文件的完整性。黑盒测试法可分为等价划分法、边界值法、错误推测法和输入组合法。

（2）白盒测试法。白盒测试法将软件看作一个透明的白盒子，按照程序的内部结构和处理逻辑来选定测试用例，对软件的逻辑路径及过程进行测试，检查程序能否正确接收输入数据并产生正确的输出数据，同时保持外部数据、数据库和数据文件的完整性。白盒测试法又称逻辑覆盖法。逻辑覆盖是一系列测试过程的总称，包括语句覆盖、判定覆盖、条件覆盖、判定/条件覆盖、条件组合覆盖和路径覆盖等。

以上设计测试用例的几种方法各有所长，在程序测试中要综合应用。一般来说，在程序测试过程中，用黑盒法设计基本的测试用例，再用白盒法加以补充。设计测试用例一般要结合以下步骤：首先，选用边界值分析法，测试边界情况；其次，用等价划分法作补充；再次，必要时使用错误推测法补充测试用例；最后，对照程序逻辑，检查已经设计出的测试用例，根据可靠性的要求，采用不同的逻辑标准，并补充一些测试用例。

3. 程序调试

进行程序测试主要是为了尽可能多地发现程序中存在的错误，而发现错误的最终目的是修改错误。程序调试的主要任务是在对程序进行成功的测试之后，进一步推断产生错误的原因和位置，最终改正程序中的错误。可以说，程序测试是程序调试工作的基础和前提。程序调试的方法主要有以下几种：

其一，试探法。试探法是指调试人员根据错误的特征，推测故障的大致位置，然后使用输出存储器内容、打印源程序的有关语句等方法，获取被怀疑有错误的位置附近的信息，再进行进一步分析，找出具体错误。这种方法的调试效率比较低。

其二，回溯法。回溯法是指调试人员分析错误征兆，确定最先发现错误的位置，然后人工沿着程序的控制流反向追踪程序的源代码，直到找到错误的确切位置为止，再对错误加以修改。

其三，对分查找法。对分查找法是指在已经知道某个变量在程序内若干位置处的正确值的情况下，在程序的中点位置附近输入这个变量的正确值。如果输出的结果是正确的，则推断错误位于这段程序的前半部分；如果输出的结果是错误的，则推断错误位于这段程序的后半部分。然后在有错误的程序范围内继续使用该方法，如此反复循环下去，直至找到错误的具体位置和原因并将其改正。使用对分查找法能够缩小查找错误的范围，易于进行错误诊断。

另外，在程序调试中还可以使用归纳法或演绎法。归纳法是指从错误的征兆和个别线索出发，通过分析确定其具体故障，它是一种从个别到一般的系统化的思考方法。演绎法则是指在调试开始时罗列出所有的原因和假设，然后一个个地排除已经列出的原因和假设，最后找到错误的真正根源，它是一种从一般到个别的思考方法。

在调试过程中究竟选用什么样的调试方法，不仅与所测试的错误的性质和类型有关，而且与调试人员的思维风格、知识水平等有关。但无论采用哪一种调试方法，都是以程序测试中得到的错误为依据，找出错误的具体原因和位置，再加以修改。

（二）系统测试

管理信息系统的开发是一个周期长、工作量大、错综复杂的过程，在系统开发的各个阶段，开发人员都会进行严格认真的技术分析和质量控制。尽管如此，系统中仍不可避免地会存在各种问题，如果不能及时发现，待系统投入运行以后，将会影响整个系统的运行效果，甚至导致系统的瘫痪。所以，在系统完成程序设计尚未投入运行时，对系统进行测试是很有必要的。在实际开发过程中，统计数字表明，系统测试的工作量占系统开发总工作量的40%以上。

系统测试的目的就是发现系统中的错误，因此，要对软件编码、软件设计和软件计划等进行查错和纠错，以保证所开发的管理信息系统符合质量要求，并且满足用户的需求。在测试工作进行以前，要成立测试小组。测试小组可以由原来的程序设计小组担任，如果条件允许，最好另外成立一个新的专门负责系统测试的小组。程序的设计与系统的测试是两种不同的工作，前者是建设性的，而后者是“破坏性”的，因为后者的主要目的是找出系统中的错误。

系统测试并不能保证排除系统中的所有错误，实际上也不可能检测出系统中的所有错误，只能保证各个模块、各个子系统的功能和运行情况正常，相互之间连接无误。一个大型的管理信息系统通常由若干子系统组成，一个子系统通常又由若干模块组成。相应地，系统测试也就分为以下三部分：模块测试、子系统测试和总体测试（如图6—34所示）。

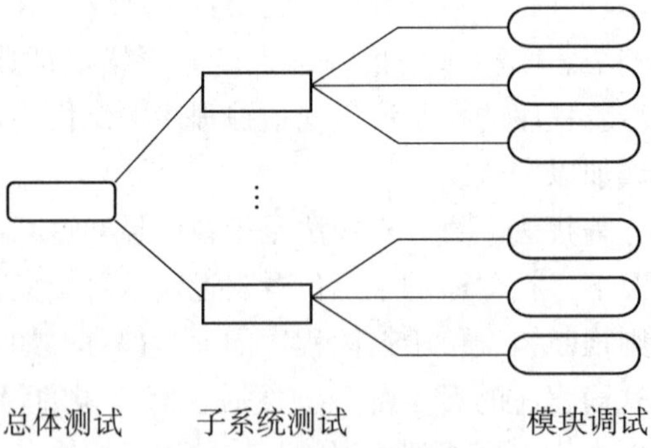

图6—34 系统测试过程图

系统测试是一个“自底向上、逐步集成”的过程，这种测试思路很符合结构化的思想。

（1）模块测试。模块测试是对每一个程序模块进行测试，以验证系统的每一个模块是否满足系统设计说明书的要求。模块测试的目的是保证系统的每个模块都能够独立地正常运行，在模块测试中发现的错误大多来自详细设计或程序设计。

（2）子系统测试。子系统测试是将已经测试好的模块组合成子系统进行测试，主要测试各模块间的协调与通信，也就是各模块间的接口情况。单个模块在测试中可能没有暴露出错误，将它们集成子系统时却通常会发现很多错误，例如，接口间的数据可能接收不到，或者接收到的是错误的数据，模块组合以后，部分功能不能实现或者实现的功能不符合要求等。

（3）总体测试。总体测试又称系统测试，是指将所有已经测试好的子系统最后组合成一个完整的系统，进行综合测试。系统测试的主要目的是将完整的系统与需求说明进行比较，发现所开发的系统与用户需求不符之处，并及时加以改正。

总体测试也可以分为两步，但这两步之间的界限不太明显。首先，将各个子系统按照功能结构要求进行装配，对其进行测试，这主要是为了发现程序设计和系统设计中的错误。在这一阶段，只是进行总体上的、较为粗糙的测试，测试用例的设计应选择一些有代表性的情况，并且不必按照真实情况下的数据量进行，也就是说，这时的测试仍然停留在虚拟阶段。然后，进入系统的“真实”运行阶段。这一阶段要将原有系统中手工作业的数据输入系统，将运行结果与原有系统手工作业的运行结果进行比较，看是否符合要求。除此之外，还要将计算机硬件设备、外设和网络等元素综合起来，考虑所开发系统的有效性、可靠性和效率问题。

（三）系统转换

系统转换就是旧系统停止使用，并将新系统投入使用的过程。系统转换的最终目的是将系统的全部控制权移交到用户手中。在系统转换过程中要完成系统的数据转换工作、进行用户培训并选择系统的转换方式。管理人员和开发人员在系统转换中的主要任务是确保系统的平稳过渡，并使新系统尽快安全地、高效地取代旧系统。在系统转换以前要做好大量的准备工作，包括数据和文档的准备及用户培训。

1. 数据和文档的准备

数据的准备是系统转换工作中一项既重要又困难的任务。之所以重要，是因为数据是管理信息系统得以运行的基础，管理信息系统的主要功能就是对数据进行收集、处理、存储、加工和传输；之所以困难，是因为数据的录入与数据的转换不仅工作量大、十分繁杂，而且很容易出错。

数据录入主要指将手工系统中的大量数据人工录入新系统的数据管理系统，手工处理的数据包括各种单据、凭证、报表、账簿等。首先将这些数据进行分类和合并，然后组织人员进行数据的录入，最终将这些以纸张为介质的数据转入计算机系统。这些手工处理的原始数据量很大，通常是企业运行几年甚至几十年所积累的数据，因此，在录入工作中，要做好录入计划、录入人员安排、录入进度的控制以及录入质量的检查等工作。

数据转换是指在已有计算机系统的基础上，对旧系统中的数据进行合并、更新和集成，并载入新系统。由于管理信息系统中数据来源广，且数据类型多样化，因此在数据转换过程中，数据类型的转换十分复杂，而且很耗费时间，有时甚至需要重建数据库。

在系统开发过程的各个阶段，会相伴产生大量文档文件，包括可行性报告、系统分析说明书、设计报告、测试记录等。这些资料记录了系统开发的轨迹，也为用户运行系统和维护系统提供了参考。在系统转换过程中，这些文档必须按照一定的标准形成正规的文件一并移交给用户。

2. 用户培训

管理信息系统是一个人机系统，用户的使用是信息系统的最终归宿，因此用户培训工作必不可少。

(1) 培训的目的。管理信息系统的用户大多是原来系统中的决策人员、管理人员和业务人员。他们对原来的系统比较熟悉，但可能缺乏相应的计算机知识，缺乏对信息系统的理解，从而会影响新系统的使用效果，甚至可能导致新系统应用的失败。

用户培训的主要目的是使用户尽快地了解系统的建设情况、功能和性能，尽早地适应和掌握新系统的操作方法。具体而言，通过用户培训要完成以下工作：让用户明白为什么要开发新的管理信息系统，新系统有什么好处；让用户清楚企业的工作流程和结构进行了哪些变动，变动以后的情况如何；消除用户对新系统的陌生感和抵触情绪，使他们在心理和思想上认可并接受新系统；培训和选拔一些技术人员，负责以后系统运行维护的相关工作。

同时，开发人员在培训过程中，通过进一步与用户进行沟通，可以更好地理解用户的需求，从而为开发其他同类系统积累经验，也有利于以后进行系统维护工作。

(2) 培训的对象。系统的培训对象主要包括以下三类人员：

1) 组织的管理人员。对管理人员进行培训主要是向他们说明新系统的目标、功能，以及对企业的组织结构和工作方式等方面产生的影响，进而获得他们对新系统的理解和支持。只有管理人员对系统给予了充分重视，才能带动其他人员改变旧观念，接受管理信息系统的投入使用。另外，在以后系统的维护和改进方面也能给予人力和物力上的支持。

在管理人员培训过程中，一般采用讲座和报告的形式，语言要简单、通俗，尽量少使用计算机专业术语，同时应就他们特别关心的话题展开进一步的讨论。因为在对系统进行评价和验收时，管理人员的满意程度占很大的比重。

2) 系统的操作人员。系统的操作人员是管理信息系统的直接使用者，信息系统的使用将是他们工作的主要内容，而他们的操作方法与水平也将直接影响管理信息系统的运行状态，因此，对于操作人员的培训是培训工作的重点。

除了让操作人员学习必要的计算机软硬件知识、功能界面的操作方法以外，还要让他们对系统的工作原理、实现机制等有初步的了解，以便他们在操作过程中减少误操作，并能够处理一些简单、常见的工作故障。

3) 系统维护人员。系统维护人员除了要具备一定的计算机软硬件知识，还要对信息系统的开发过程、工作原理等有较为深刻的认识和理解。如果企业内部有足够的技术力量，维护工作最好由本企业人员负责，这样不仅可以降低维护费用，而且比较方便，还有利于系统的改进与升级。对于本企业的维护人员，在系统转换过程中，要让他们充分、深刻地了解新系统。

(3) 培训的内容和方法。在用户培训过程中，针对不同的培训对象有不同的培训内容。总的来说，用户培训主要包括以下内容：计算机系统的基本知识和基本操作，信息系统的基本概念，现代管理的基本思想，本企业对信息系统的需求状况，新系统的操作方法，操作时的注意事项，以及可能出现的故障和相应的处理方法等。

3. 系统转换方式

系统转换通常有四种方法，各种方法具有各自的特点，在实际工作中，要根据具体的情况采取合适的方法。

（1）并行转换法。并行转换法就是在指定的时间点启动新系统，并且与原系统并行运行一段时间（$\Delta=T_2-T_1$，见图 6—35）。并行期间，企业的工作仍旧依赖原系统，将输入原系统的数据同时输入新系统，并按新系统设计的流程完成数据处理，然后检查新系统产生的结果是否与原系统产生的结果相同，若出现差异，则检查新系统，修正新系统，直到用户认为新系统能满足企业流程、数据处理的需要为止，此时再停止原系统，正式启用新系统。

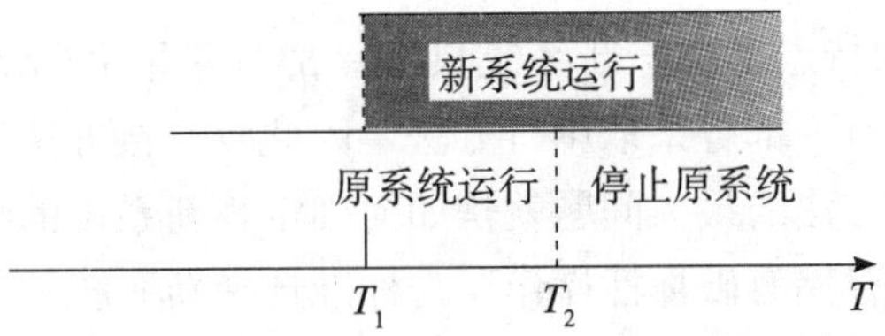

图 6—35　并行转换法

并行转换法的特点是风险小、安全系数大，是通常采取的系统转换方法。但是这种方法费用高，需要用户同时运行两套系统，用户往往会随着并行期的延长而失去热情，产生抱怨，甚至不使用新系统，从而导致并行期更长，而过长的并行期可能使新系统半途而废。因此采取这种方法时，应该从管理上给予保障，采取相应的措施，制定相应的办法，使系统能在预期的并行期内完成转换。

采用这种方法存在一个假设，就是不管原系统的流程如何，从数据处理的角度来说，原系统是正确的，人们以原系统的结果为标准衡量新系统，检验新系统。但是在实际中，原系统并不全是正确的。因此，当发现新系统的结果与原系统的结果不同时，除首先检查新系统之外，有时还必须检查原系统。

（2）直接转换法。在指定的时间点（T^*）停止原系统的使用，启动新系统，即在 T^* 处用新系统完全取代原系统（见图 6—36）。

图 6—36　直接转换法

这种方法似乎比并行转换费用低（因为在任何一个时间点，用户只使用一个系统），但由于这种方法风险很大，一旦新系统出现较大的问题，没有备用系统可以暂时替代，其系统修正所需的代价往往是巨大的。所以在实际应用中，一定要有很强的技术力量支撑，一旦新系统出现问题，能够在允许的时间内得到解决。

(3) 试运行转换法。试运行转换法是并行方法和直接方法的综合，分两段完成，在时间点（T_1），将新系统的一部分采取并行方法，并行一段时间（$\Delta=T_2-T_1$）后替代原系统，而新系统的其他部分采取直接方法替代原系统，投入运行（见图 6—37）。

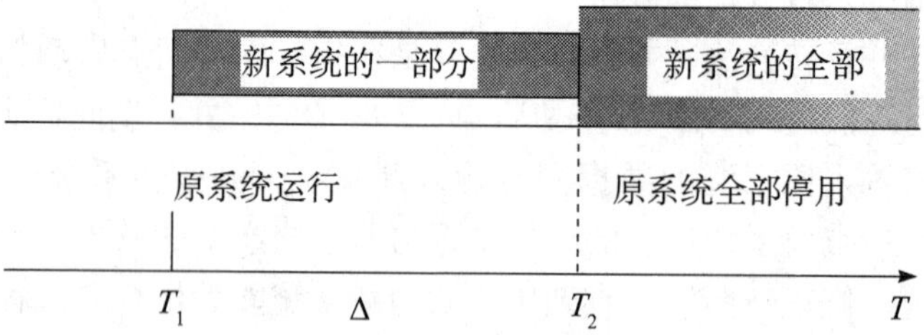

图 6—37 试运行转换法

该方法的特点是由于新系统只有一部分采取并行方法，因此用户工作量较并行方法小；又有一部分采取串行方法，因此较直接方法保险系数大。

使用这种方法的最大问题就是如何确定将新系统的哪一部分与原系统并行。例如以“对数据存储有破坏性操作”为标准选择新系统的并行部分。在会计管理信息系统中，具有破坏性操作的功能主要有会计凭证的管理，而会计报表部分属于非破坏性操作，若采取试运行转换，则可以对会计凭证部分采取并行方法，会计报表部分采取直接方法。而输出部分（包括查询、打印）为非破坏性操作，所以不运行，用户由于看不到输出，可能对系统的正确性产生怀疑。

(4) 分段转换法。分段转换法是并行方法和直接方法的另一种综合。从整个系统来说，新系统与原系统的转换是并行方法，但是每个子系统与原系统的转换是直接方法。该方法将新系统的转换分为若干阶段，从时间点 T_1 开始，子系统 1 替代原系统中对应的部分，到时间点 T_2，子系统 2 替代原系统中对应的部分……到时间点 T_n，子系统 n 替代原系统中对应的部分，从而完成整个系统的转换（见图 6—38）。

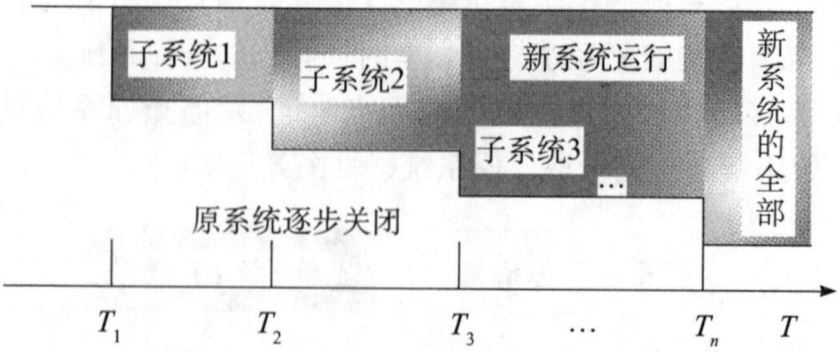

图 6—38 分段转换法

这种方法的风险比直接转换法小，用户工作量比并行方法小。使用该方法的最大问题就是如何确定投入运行的次序，即哪个部分先启动，哪个部分后启动。虽然可以依据“数据与外界关联度最小先投入运行”的原则来确定，但是对于一个管理信息系统来说，各部分之间总是存在一些数据关系，因此为保证先启动的系统能正常运行，需要开发输入其他部分数据的接口程序，所以也有一定的资源浪费。

在实际的系统转换中，要充分利用各种转换方式的优点来混合使用多种方式。例如，采用直接转换方式替换系统中不重要的部分，采用并行方式替换系统中重要的部分，使原系统平稳地过渡到新系统。

三、系统实施阶段的文档

系统实施阶段的文档包括三种：程序设计手册、用户操作手册和系统联机帮助。

(一) 程序设计手册

程序设计手册用选定的计算机语言或开发工具来描述系统的计算机可执行模型，其主要使用者是系统维护人员。

程序设计手册应该提供如下信息：

(1) 系统采用的术语。

(2) 系统功能描述。

(3) 系统开发的最小平台。

(4) 系统覆盖的流程。

(5) 系统的全局变量。

(6) 程序清单。

(7) 每个功能的描述，包括功能标识符、输入输出数据表、主要变量、算法等的描述。

(8) 系统共享数据，包括程序设计中技术要求的共享数据。

(9) 系统接口的实现。

(二) 用户操作手册

用户操作手册为终端用户提供了系统能做什么和不能做什么的概况、一份详细的安装指南，以及一份贯穿系统的详细指南。

1. 概况

概况描述系统的基本信息，例如系统覆盖的工作范围、约定的术语、主要的功能、系统的用户等。

2. 系统运行平台与安装

系统运行平台描述系统正常运行的平台，它给出最低配置要求，包括硬件（网络设备、网络介质、服务器、计算机的最低技术指标和合适的技术指标）、系统软件与实用软件的种类与版本。

系统安装描述系统各个组成部分安装的过程，因此应该利用屏幕提示和窗口标题来帮助用户完成安装。

3. 系统操作的描述

系统操作描述的主要内容分为系统覆盖的流程、系统初始化、系统共享数据/

接口描述、功能操作等。

功能操作的描述以系统的功能为最小单位，描述每个功能的操作，包括功能名称、功能简述、输入数据、输出数据、操作的前提数据等信息。

功能操作描述有两种不同的样式：窗口样式或业务功能样式。

（1）窗口样式列出每个窗口中有效的功能，包括窗口中每个控件的功能和有特殊关联的菜单项。每个窗口功能应详细描述它是干什么的，对当前窗口的影响，以及对系统的影响。对不同窗口之间的浏览应该阐明，同时对当前窗口和其他窗口的关系也应阐明。

（2）业务功能样式描述业务功能和主要窗口间的流程，也可以用带有描述的屏幕提示详细说明用户使用功能时必须采取的步骤，同时应忽略与业务功能无关的控件、域和菜单项。

不论系统采用的是上述何种样式，都应在用户操作手册中用一节来描述问题解决方案。这节内容应包括如何从一个特殊的错误情况或消息中恢复，或者如何执行系统最初没有设计，但可用一些交互来完成的某个动作。

（三）系统联机帮助

系统联机帮助以一种便于阅读的格式提供了系统的最新信息。这类文档与用户操作手册有所不同，其目的是为用户提供在线帮助，因此主要包括系统覆盖的流程、系统初始化、系统共享数据/接口描述、功能操作等内容，以驻留在屏幕底部边缘的形式出现，或通过特定的键（例如右键）弹出，也可以帮助页面的形式出现。

目前，系统联机帮助主要采用超文本技术，通过定义与系统功能操作相关的主题实现文本超链接。

建立系统联机帮助用到的信息可通过将用户操作手册文档中的内容全部转换而得到，反过来也是如此。生成系统联机帮助文件则可以采用相应的生成器，因此实现起来比较方便。

基本概念

业务流程图（transaction flow diagram，TFD）
数据流程图（data flow diagram，DFD）
数据词典（data dictionary，DD）
U/C 矩阵（use/create matrix，U/C）
E-R 模型（entity relationship model，E-R）
分层和输入—处理—输出图（hierarchy plus input/process/output，HIPO）

思考题

1. 简述数据流程图的概念。
2. 简述采用结构化方法开发系统时经历的阶段，并说明各阶段需完成的主要工作和文档。

3. 简述数据词典的概念。

4. 简述结构化系统分析的主要工具及特点。

5. 简述数据词典在系统分析中的作用和编写的基本要求。

6. 简述系统分析说明书在系统建设中的作用、主要内容和编写要求。

7. 简述系统设计的目标、任务和主要活动。

8. 简述系统总体结构设计的内容。

9. 简述代码设计和用户界面设计的目的、内容、原则和方法。

10. 简述系统设计说明书的作用、主要内容和编写要求。

11. 简述系统各种转换方式及其优缺点。

12. 简述 HIPO 图的构成及其功能。

案例分析

学生成绩管理信息系统

1. 系统分析

(1) 首先进行需求分析。我们建立的管理信息系统要求实现如下功能：

学生成绩录入；

学生成绩查询；

学生成绩统计分析。

输出格式 1 见表 6—10。

表 6—10　学生成绩查询表

学号	姓名	课程	成绩（不及格用红色表示）
1			
2			
3			
⋮			

输出格式 2 见表 6—11。

表 6—11　学生成绩统计表

课程名	班级 1			班级 2			班级 3		
	人数	90 分以上％	不及格	人数	90 分以上％	不及格	人数	90 分以上％	不及格
课程 1									
课程 2									
⋮									
课程 n									

(2) 学生成绩管理信息系统业务流程图（如图 6—39 所示）。

(3) 画出学生成绩管理数据流程图（如图 6—40、图 6—41 所示）。

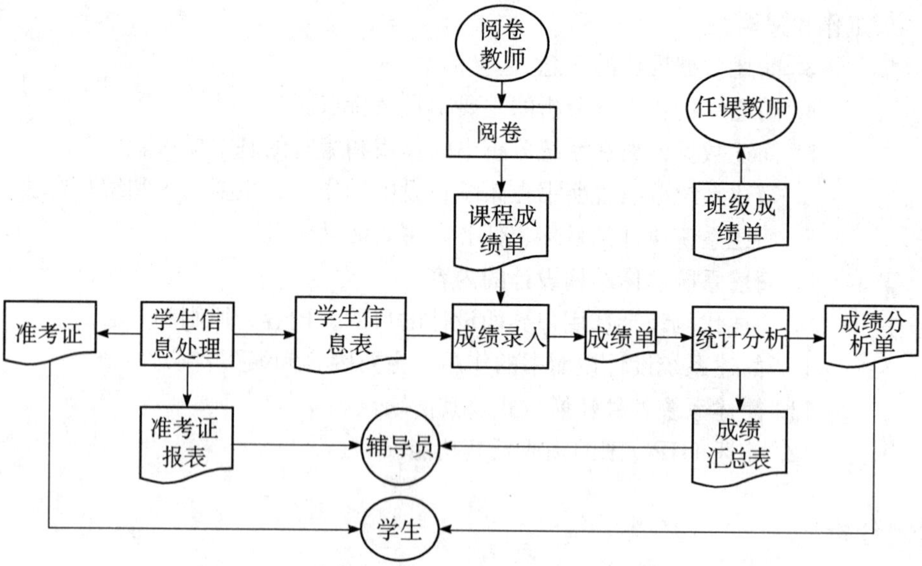

图 6—39 学生成绩管理信息系统业务流程图

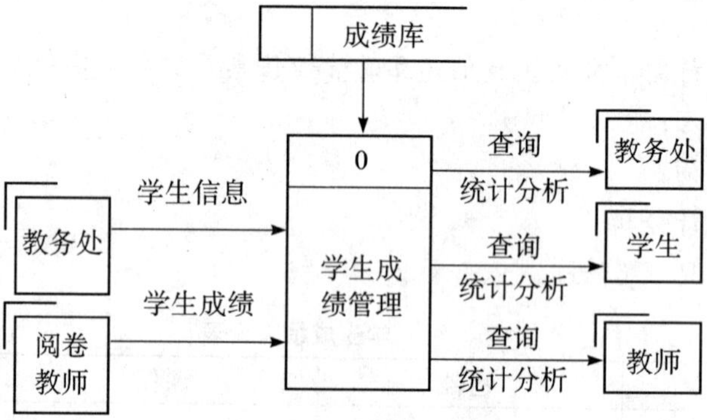

图 6—40 顶层数据流程图（环境图）

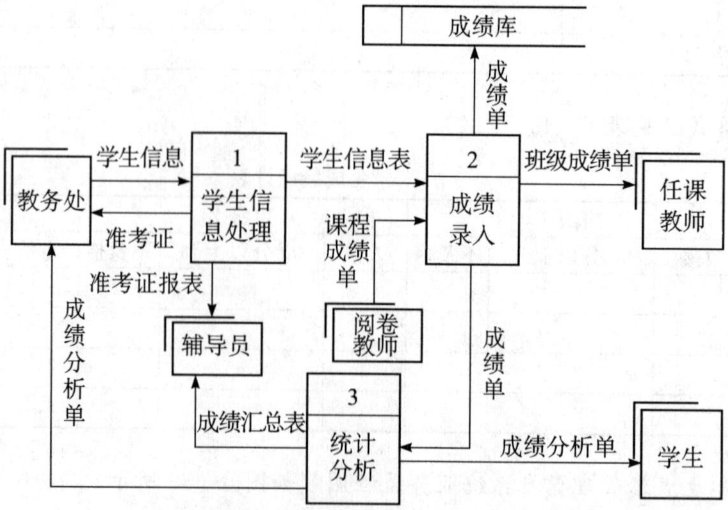

图 6—41 第一层数据流程图

2. 系统设计

(1) 网络结构设计。学生成绩管理信息系统网络设计如图 6—42 所示。

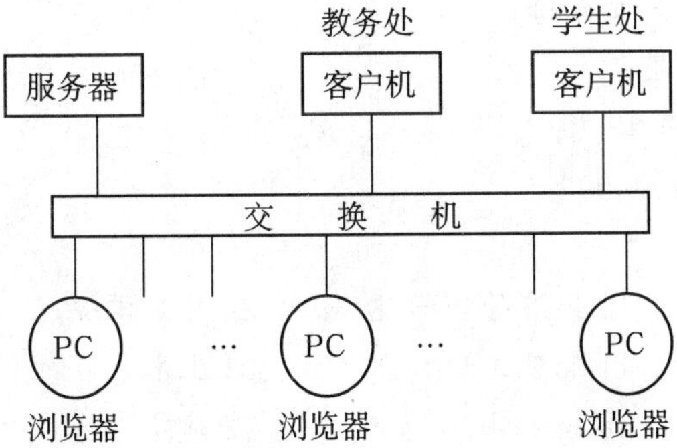

图 6—42　学生成绩管理信息系统网络设计图

(2) 数据模型设计。首先来画学生成绩管理信息系统的 E-R 图。先分析这个问题的实体，从系统分析可以知道，学生的考试成绩是由阅卷教师按照课程给出的，学生、课程、教师组成了这个系统的三个实体。然后分析这三个实体之间的联系。首先，这三个实体不是一个统一体，学生成绩与教师没有内在联系，教师必须通过课程实体才能与学生建立联系，因而先不考虑。课程与学生这两个实体之间是多对多联系；一位学生要学习多门课程，一门课程有多位学生共同学习。而学习成绩是学生和课程这两个实体共有的属性，应填在两者的联系"学习"边上。成绩既不是学生独有的，也不是课程独有的；说"学生甲 70 分"或"英语 70 分"都是不完全的，"学生甲英语 70 分"才是正确的，因为 70 分是学生甲和英语课两者共有的。这个 E-R 图可画成如图 6—43 所示的样式。

教师与课程这两个实体之间是一对多联系；一位教师可以评阅多门课程，而一门课程对于学生成绩来说只能有一位教师（英语、高等数学有多位教师评阅，但对某个固定的学生来说只能有一位教师）。其 E-R 图如图 6—44 所示。

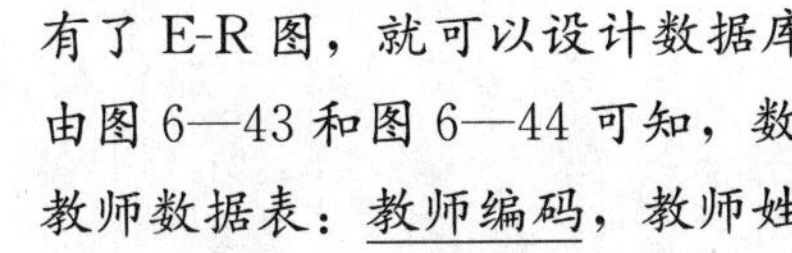

图 6—43　学生成绩管理信息系统中学生与课程的 E-R 图

图 6—44　学生成绩管理信息系统中教师与课程的 E-R 图

有了 E-R 图，就可以设计数据库。

由图 6—43 和图 6—44 可知，数据库由四个数据表组成：

教师数据表：教师编码，教师姓名，性别，出生年月，职称，学历

课程数据表：课程编码，课程名称，总学时，学分，教材，教师编码

学生数据表：学生编码，学生姓名，性别，出生年月，生源地

学习数据表：课程编码，学生编码，成绩

数据字段有下划线的表示关键字或外部关键字。

(3) 编码设计。

学生证号的编码为：abcdefghi

其中，abcd 表示入学年份；

ef 表示专业；

g 为班级号 1～9；

hi 为学号 1～990。

专业编号 ef 为：

00 工学院	10 经济管理学院	20 建筑学院	30 外语学院
01 自动化	11 管理工程	21 土木	31 英语
02 机电	12 经济法	22 建筑	32 日语
03 计算机	13 统计	23 艺术	33 俄语
04 工业设计	14 管理信息系统		
05 电子信息			

(4) 数据库设计。为简化起见，按图 6—43 设计，数据库由三个相互关联的数据表组成（#为关键字）：

· 学生数据表：

学生证号#，学生姓名，性别，出生年月，生源地，入学成绩，家庭地址，电话

· 课程数据表：

课程编码#，课程名称，任课教师，开设班级，开设学期，总学时，讲课学时，学分，教材

· 学生成绩表：

学生证号#，课程编码#，成绩

资料来源：改编自王恩波：《管理信息系统实用教程》，北京，电子工业出版社，2003。

思考

1. 结合案例资料将学生成绩管理信息系统的基本功能（学生成绩录入；学生成绩查询；学生成绩统计分析）展开，得出其完整的功能模块图（至少到第三层）。

2. 画出学生成绩管理信息系统的第二层数据流程图。

3. 画出学生成绩管理信息系统相关的其他 E-R 图，并进行数据库设计。

第Ⅲ篇

管理篇

第 7 章 管理信息系统项目管理

本章要点

1. 掌握信息系统项目管理的基本内容及特点
2. 理解信息系统项目的生命周期
3. 了解信息系统项目建设的现状
4. 了解信息系统建设的组织方式
5. 了解信息系统项目的干系人及各自职责
6. 理解信息系统项目管理中的范围管理、时间管理、成本管理、采购管理、人力资源及沟通管理、质量及风险管理、知识管理等

引例

某软件项目工程延期的处理

这是一家专门从事系统集成和应用软件开发的公司，目前有员工 50 多人，设有销售部、软件开发部、系统网络部等业务部门，其中销售部主要负责进行公司服务和产品的销售工作，他们会将公司现有的产品推销给客户，同时也会根据客户的具体需要承接应用软件的研发项目，然后将此项目移交给软件开发部进行软件的研发工作。软件开发部共有开发人员 18 人，主要负责进行软件产品的研发及客户应用软件的开发。

经过近半年的跟踪，今年元旦，销售部门与某银行签订了一个银行前置机的软件系统项目，合同规定 5 月 1 日之前系统必须完成，并且投入试运行。合同签订后，销售部门将此项目移交给了软件开发部。王伟被指定为这个项目的经理，他做过五年的金融系统的应用软件研发工作，有较丰富的经验，可以进行系统分析和系统设计，但作为项目经理还是第一次。另外，项目组还有四名成员，一个系统分析员，两个有一年工作经验的程序员，一个技术专家（不太熟悉业务）。项目组的成员均全程参加项目。

在被指定负责这个项目后，王伟制定了项目的进度计划，简单描述如下：

(1) 1 月 10 日—2 月 1 日：需求分析。

(2) 2 月 1 日—2 月 25 日：系统设计，包括概要设计和详细设计。

(3) 2 月 26 日—4 月 1 日：编码。

(4) 4 月 2 日—4 月 30 日：系统测试。

(5) 5 月 1 日：试运行。

但在 2 月 17 日王伟检查工作时，发现详细设计刚刚开始，2 月 25 日肯定无法完

成系统设计，你建议王伟应该如何做？他在项目管理中的做法有问题吗？

资料来源：http：//www.leadge.com/djnews/news/20073591339.htm。

第1节 信息系统项目管理概述

一、项目及项目管理

（一）项目

项目管理是近几十年发展起来的一个管理学分支，不但应用于国民经济的各部门和社会活动的各方面，而且与人们的日常生活紧密相连。美国项目管理专业资质认证委员会主席保罗·格雷斯（Paul Grace）曾说，在当今社会中，一切都是项目，一切也将成为项目。不管日常工作还是茶余饭后，人们谈论最多的事情也是各种各样的项目。那么什么是项目？什么是项目管理？在回答“什么是项目”这个问题之前，先来看几个例子：

- 张老师准备申请一个有关“人肉搜索”方面的国家社科基金项目。
- 吉利准备生产一款太阳能动力汽车。
- 诺基亚拟开发一款4G手机。
- 李医生明天将给一位心脏病人做心脏移植手术。

不难看出，这些例子都具有以下特点：

（1）一次性。这些例子均具有某种创新的性质，有明确的起点和终点，可谓“前无古人，后无来者”。

（2）独特性。无论是开发手机、生产汽车、给病人做手术，还是申报基金项目，在目标、环境、条件、组织、过程等诸多方面没有两个任务是完全相同的。

（3）目标的确定性。以上例子都有确定的目标，用户满意度可以看作其最终目标，在实施过程中，受预算、人员、进度等条件的约束。

（4）组织的临时性。因为是一次性的任务，所以实施组织一般也是临时性的。在执行过程中，组织的人员、职能可能会不断变化。一些大型项目的参与组织往往有多个，它们通过合同、协议等组合在一起。

（5）成果的不可挽回性。所有的任务都必须确保成功，因为在特定条件的约束下，一旦失败就不会有重新实施的机会。因此，这些任务具有较大的不确定性，它们的过程是渐进的，潜伏着各种风险，必须有科学的组织设计才能达到预期目标。

美国项目管理学会（Project Management Institute，PMI）对项目的定义为：“A project is a temporary endeavor undertaken to create a unique product or service”，即“项目是为创造独特的产品或服务而进行的临时性努力”。“临时性”是指项目有明确的起点和终点。当项目目标达成时，或当项目因无法达到目标而终止时，或当项目不复存在时，项目就结束了。临时性并不一定意味着持续时间短。一般来说，项目的临时性努力要受到一定的资源约束，如质量、进度、预算等，可以用图7—1来表示。

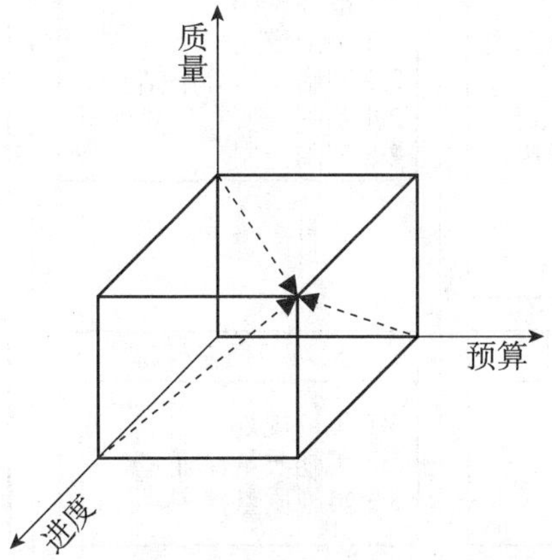

图7—1 项目多条件约束示意图

（二）项目管理

1. 项目管理的定义

（1）PMI的定义。PMI将项目管理定义为："项目管理就是将知识、技能、工具与技术应用于项目活动，以满足项目的要求。"简单来说，项目管理就是把可以获取的各种有限资源应用于项目，以满足项目干系人的既定需求。项目干系人是指参与项目和受项目影响的人，包括项目发起人、项目组、协助人员、顾客、使用者、供应商、项目反对人等。

项目管理实践可以追溯到古代，如埃及金字塔、欧洲古教堂，以及中国的万里长城、都江堰、京杭大运河。近代项目管理发端于1917年，亨利·甘特发明了著名的甘特图，使得项目经理可以按日历制作任务图表。经过近100年的发展，项目管理理论和工具被逐渐应用于社会经济的各个领域，为我国的一些大型工程项目，如三峡工程、青藏铁路、南水北调、嫦娥登月计划等提供了有力的保证。

随着理论的发展和工具的革新，现代意义的项目已经泛化，人们经常会用到"项目"这个词，如家庭装修、旅游、婚宴、培训等，这些都可以作为项目来进行管理。《财富》杂志曾经断言："21世纪是项目管理的世纪，因为一切商务活动都可能转化为项目进行管理。"可见，项目管理虽然来源于工程领域，但现在已经广泛应用于各行各业，尤其是信息化建设项目。

PMI对项目管理的知识体系进行了规范，将项目管理知识结构化后分为九大知识体系，又称项目九大职能管理。其中，范围管理、时间管理、费用管理、质量管理是核心，其他为辅助内容（如图7—2所示）。

项目整体管理描述了用以保证各种项目要素相互协调所需的各个过程。实际上，项目整体管理就是对其他八个职能管理进行权衡和整合，目的是保证项目的成

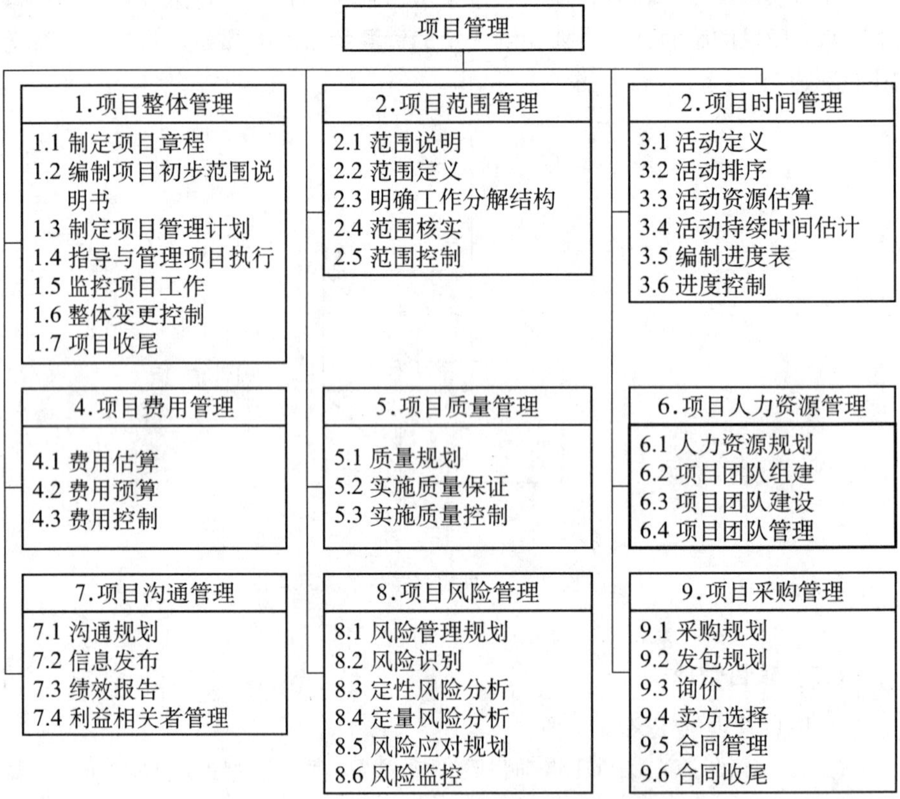

图 7—2 项目管理九大知识体系

资料来源：白恩俊：《国内外现代项目管理学科体系的发展》，载《世界科技研究与发展》，2007（1）。

功实施（如图 7—3 所示）。

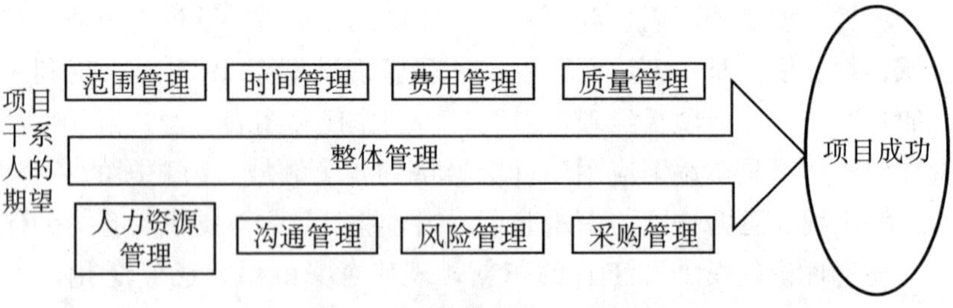

图 7—3 项目整体管理关系图

项目范围管理是对项目包括什么与不包括什么的定义与控制过程，也就是明确项目“做什么，不做什么；包括什么，不包括什么”。

项目时间管理是确保项目准时完成所必需的过程。

项目费用管理是确保在批准的预算范围内完成项目所需的各个过程。

项目质量管理确保项目满足它应满足的需求，这种需求由客户提出。

项目人力资源管理是有效发挥每个参与项目人员作用的过程。

项目沟通管理把项目过程信息及时传递给需要它的人。

项目风险管理指为了最有效地实现项目的目标，识别、分配、应对项目生命周期内风险的科学与艺术。

项目采购管理包括从执行组织外部购买该项目所需的产品和服务的全过程。

(2) 中国优选法统筹法与经济数学研究会项目管理研究委员会的定义。中国优选法统筹法与经济数学研究会项目管理研究委员会（Project Management Research Committee China，PMRC）从 1993 年开始研究具有中国特色的项目管理知识体系，于 2001 年 5 月推出中国项目管理知识体系（Chinese—Project Management Body of Knowledge，C—PMBOK）第 1 版，2006 年 10 月推出第 2 版。

与其他国家的 PMBOK（如《美国项目管理知识体系》、《英国项目管理知识体系》、《德国项目管理知识体系》、《法国项目管理知识体系》、《瑞士项目管理知识体系》、《澳大利亚项目管理知识体系》等）相比，C—PMBOK 的突出特点是以生命周期为主线，以模块化的形式来描述项目管理所涉及的主要工作及其知识领域。在知识内容、写作结构方面，C—PMBOK 的特色主要表现在：采用“模块化的组合结构”，便于知识按需组合；以生命周期为主线，进行项目管理知识体系知识模块的划分与组织；体现中国项目管理特色，扩充项目管理知识体系的内容。

C—PMBOK 主要是以项目生命周期为基本线索展开的，从项目及项目管理的概念入手，按照项目开发的四个阶段，即概念阶段、开发阶段、实施阶段及结束阶段，分别阐述了每一阶段的主要工作及其相应的知识内容，同时考虑到项目管理过程中需要的共性知识及其所涉及的方法工具。它面向构建中国项目管理知识体系的目标，基于体系化与模块化的要求，提出了如图 7—4 所示的 C—PMBOK 2006 体系框架和模块化结构。

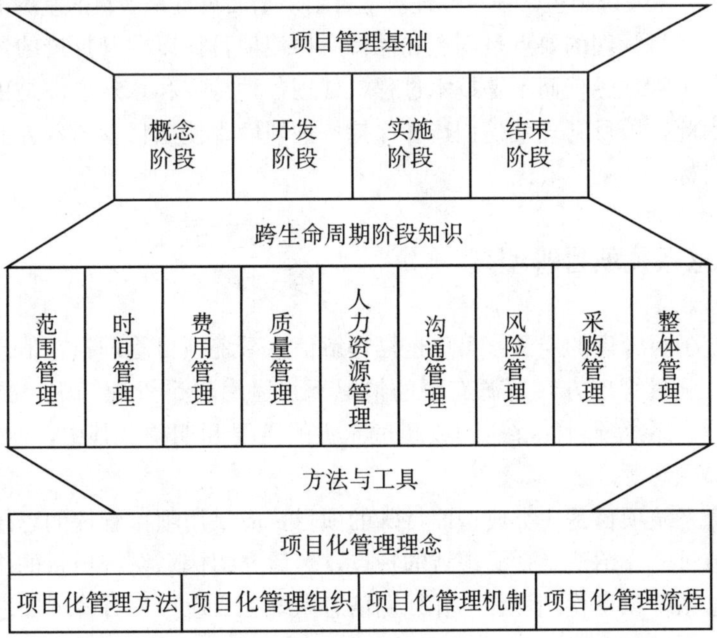

图 7—4　C—PMBOK 2006 体系框架和模块化结构示意图

资料来源：白恩俊：《国内外现代项目管理学科体系的发展》，载《世界科技研究与发展》，2007 (1)。

2. 项目管理的特点

与传统的部门管理相比，项目管理的最大特点是更注重综合性管理，并且项目管理工作有严格的时间期限。具体表现在以下几个方面：

（1）项目管理的对象是项目或被当作项目处理的事务。项目管理是针对项目的特点而形成的一种管理方式，因而其适用对象是项目，特别是比较复杂的大型项目。

（2）项目管理的全过程贯穿着系统工程的思想。项目管理把项目看作一个完整的系统，依据“总体—局部—集成”的原理，可将系统分解成许多责任单元，由责任者分别按照要求完成目标，然后汇总、综合成最终的成果。同时，项目管理把项目看作一个有完整生命周期的过程，强调部分对整体的重要性，促使项目经理不要忽视其中的任何阶段，以免造成总体效果不佳甚至失败。

（3）项目管理的组织具有特殊性。项目管理的一个最明显的特征就是其组织的特殊性，项目管理的组织是临时性的、开放的。项目管理的组织结构多为矩阵式，而非直线职能式。

（4）项目管理的方式是目标管理。由于项目涉及的专业领域往往十分宽广，而项目管理者不可能是每一个专业领域的专家，对某些专业虽然有所了解但不可能像专门研究者理解得那样深刻，因此项目经理只能以综合协调者的身份向被授权的专家讲明应承担的工作责任，协商确定目标，以及时间、费用、质量标准的限定条件，具体工作则由被授权者独立处理。

（5）项目经理是关键。项目管理是目标管理，由于项目团队所有成员的行为都是为了促使目标达成，因此项目管理需要集中全力以保证工作正常进行。由此可见，项目经理是一个关键角色。项目经理对项目结果全面负责是项目的基本准则。

（6）项目管理的要点是创造和保持一种使项目得以顺利推进的环境。由于项目管理是一个管理过程而不是技术过程，处理各种冲突和意外事件是项目管理的主要工作，因此，项目管理就是创造和保持一种环境，使项目参与各方能互相协调以完成预定目标。

二、信息系统项目管理

借鉴项目管理的定义，可以这样理解信息系统项目管理：在信息系统项目建设过程中，项目管理方在资源有限的情况下，运用项目管理知识、技能、工具和方法，使信息系统项目能够达到或超过业主的需要和期望。其中，业主指最终用户、投资方、顾客等。

信息系统项目是一类典型而特殊的项目，应采用项目管理的思想和方法进行管理。本节首先介绍信息系统项目的特点，然后介绍信息系统项目的生命周期，最后介绍信息系统项目管理现状，并强调信息系统项目应用项目管理理论的必要性。

（一）信息系统项目的特点

信息系统项目与一般工程项目有许多类似的地方，例如都具有时间与资源的约束以及生命周期等，但由于信息系统项目与 IT 密切关联，因此具有区别于一般工程项目的特殊性，具体如下：

1. 目标不明确

软件开发其实就是把用户需求通过编程语言形成系统固化下来，它完全取决于用户需求表达的准确性和程度，不像加工螺钉等有形产品那样有很具体的标准和检验方法。因此，信息系统项目的任务边界是模糊的，用户的满意度是信息系统项目成功的唯一检验标准。

2. 需求变化频繁

客户需求随项目进展而变化，导致项目进度、费用等不断变更。尽管已经做好了系统规划、可行性研究，签订了较明确的技术合同，然而随着系统分析、系统设计和系统实施的进展，客户的需求不断地被激发，导致程序、界面以及相关文档需要经常修改。而且在修改过程中又可能产生新的问题，这些问题很可能要经过相当长的时间才会被发现，这就要求项目经理不断监控和调整项目的计划执行情况。

3. 智力密集型

信息系统项目工作的技术性很强，信息系统开发的核心成果——应用软件由需要掌握软件知识和信息系统开发实践经验的专业设计人员来完成。项目涉及面广且具有复杂性，需要大量高强度的脑力劳动。如果项目实施过程中发生人员流动，则会对项目开发工作造成很大的影响。

4. 与信息技术密切关联

信息技术的快速发展，一方面给信息系统项目提供了更有力的辅助开发工具，另一方面也使项目面临复杂的技术环境，因此对信息技术的选择和驾驭能力与项目的成功有密切的关系。

5. 受人力资源影响很大

信息系统项目成员的结构、责任心、能力和稳定性对信息系统项目的质量以及是否成功有决定性的影响。信息系统的开发特别是软件开发渗透了人的因素，带有较明显的个人风格。为高质量地完成项目，必须充分挖掘项目成员的智力才能，激发他们的创造精神，不仅要求他们具有一定的技术水平和工作经验，而且要求他们具有良好的心理素质和责任心。

以上这些特点说明了信息系统项目面临不同于其他项目的困难，也说明了信息系统项目管理的重要性及必要性。

（二）信息系统项目的生命周期

总的来看，信息系统项目的各个阶段构成信息系统项目的整个生命周期。每个信息系统项目阶段都以一项或一项以上的工作成果的完成为标志，这种成果是有形的、可鉴定的，如一份可行性研究报告、一张详尽的设计图或一个工作模型。

一个信息系统项目阶段的结束通常以对关键的工作成果和项目实施情况的回顾为标志，这样做有两个目的：一是决定该项目是否进入下一阶段；二是尽可能以较小的代价查明和纠正错误。这些回顾通常称为阶段出口或关键点。

信息系统项目生命周期的划分方法可以非常灵活，不同类型、不同组织的信息系统项目生命周期的管理都不相同，但原理大致一样。一般来说，信息系统项目的生命周期有四个基本阶段：概念阶段、开发阶段、实施阶段、结束阶段。

1. 概念阶段

简单地说，该阶段的主要任务是提出并论证某个信息系统项目的上马是否可行。一些著名 IT 公司（如 IBM、华为等）会设立预研部门，专门负责对用户需求的分析、策划、可行性研究、风险评估等，并使用集成产品开发（integrated product development，IPD）项目管理模式，取得的最显著的成效之一就是花在中途废止项目上的费用明显减少。这个阶段投入不多，但对后期的影响很大。

一般的信息系统招标项目，其概念阶段的大部分工作已经由业主完成了。

2. 开发阶段

首先对可行项目做好开工前的人、财、物及一切软硬件准备。该阶段是项目成功实施的重要保证，其主要任务是对项目任务和资源进行详尽计划和配置，包括确定范围和目标，明确项目组主要成员（系统分析师、软件架构师、IT 蓝领的合理搭配），确立技术路线、工作分解，确定主计划、专项计划（费用、质量保证、风险控制、沟通）等，最终完成信息系统开发工作。

3. 实施阶段

实施阶段是信息系统项目生命周期中时间最长、完成的工作量最大、资源消耗最多的阶段。通过工作分解结构（work breakdown structure，WBS）和网络计划来组织协调，确保系统安装及培训、硬件网络调试等任务按时完成，并符合质量要求。一般要求项目管理人员能够现场管理，及时发现问题并做出决策；及时化解各项任务和各个成员间的冲突、矛盾；及时解决项目实施困难，疏通渠道。

4. 结束阶段

对信息系统项目进行财务清算、文档总结、评估验收，最终交付客户使用并对项目进行总结评价。结束阶段的工作不多但很重要，成功的经验能够得到保持和发扬，失败的教训能够得以吸取，对后续项目均能产生很好的影响。

需要注意的是，上述过程通常不是独立的，而是相互关联、相互依赖的（如图 7—5 所示）。

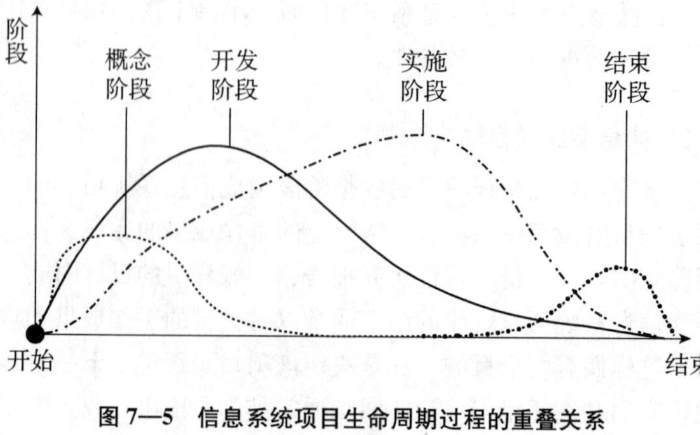

图 7—5　信息系统项目生命周期过程的重叠关系

(三) 信息系统项目管理现状

软件项目管理是在 20 世纪 70 年代中期的美国提出的，当时美国国防部专门研究了软件开发不能按时提交、预算超支和质量达不到用户要求的原因，结果发现 70%的项目是由管理不善而非技术原因引起的。于是软件开发者开始逐渐重视软件开发中的各项管理。到了 90 年代中期，软件研发项目管理不善的问题仍然存在。根据美国软件工程实施现状的调查，软件研发的情况仍然很难预测，大约只有 10%的项目能够在预定的费用和进度下交付。另一项来自美国 Gartner Group 公司 2000 年对北美 1 375 位 IT 专家的调查显示，北美 IT 项目平均每年花费 100 万美元，失败率 40%。

在我国，情况更为严重。由于存在认识误区，许多企业领导人盲目认为购置软件是低成本、高回报的投资，丝毫不考虑风险；由于观念落后，企业认为实施一个软件项目要花掉上百万、上千万元简直是不可思议的事，大型信息系统建设项目的投资少得可怜；由于经验不足，许多信息系统项目在需求调研阶段就没有明确的范围或偏离了方向，对进度、费用、工作量等估计严重不足，而客户往往在系统交付后才学会提要求，没完没了；由于管理水平低下，再加上系统本身是智力密集型的，研发过程很难控制，个人英雄主义普遍存在，致使信息系统项目的成败把握在个别人手里。总结起来，就是教训多、经验少。

随着信息系统项目的规模越来越大，复杂程度越来越高，项目失败的概率也随之上升。这一全球性的现象已经引起 IT 专家的重视，如何提高信息系统项目成功的比例，利用科学的管理手段降低风险、避免损失，有效地利用资金来达到预期目标成为新的课题。虽然理论和实践不能证明项目管理是信息系统建设的充分条件，但它是信息系统项目成功实施的必要条件这一点已毋庸置疑。换句话说，实施项目管理并不一定能够保证信息系统建设成功，但如果不实施项目管理，则信息系统项目建设必然失败。

从 2005 年上半年开始，全国计算机技术与软件专业技术资格（水平）考试（即软考）举办了信息系统项目管理师级别的考试，对培养项目管理人才，推进国家信息化建设和软件产业化发展起着重要的作用。

第 2 节　信息系统项目建设的组织方式

一、信息系统项目的干系人

信息系统项目的干系人是指利益受该项目影响（受损或受益）的个人和组织，也可以把他们称为项目的利益相关者，一般以各种合同来体现。主要包括甲方、乙方、监理方和第三方。

1. 甲方

甲方是信息系统项目建设合同的建设机构，主要包括建设单位、业主单位、审批部门、监察部门、审计部门等。其中，建设单位指甲方的技术部门，业主单位指甲方的业务部门和使用部门。需要指出的是，系统的使用者可能是多层次、多方面的。比如，开发一个医院信息系统，除了医院之外，主管单位、就诊者等也应被视为该系统的用户。

2. 乙方

乙方又称承建单位，是信息系统项目建设合同的承建机构，主要有承建单位、设计单位、咨询单位、施工单位、分包单位等。一般来说，信息系统项目的乙方只能是软件厂商及其经销商、系统集成厂商等。

3. 监理方

监理方是信息系统项目建设过程中独立的第三方（监理单位），受甲方委托，确保工程的设计，为实现预定的投资、进度、质量目标而进行协调、监督和管理。监理方与甲方之间的关系属于服务性委托关系，签订的是信息系统项目监理委托合同，内容一般涉及项目概况、监理业务范围及职责、监理依据、甲方职责、授权事项、监理酬金、分歧争议的协调仲裁方式等。监理方不直接承担项目建设和开发中的进度、造价和质量等方面的经济责任。

4. 第三方

第三方是指为协助甲方完成信息系统项目预定目标而提供专项服务的机构，主要有投资机构、招标代理机构、咨询机构、安全测评机构、系统测评机构、系统评估机构、审计机构等。

项目干系人之间的关系可用图 7—6 表示。

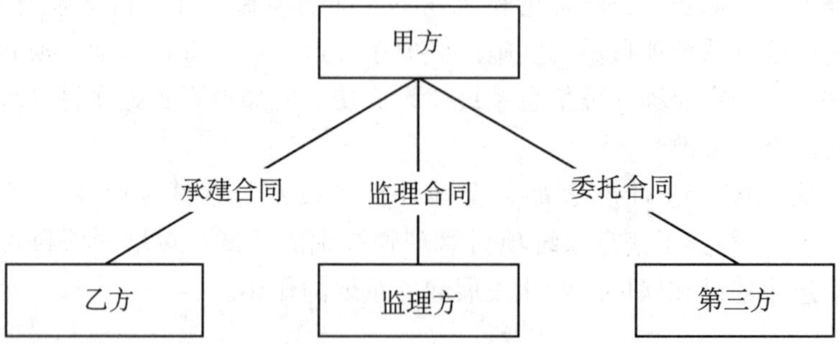

图 7—6 项目干系人关系图

二、组织方式

组织是一切管理活动取得成功的基础。软件企业或系统集成商实施的信息系统项目大多具有创新性强、不确定程度高、过程风险大等特点，这决定了起源于建筑工程行业的传统项目管理方法和手段无法直接套用在信息系统项目管理过程中。再加上企业受到的资源限制，大部分资源可能同时被多个信息系统项目所利用，如何利用有限的人力、财务、设备等资源进行多项目的协调与控制，如何加强组织项目管理平台和秩序建设，成为信息系统项目建设亟待解决的问题。

于是，问题就转化为软件企业或系统集成商如何在一定的企业文化背景下搭建一个组织架构，使得信息系统项目能够顺利实施。信息系统项目管理与传统组织管理的最大区别在于前者更强调项目负责人的作用，强调团队的协作精神，其组织形式具有更大的灵活性和柔性。

美国项目管理协会认为，项目是为创造独特的产品或服务而进行的临时性努力。一般组织的特征及设计原则同样适用于信息系统项目组织，只是必须同时反映出信息系统项目建设的特征。目前国内外诸多软件公司及系统集成商采用多种项目组织形式，尚无证据表明哪一种组织形式是最佳的。因此，在进行信息系统项目建设时，对于如何搭建项目组织架构，要采取具体问题具体分析的方法，选择适合的、满意的组织形式。

一般信息系统项目组织形式有职能型、项目型以及介于这两者之间的各种矩阵型结构。

（一）职能型

典型的职能型组织是一种层级结构，是按照传统的职能部门组成的，每个职员有一个明确的上级。信息系统项目的不同阶段由不同的职能部门完成，各职能部门独立开展工作（如图 7—7 所示）。

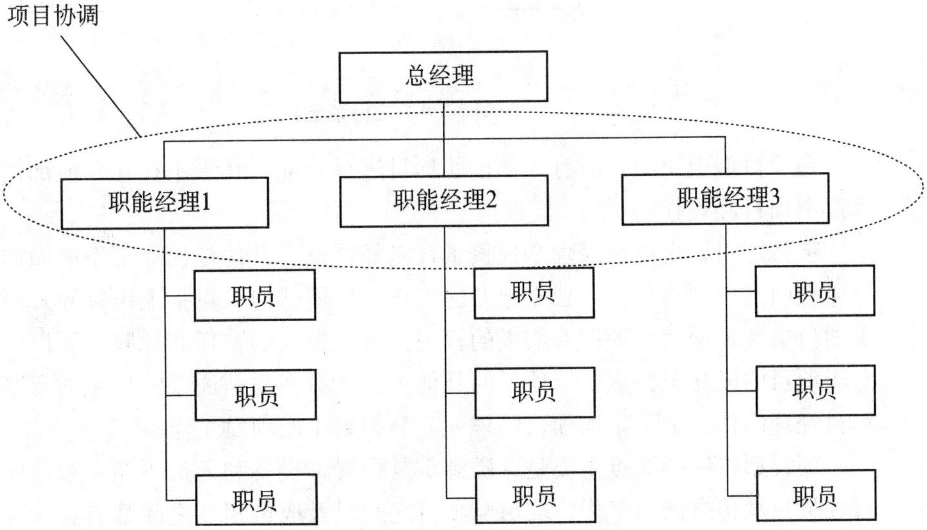

图 7—7　职能型组织

职能型组织的优点是以职能部门作为承担项目任务的主体，由职能部门主管资源的配置，可充分发挥职能部门资源相对集中的优势，成员之间便于交流。

职能型组织的缺点是各职能部门往往会注重本部门的工作领域，部门之间沟通协调困难。项目的任务分配给相应的职能部门，职能部门经理对分配到本部门的项目任务负责。然而，信息系统项目的影响范围是整个组织，信息系统项目需要承建方公司内部协同工作。但由于不同的部门经理对项目在本职能部门的优先级的认识不同，因此信息系统项目可能由于缺乏其他部门的协作而被迫推迟。

（二）项目型

与职能型组织相反的是项目型组织（如图7—8所示）。在项目型组织中，团队成员通常集中办公，组织的大部分资源都用于项目工作，项目经理拥有很大的自主性和职权。项目型组织中也有被称为“部门”的组织单元，但这些部门或者直接向项目经理报告，或者为各个项目提供支持服务。

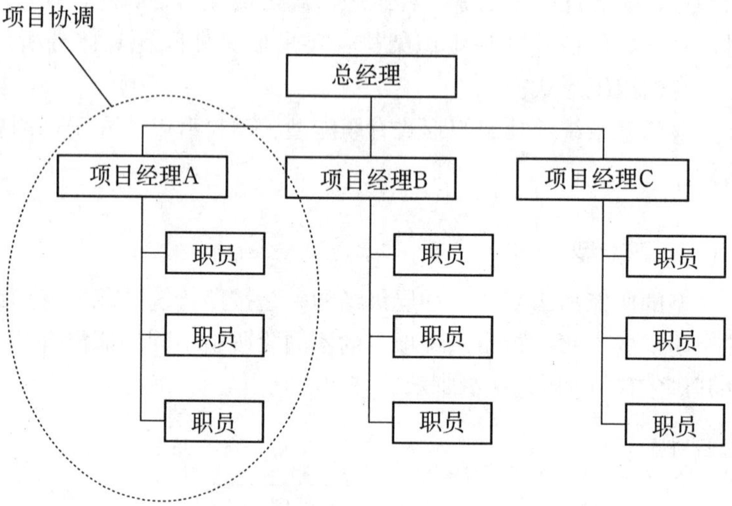

图7—8 项目型组织

在项目型组织中，所有人都按照项目进行分配，几乎不存在职能部门，所有预算都由项目经理控制。

项目型组织由项目经理全权负责，未经授权，其他任何人都不能做出决策。项目经理向高层领导负责，独立地开展工作，任何部门（包括上级领导）不得随意插手项目事务。项目经理拥有最大的权力，承担最大的责任和风险。所以，项目经理对于项目的成功至关重要。项目的其他主要成员多为精通某一领域的专家，他们是项目经理的得力助手，与项目经理一起分担繁重的项目工作。

项目型组织的缺点主要是：资源重复配置，设备和人员不能在项目间共享；项目成员只承担自己的工作，成员与项目之间以及成员相互之间都有着很强的依赖关系，但项目成员与其他部门之间却有着较清楚的界限。这种界限不利于项目与外界的沟通，也容易引起不良的矛盾和竞争。

（三）矩阵型

矩阵型组织兼具职能型组织和项目型组织的特征，根据项目经理管理权限的不同，矩阵型组织可以划分为弱矩阵型、平衡矩阵型和强矩阵型（如图7—9、图7—10、图7—11所示）。

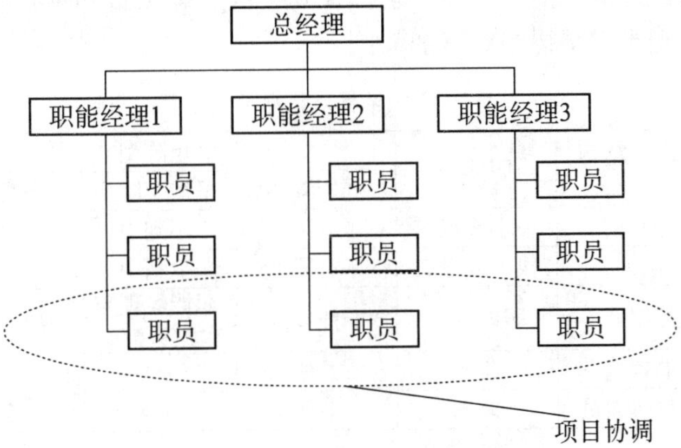

图 7—9　弱矩阵型组织

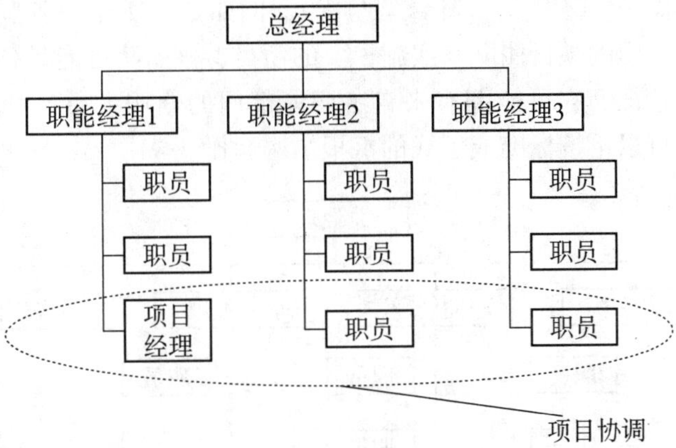

图 7—10　平衡矩阵型组织

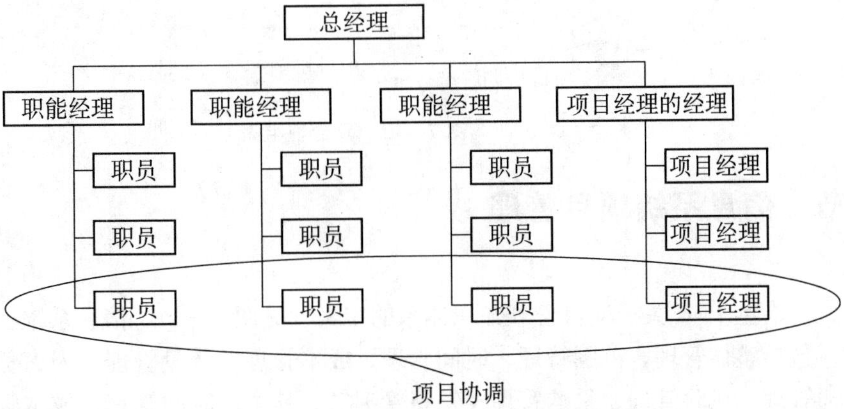

图 7—11　强矩阵型组织

弱矩阵型组织保留了职能型组织的大部分特征，其项目经理的角色更像是协调员或联络员，而非真正的项目经理。强矩阵型组织则具有项目型组织的许多特征，拥有掌握较大职权的全职项目经理和全职项目行政人员。平衡矩阵型组织虽然承认全职项目经理的必要性，但并未授权其全权管理项目和项目资金。表 7—1 介绍了各种矩阵型组织结构的更多细节。

表 7—1　　组织结构对信息系统项目的影响

项目特征＼组织结构	职能型	矩阵型			项目型
		弱矩阵型	平衡矩阵型	强矩阵型	
项目经理的职权	很小或没有	有限	小到中	中到大	大到几乎全权
可用的资源	很少或没有	有限	少到中	中到多	多到几乎全部
项目预算控制者	职能经理	职能经理	职能经理与项目经理	项目经理	项目经理
项目经理的角色	兼职	兼职	全职	全职	全职
项目管理行政人员	兼职	兼职	兼职	全职	全职

随着竞争环境的变化，很多信息系统项目承建组织会在不同层次用到上述所有结构，如图 7—12 所示（复合型组织）。例如，即使那些典型的职能型组织，也有可能建立专门的项目团队来实施重要的项目。该团队可能具备项目型组织中项目团队的许多特征。它可能拥有来自各职能部门的全职人员，可以制定自己的办事流程，甚至可以不按标准或正式的汇报结构运作。

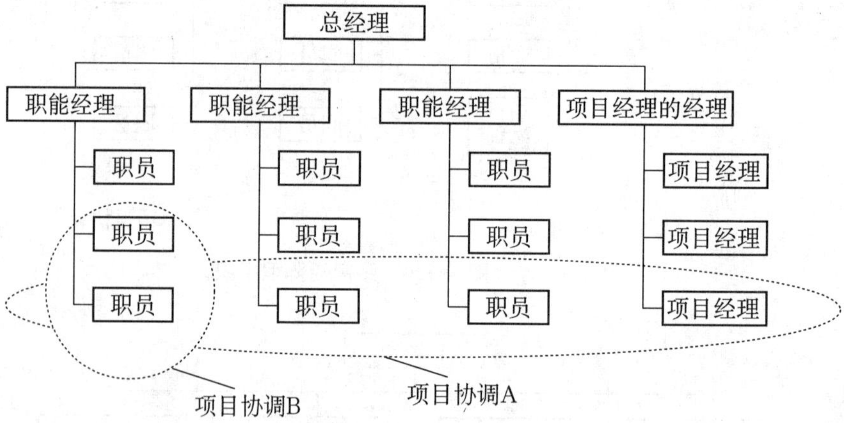

图 7—12　复合型组织

第 3 节　信息系统项目管理

借鉴 PMI 关于项目管理知识体系的定义（见图 7—2），信息系统项目管理内容应包括整体管理、范围管理、时间管理、成本管理、质量管理、人力资源管理、沟通管理、风险管理、采购管理及知识管理等。其中，时间管理、成本管理、质量管理、沟通管理、风险管理和采购管理的各个过程彼此相互作用，并与其他知识领域中的过程相互作用，且基于项目的具体需要，每个过程都需要一人或多人的努力，或一个或多个小组的努力；每个过程在每个项目中至少进行一次，并可在项目的一个或多个阶段（如果项目被划分为多个阶段）中进行。

一、整体管理

信息系统项目整体管理（integration management）是指在信息系统项目生命周期内，从全局的、整体的观念出发，通过有机地协调各个要素（进度、成本、质量等），在相互影响的各项具体目标和方案中权衡和选择，尽可能消除信息系统项目各单项管理的局限性，从而最大限度地满足信息系统项目干系人的需求。

信息系统项目整体管理具有综合性、全局性和系统性的特点。图 7—13 概括了信息系统项目整体管理的各个过程。

图 7—13　信息系统项目整体管理示意图

（一）制定信息系统项目章程

制定项目章程是制定一份正式批准项目或阶段的文件。该章程由信息系统项目发起人或者组织之外的主办人颁发。一般来说，一个信息系统项目章程的制定主要基于以下文件：

1. 信息系统项目合同书

合同规定了信息系统项目的真正客户或者投资者对此项目的需求，一般需要双方签字盖章。

2. 工作描述

工作描述说明了信息系统项目需要提供的产品或服务，包括商业需求、产品范围描述、计划等。可以把工作描述当作信息系统项目范围的雏形，是信息系统项目范围管理的重要依据。

3. 环境和组织要素

环境和组织要素既是信息系统项目的资源状况描述，又是资源约束，包括组织文化构成、基本设施、现有人力资源、市场条件、项目干系人的风险承受能力、国家或行业标准等。

信息系统项目章程根据项目大小而有所区别，小型信息系统项目的章程可以简化成一页纸，表 7—2 就是一个信息系统项目的章程模板；大型信息系统项目的章程相对复杂，有时又称信息系统项目任务书、启动文件等，更大型的信息系统项目还会颁发专门的许可证书。

表 7—2　　一个信息系统项目的章程模板

<table>
<tr><td>项目名称</td><td></td><td>批准时间</td><td></td></tr>
<tr><td rowspan="3">项目背景介绍</td><td colspan="3">项目发起的原因</td></tr>
<tr><td colspan="3">项目的机遇与优势</td></tr>
<tr><td colspan="3">项目的挑战与劣势</td></tr>
<tr><td colspan="4">项目目标：</td></tr>
<tr><td colspan="4">项目干系人：</td></tr>
<tr><td rowspan="2">项目产品</td><td colspan="3">中间产品</td></tr>
<tr><td colspan="3">最终产品</td></tr>
<tr><td rowspan="2">项目经理</td><td>姓名</td><td>部门和职务</td><td>权力范围</td></tr>
<tr><td></td><td></td><td></td></tr>
<tr><td rowspan="4">资源条件</td><td colspan="3">人员</td></tr>
<tr><td colspan="3">资金</td></tr>
<tr><td colspan="3">设备</td></tr>
<tr><td colspan="3">结束时间</td></tr>
<tr><td colspan="4">完成标准：</td></tr>
<tr><td colspan="2">签发人：</td><td colspan="2">签发时间：</td></tr>
</table>

（二）制定信息系统项目管理计划

管理活动的一项最基本的原则就是任何工作开展之前都必须制定计划，信息系统项目管理也不例外。信息系统项目管理组织根据项目目标的规定，对实施过程中进行的各项活动做出周密安排，协调任务进度，编制完成任务所需的资源计划、预算等，从而保证项目在合理的工期内，以尽可能低的成本和尽可能高的质量完成。

信息系统项目管理计划是信息系统项目实施的基础，在制定过程中，必须考虑目标性、系统性、经济性、动态性、层次性等特点，主要包括以下八个方面的内容：

1. 工作计划

工作计划又称实施计划，是为保证信息系统项目顺利开展，围绕目标的最终实现而制定的实施方案。

2. 人员组织计划

人员组织计划明确工作分解结构图中的各项工作任务应该由谁来承担。

3. 设备采购供应计划

信息系统项目中的硬件部分会涉及采购、订货等供应问题，需要货比三家，因为这直接影响到信息系统项目的质量及成本。

4. 变更计划

变更计划主要规定处理变更的步骤、程序，确定变更行动的准则。在信息系统项目实施过程中，计划与实际不符的情况经常发生，有效处理变更可使项目获得成功，否则可能会导致失败。

5. 进度计划

根据合同及实际条件，按照合理顺序安排实施日程。实施是把各活动的时间估计值反映在逻辑关系图上，通过调整使得整个项目能在工期和预算允许的范围内合理地安排任务。

6. 费用计划

估算每项活动的成本，进而对总成本做出预算；进行资金的分配；在项目实施过程中对费用进行控制等。

7. 文件管理计划

信息系统项目需要管理的文件包括项目计划（原始的及修订的）、里程碑文件、有关标准结果、项目目标文件、用户文件、进度报告文件以及项目文书往来。需要成立一个专门机构来负责管理这些文件资料，以便随时查阅。

8. 支持计划

信息系统项目在实施过程中需要一些支持资源，如软件支持、培训支持和行政支持等。

（三）指导与管理信息系统项目执行

指导与管理项目执行是为实现项目目标而执行项目管理计划中所确定的工作的过程，具体活动包括（但不限于）：

（1）开展活动来达到项目要求。

（2）创造项目的可交付成果。

（3）配备、培训和管理项目团队成员。

（4）获取、管理和使用资源，包括材料、工具、设备与设施。

（5）执行已计划好的方法和标准。

（6）建立并管理项目团队内外的沟通渠道。

（7）生成项目数据（如成本、进度、技术和质量进展情况，以及状态数据），为预测奠定基础。

(8) 提出变更请求，并根据项目范围、计划和环境来实施经批准的变更。

(9) 管理风险并实施风险应对活动。

(10) 管理卖方和供应商。

(11) 收集和记录经验教训，并实施经批准的过程改进活动。

项目经理与项目管理团队一起指导实施计划好的项目活动，并管理项目内的各种技术接口和组织接口。指导与管理项目执行过程会受项目所在应用领域的直接影响。通过实施相关过程来完成项目管理计划中的项目工作，产出相应的可交付成果。项目执行时还需收集工作绩效信息，并提交给绩效报告过程。工作绩效信息说明了可交付成果的完成情况以及哪些工作已经完成。

(四) 监督与控制

信息系统项目在实施过程中难免会出现各种偏差，信息系统项目管理就要发现偏差并采取一定的措施加以纠正，一些大型信息系统建设项目甚至引入了监理机制。

信息系统项目的监督主要从进度、工作量、成本、产品和任务属性、成员知识与技能、风险等方面进行，通过在计划的里程碑处将实际数据与预期状况进行对比来确定进展情况。这种可视的操作使得一旦发生项目偏差就能够及时采取措施予以纠正。

信息系统项目的控制方式主要有以下几种：

(1) 正式控制和非正式控制。前者采取定期汇报会的形式，项目干系人到场参与；后者则是信息系统项目经理到实施现场，与相关人员沟通交流，了解情况，及时解决问题。

(2) 预防性控制和更正性控制。预防性控制是在深刻理解信息系统项目各项活动、预见可能发生的问题的基础上，制定出相应的措施，防止不利事件的发生。制定规章制度、进行人员培训等都属于预防性控制。更正性控制是由于未能或者根本无法预见项目会发生什么问题，只能在问题出现后采取行动，纠正偏差。

(3) 事前控制、事中控制和事后控制。事前控制在信息系统项目或者阶段开始时进行，可以防止使用不符合要求的资源，如对进场的计算机、交换机、服务器等设备进行检查。事中控制也叫过程控制，一般在现场进行。事后控制在项目或阶段临近结束时进行。

(4) 直接控制和间接控制。信息系统项目经理直接对项目活动进行控制属于直接控制，着眼于产生偏差的根源；不直接对项目活动而对项目团队进行控制属于间接控制，着眼于偏差本身。

(五) 实施整体变更控制

信息系统项目变更来自两个方面：在项目实施过程中，承建方将实施状态与计划对比，发现偏差，从而导致变更项目计划，属内部因素；外部因素指由客户需求(目标)变化而引起的变更。

变更是信息系统项目建设的永恒主题，为了对变更进行控制，应由干系人各方共同成立变更控制委员会并建立变更控制系统，它包括一整套程序和表格。规范的变更流程如图 7—14 所示。下面重点介绍其中几个重要环节。

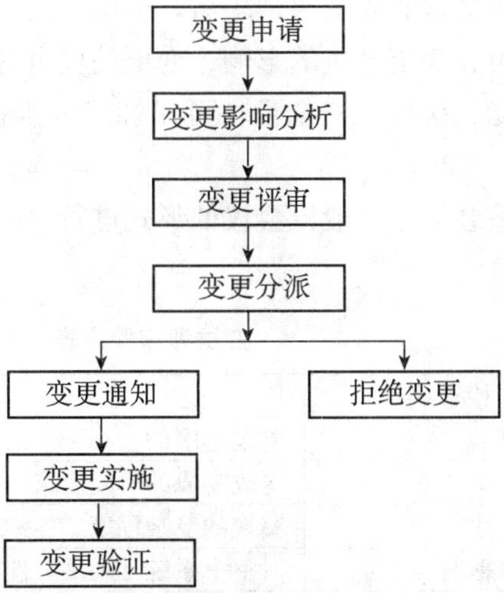

图 7—14　信息系统项目变更控制流程

1. 变更申请

在信息系统项目启动阶段，需要明确各种基线，如软件功能及配置管理、用户需求等，后续变更均在此基线的基础上进行。

变更申请可以由信息系统项目干系人的一方发起或者几方联合发起，用户、系统分析测试人员、软件供应商、硬件供应商、投资方等均有可能成为变更申请的提出者，可以口头提出，但一般应采用固定电子表格形式（见表 7—3），并赋予它一个唯一的跟踪编号和分类号，便于后期管理。

表 7—3　　项目变更申请表

文档名称	项目变更申请表	文档编号	
项目名称		承建单位	
项目负责人		申请更改人	
申请理由：			
更改内容概述：			
影响的内容与范围：			
业主部门意见：			
		签字：	年　月　日

2. 变更评审

变更控制委员会（change control board，CCB）负责组织各种变更的评审工作，是一个重要的项目管理组织，至少应该由以下成员组成：总经理、项目经理（技术负责人）、配置管理负责人、质量保证负责人、测试负责人。

变更控制委员会在收到变更请求后，会由专门人员做出初步分析，评估变更的来源、变更的理由、变更产生的影响、变更的代价等，纯粹的软件项目还要重点评估变更对系统性能、接口、安全性、可用性、可维护性、执行效率、成本、进度、合同的影响程度。

变更控制委员会评审一般以会议的形式进行，有关各方参加。会议审查的项目如表 7—4 所示。

表 7—4　　变更评审检查表

序号	检查项目	说明
1	规模	更改范围的大小
2	期限	更改完成的时间要求
3	复杂性	实现的复杂程度
4	资源影响	对整个系统（硬件）性能的影响
5	费用影响	对项目和产品费用的影响
6	测试要求	对测试的要求程度
7	风险	相关的风险分析，比如是否涉及关键模块和技术
8	外部影响	对用户、市场策略的影响
9	资源需求	对人员技能、软硬件资源的需求
10	项目影响	对当前和后续工作的影响
11	替代方案	有无好的替代方案
12	实现状态	该更改是否正在进行

3. 变更分派

将评审通过的变更申请交给配置控制小组执行，以项目变更通知书（见表 7—5）的形式下发到与变更有关的各个部门或项目干系人。

表 7—5　　项目变更通知书

<table>
<tr><td colspan="2">项目名称</td><td colspan="2"></td><td colspan="2">工程编号</td></tr>
<tr><td colspan="2">主送单位</td><td colspan="2"></td><td colspan="2">变更日期</td></tr>
<tr><td colspan="6">变更理由：</td></tr>
<tr><td colspan="6">变更内容：</td></tr>
<tr><td colspan="2">甲方单位　　年　月　日</td><td colspan="2">乙方单位　　年　月　日</td><td colspan="2">监理方单位　　年　月　日</td></tr>
<tr><td colspan="6">附注：</td></tr>
</table>

4. 变更实施

获得通过的变更申请可以直接作为变更授权表，根据变更内容，如涉及硬件变更，则应及时通知厂家备货；如涉及软件，则开发组要安排实施变更的必要资源，对代码的修改涉及设计、编码、测试、验证的过程，要对可能受影响的文档进行更新。

5. 变更验证

变更实施结束后，需要对其结果进行验证，判断实际产生的偏差以及对项目其他方面的影响。

信息系统项目变更控制是一个动态的过程，它始于项目的变化，终于项目变更的验证。在这一过程中，拥有充分的信息是做出合理变更的前提，这就需要记录整个变更过程，而记录本身就是项目变更控制的主要内容。

（六）结束项目或阶段

信息系统项目建设必须有始有终。结束项目或阶段是完结所有项目管理过程组的所有活动以正式结束项目或阶段的过程。在结束项目时，项目经理需要审查以前各阶段的收尾信息，确保所有项目工作都已完成，确保项目目标已经实现。由于项目范围是依据项目管理计划来考核的，因此项目经理需要审查该文件，确保在项目工作全部完成后才宣布项目结束。

如果项目在完工前就提前终止，在结束项目或阶段过程中还需要制定程序，以调查和记录提前终止的原因。

二、范围管理

界定范围是信息系统项目管理的首要之事，因为没有范围就谈不上信息系统项目的开始和结束，也谈不上预算控制，一切管理都在界定范围内进行，没有范围就无从谈起。

信息系统项目一般会涉及软件和硬件两方面，系统集成商在实施过程中，经常会遇到客户“需求蔓延”的情况，一个普通系统项目往往在启动、计划、执行、收尾时不断加入新功能，无论是客户要求还是项目人员对新技术的试验，都可能导致信息系统项目范围失控。

明确信息系统项目范围的主要目的是定义和控制哪些工作应包括在项目内，哪些工作不应包括在项目内。范围界定要有书面文件，即范围说明书，该文件包括用以确定信息系统项目或某个阶段是否成功完成的标准。一般由信息系统项目管理团队来编写范围说明书，需要注意的是，在编写过程中必须有信息系统项目的成果说明书，以作为范围规划的依据。

图 7—15 概括了信息系统项目范围管理（scope management）的各个过程。

图 7—15　信息系统项目范围管理示意图

（一）收集需求

收集需求是为实现信息系统项目目标而定义并记录干系人需求的过程。仔细掌握和管理项目需求与产品需求，对促进项目成功有重要作用。需求是指发起人、客户和其他干系人的已量化且记录下来的需要与期望。项目一旦开始，就应该足够详细地探明、分析和记录这些需求，以便日后进行测量。收集需求旨在定义和管理客户期望，需求是工作分解结构的基础，成本、进度和质量规划也都要在这些需求的基础上进行。

许多组织把需求分为项目需求和产品需求。项目需求包括商业需求、项目管理需求、交付需求等；产品需求则包括技术需求、安全需求、性能需求等。

（二）定义范围

定义范围是制定信息系统项目和产品详细描述的过程。详细项目范围说明书的编制，对信息系统项目的成功至关重要。应该根据信息系统项目启动过程中记载的主要可交付成果、假设条件和制约因素来编制项目范围说明书。在规划过程中，由于对项目有了更多的了解，因此应该更具体地定义与描述项目范围。应该分析现有风险、假设条件和制约因素的完整性，并在必要时补充其他的风险、假设条件和制约因素。

（三）创建工作分解结构

工作分解结构（WBS）是一个详尽的、分层次的（从全面到细节）树形结构，创建工作分解结构是把信息系统项目可交付成果和项目工作分解成较小的、更易于管理的组成部分的过程（如图 7—16、图 7—17 所示）。工作分解结构是以可交付成果为导向的工作层级分解，其分解的对象是项目团队为实现项目目标、提交所需可交付成果而实施的工作。工作分解结构每下降一个层次就意味着对项目工作更详尽的定义。工作分解结构组织并定义项目的总范围，代表现行项目范围说明书所规定的工作。

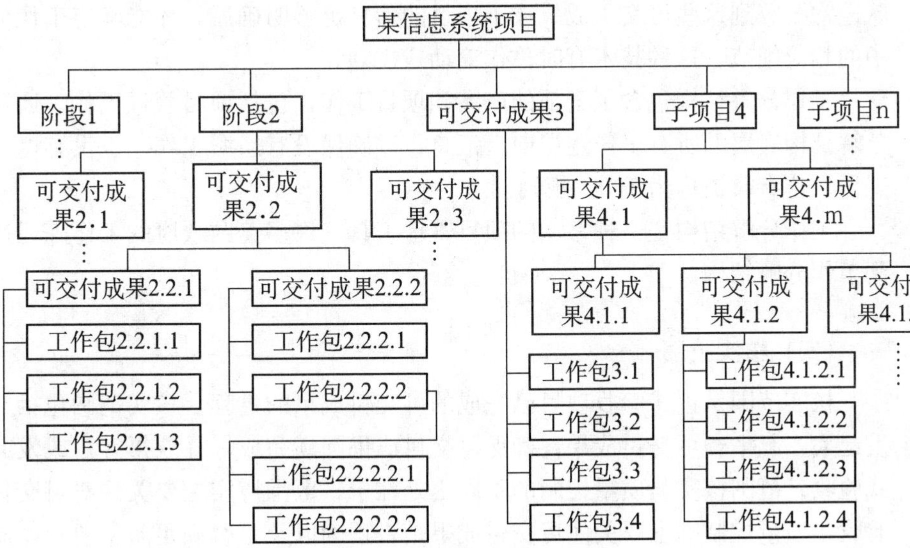

图 7—16　工作分解结构示例

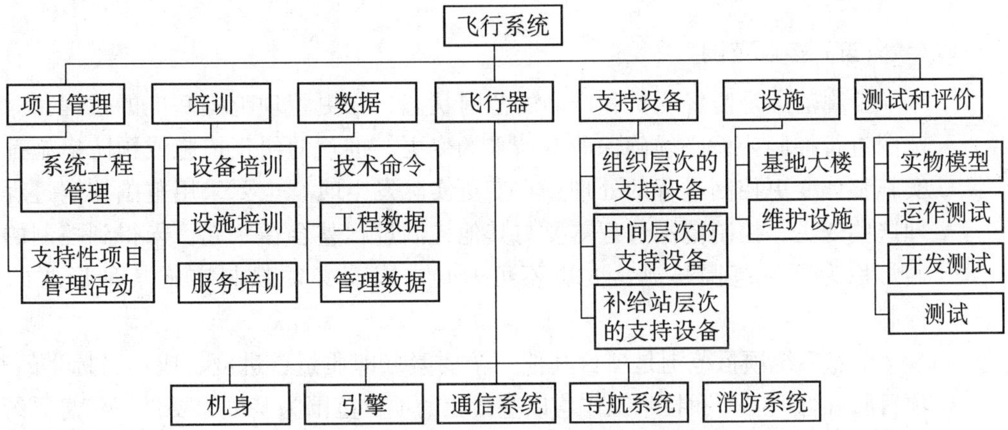

图 7—17　某飞行系统工作分解结构示意图

计划要完成的工作包含在工作分解结构底层的组成部分中，这些组成部分被称为“工作包”。可以基于工作包安排进度、估算成本和实施监控。在“工作分解结构”这个词中，“工作”是指经过努力所取得的成果，如工作产品或可交付成果，而非“努力”本身。

对工作分解结构上层的组成部分进行分解，就是要把每个可交付成果或子项目都分解为基本的组成部分，即可核实的产品、服务或成果。工作分解结构可以采用列表式、组织结构图式、鱼骨图式或其他方式。通过确认工作分解结构下层的组成部分是完成上层相应可交付成果的必要且充分的工作，来核实分解的正确性。不同的可交付成果可以分解到不同的层次。某些可交付成果只需分解一层即可到达工作包的层次，另一些则需分解更多层。工作分解得越细致，对工作的规划、管理和控制就越有力。但是，过细的分解会造成管理努力的无效耗费、资源使用效率低下以及工作实施效率降低。

要在未来远期才完成的可交付成果或子项目，当前可能无法分解。项目管理团队通常要等到这些可交付成果或子项目的信息足够明确后，才能确定工作分解结构中的相应细节。这种技术有时称作滚动式规划。

工作分解结构包含了全部的产品和项目工作，包括项目管理工作。通过把工作分解结构底层的所有工作逐层向上汇总，以确保没有遗漏工作，也没有增加多余的工作。这有时被称为100％规则。

工作分解结构是一种常用的项目管理工具，许多美国政府的工作陈述都需要用到工作分解结构。

（四）核实范围

核实范围是正式验收项目已完成的可交付成果的过程。核实范围包括与客户或发起人一起审查可交付成果，确保可交付成果圆满完成，并获得客户或发起人的正式验收。范围核实与质量控制的不同之处在于，范围核实主要关注对可交付成果的验收，质量控制则主要关注可交付成果是否正确以及是否满足质量要求。质量控制通常先于范围核实进行，二者也可同时进行。

（五）控制范围

控制范围是监督项目和产品的范围状态、变更管理范围基准的过程。对项目范围进行控制，就必须确保所有请求的变更、推荐的纠正措施或预防措施都经过实施整体变更控制过程的处理。在变更实际发生时，也要采用范围控制过程来管理这些变更。控制范围过程需要与其他控制过程整合在一起。未得到控制的变更通常称为项目范围蔓延。变更不可避免，因而必须强制实施某种形式的变更控制。

信息系统项目范围是项目其他三个要素（即质量、进度、成本目标）的基础，项目所有管理工作和技术工作均以基线化的项目范围为基础。要做好信息系统项目建设工作，首先要做好项目范围管理。

三、时间管理

项目时间管理（time management）包括保证项目按时完成的各过程，如图 7—18 所示。

信息系统项目时间管理

1.定义活动
（1）输入
范围基准
事业环境因素
组织过程资产
（2）工具与技术
分解
滚动式规划
模板
专家判断
（3）输出
活动清单
活动属性
里程碑清单

2.排列活动顺序
（1）输入
活动清单
活动属性
里程碑清单
项目范围说明书
组织过程资产
（2）工具与技术
紧前关系绘图法
确定依赖关系
利用时间提前量与滞后量
进度网络模板
（3）输出
项目范围说明书
项目文件(更新)

3.估算活动资源
（1）输入
活动清单
活动属性
资源日历
事业环境因素
组织过程资产
（2）工具与技术
专家判断
备选方案分析
出版的估算数据
自下而上估算
项目管理软件
（3）输出
活动资源需求
资源分解结构
项目文件(更新)

4.估算活动持续时间
（1）输入
活动清单
活动属性
活动资源需求
资源日历
项目范围说明书
事业环境因素
组织过程资产
（2）工具与技术
专家判断
类比估算
参数估算
三点估算
储备分析
（3）输出
活动持续时间估算
项目文件(更新)

5.制定进度计划
（1）输入
活动清单
活动属性
项目进度网络图
活动资源需求
资源日历
活动持续时间估算
项目范围说明书
事业环境因素
组织过程资产
（2）工具与技术
进度网络分析
关键路径法
关键链法
资源平衡
假设情景分析
利用时间提前量与滞后量
进度压缩
进度计划编制工具
（3）输出
项目进度计划
进度基准
进度数据
项目文件(更新)

6.控制进度
（1）输入
项目管理计划
项目进度计划
工作绩效信息
组织过程资产
（2）工具与技术
绩效审查
偏差分析
项目管理软件
资源平衡
假设情景分析
利用时间提前量与滞后量
进度压缩
进度计划编制工具
（3）输出
工作绩效测量结果
组织过程资产(更新)
变更请求
项目管理计划(更新)
项目文件(更新)

图 7—18　信息系统项目时间管理示意图

在开始项目时间管理的六个过程之前，项目管理团队需要先开展规划工作，尽管本节未把这项工作列为一个单独的过程。该规划工作是制定项目管理计划过程的一部分，目的是编制进度管理计划。在进度管理计划中，确定进度计划的编制方法和工具，并为编制进度计划、控制项目进度设定格式和准则。进度计划的编制方法旨在对进度计划编制过程中所用的规则和方法进行定义，其中大家耳熟能详的方法包括关键路径法（CPM）和关键链法。

在进度管理计划中，记录项目时间管理所需的各个过程及其工具与技术。进度管理计划是项目管理计划的一部分或子计划，可以是正式的或非正式的，也可以是非常详细的或高度概括的，具体视项目需要而定。进度管理计划中应包括合适的控制临界值。

（一）定义活动

定义活动是识别为完成信息系统项目可交付成果而需采取的具体行动的过程。

创建工作分解结构的过程已经识别出工作分解结构中底层的可交付成果，即工作包。项目工作包通常还应进一步细分为更小的组成部分，即活动——为完成工作包而必须开展的工作。活动是开展估算、编制进度计划以及执行和监控项目工作的基础。本过程意味着对进度活动进行定义和规划，以便实现项目目标。

（二）排列活动顺序

排列活动顺序是识别和记录项目活动间逻辑关系的过程。活动按逻辑关系排序，除了首尾两项之外，每项活动和每个里程碑都至少有一项紧前活动和一项紧后活动。为了使项目进度计划现实、可行，可能需要在活动之间加入时间提前量或滞后量。排序可使用项目管理软件，也可通过手工或自动化技术来实现。

（三）估算活动资源

估算活动资源是估算每项活动所需材料、人员、设备或用品的种类和数量的过程。项目管理软件有助于规划、组织与管理可用资源，以及编制资源估算。利用先进的软件，可以确定资源分解结构、资源可用性、资源费率和各种资源日历，从而有助于优化资源使用。

（四）估算活动持续时间

估算活动持续时间是根据资源估算的结果，估算完成单项活动所需工作时段数的过程。需要依据活动工作范围、所需资源类型、所需资源数量以及资源日历等，进行活动持续时间估算。应该由项目团队中最熟悉具体活动的个人或小组来提供活动持续时间估算所需的各种输入。对持续时间的估算是渐进明细的，取决于输入数据的数量和质量。例如，随着项目设计工作的推进，可供使用的数据越来越详细、越来越准确，持续时间估算的准确性也会越来越高。所以，可以认为，持续时间估算的准确性和质量会逐步提高。

具体而言，首先要估算出具体活动的工作量和计划投入该活动的资源数量，然后据此估算出为完成该活动所需的工作时段数（活动持续时间）。应该把每个活动持续时间估算所依据的全部数据与假设都记录在案。

对工作时间有特殊要求的资源，通常会提出备选的资源日历，列出可供选择的工作时段。大多数项目进度管理软件都可以利用项目日历与这些资源日历进行活动持续时间估算。除了遵循逻辑顺序之外，活动还需要按项目日历与适当的资源日历实施。

（五）制定进度计划

制定进度计划是分析活动顺序、持续时间、资源需求和进度约束，编制项目进度计划的过程。使用进度计划编制工具来处理各种活动、持续时间和资源信息，就可以制定出一份列明各项目活动的计划完成日期的进度计划。编制可行的项目进度计划，往往是一个反复进行的过程。这一过程旨在确定项目活动的计划开始日期与计划完成日期，并确定相应的里程碑。在编制进度计划的过程中，可能需要审查和修正持续时间估算与资源估算，以便制定出有效的进度计划。在得到批准后，该进度计划即成为基准，用来跟踪项目绩效。随着工作的推进、项目管理计划的变更以及风险性质的演变，应该在整个项目期间持续修订进度计划，以确保进度计划始终现实可行。

（六）控制进度

控制进度是监督项目状态以更新项目进展、变更管理进度基准的过程。进度控制需要：

（1）判断项目进度的当前状态。

（2）对引起进度变更的因素施加影响。

（3）确定项目进度是否已经发生变更。

（4）在变更实际发生时对其进行管理。

四、成本管理

信息系统项目成本管理（cost management）包括对成本进行估算、预算和控制的各过程，从而确保信息系统项目在批准的预算内完工。信息系统项目成本管理流程如图 7—19 所示。值得注意的是，在开始成本管理的这三个过程之前，项目管理团队需先行规划，形成一份成本管理计划，从而为规划、组织、估算、预算和控制项目成本统一格式，建立准则。

在某些项目（特别是范围较小的项目）中，成本估算与成本预算之间的联系非常紧密，以至于可视为一个过程，由一个人在较短的时间内完成

（一）估算成本

估算成本是对完成项目活动所需资金进行近似估算的过程。在估算成本时，需

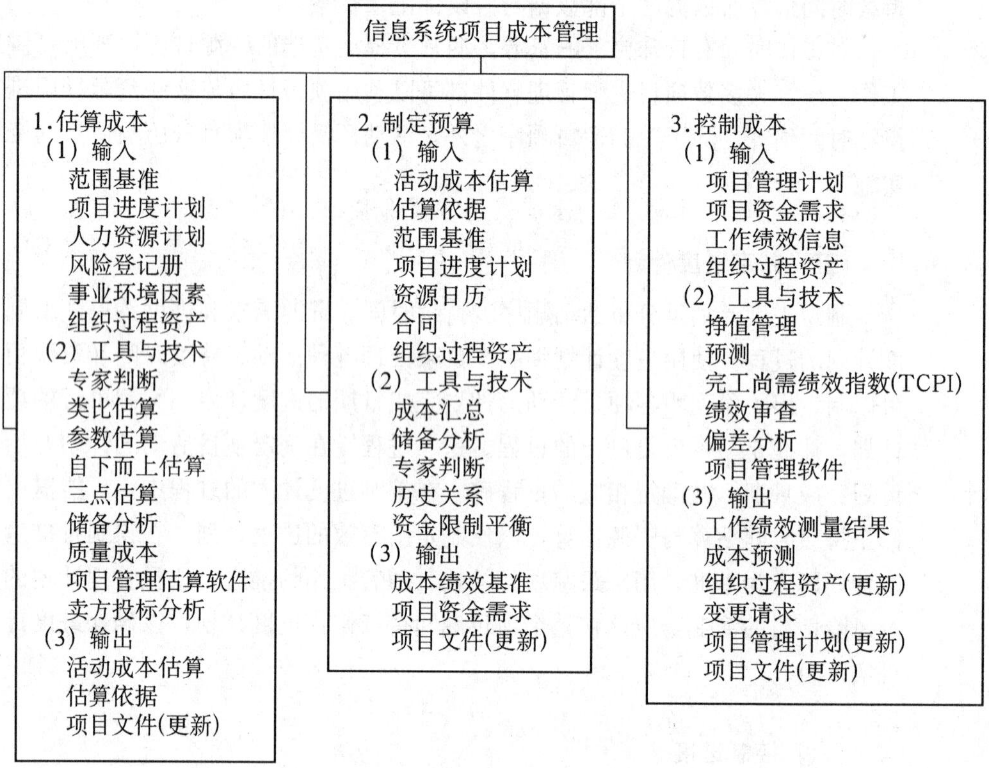

图 7—19 信息系统项目成本管理示意图

要识别和分析可用于启动与完成项目的备选成本方案，权衡备选成本方案并考虑风险。在项目过程中，应该根据新近得到的更详细的信息，对成本估算进行优化。在项目生命周期中，项目估算的准确性将随着项目的进展而逐步提高。因此，成本估算需要在各阶段反复进行。

（二）制定预算

制定预算是汇总所有单个活动或工作包的估算成本，建立一个经批准的成本基准的过程。成本基准中包括所有经批准的预算，但不包括管理储备。项目预算决定了被批准用于项目的资金，批准的预算用来考核项目成本绩效。

（三）控制成本

控制成本是监督项目状态以更新项目预算、变更管理成本基准的过程。更新预算需要记录截至目前的实际成本。只有经过实施整体变更控制过程的批准才可以增加预算。只监督资金的支出，而不考虑由这些支出所完成的工作的价值，这对项目没有什么意义，最多只能使项目团队不超出资金限额。所以，在成本控制中，应重点分析项目资金支出与相应完成的实体工作之间的关系。有效成本控制的关键在于，对经批准的成本绩效基准及其变更进行管理。此外，在项目成本控制中，要设法弄清引起正面和负面偏差的原因。

五、质量管理

信息系统项目质量管理（quality management）包括执行组织确定的质量政策、目标与职责的各过程和活动，从而使项目满足需求。它通过适当的政策和程序，采用持续的过程改进活动来实施质量管理体系。信息系统项目质量管理包括规划质量、实施质量保证和实施质量控制，其具体流程如图 7—20 所示。

信息系统项目质量管理

1.规划质量
(1) 输入
范围基准
干系人登记册
成本绩效基准
进度基准
风险登记册
事业环境因素
组织过程资产
(2) 工具与技术
成本效益分析
质量成本
标杆对照
实验设计
统计抽样
流程图
专有的质量管理方法
其他质量规划工具
(3) 输出
质量管理计划
质量测量指标
质量核对表
过程改进计划
项目文件（更新）

2.实施质量保证
(1) 输入
项目管理计划
质量测量指标
工作绩效信息
质量控制测量结果
(2) 工具与技术
规划质量和实施质量控制的工具与技术
质量审计
过程审计
(3) 输出
组织过程资产（更新）
变更请求
项目管理计划（更新）
项目文件（更新）

3.实施质量控制
(1) 输入
项目管理计划
质量测量指标
质量核对表
工作绩效测量结果
批准的变更请求
可交付成果
组织过程资产
(2) 工具与技术
因果图
控制图
流程图
直方图
帕累托图
趋势图
散点图
统计抽样
检查
审查已批准的变更请求
(3) 输出
质量控制测量结果
确认的变更
确认的可交付成果
组织过程资产（更新）
变更请求
项目管理计划（更新）
项目文件（更新）

图 7—20　信息系统项目质量管理示意图

（一）规划质量

规划质量是识别项目及其产品的质量要求和/或标准，并用文字描述项目将如何达到这些要求和/或标准的过程。质量规划应与其他项目规划过程并行开展。

（二）实施质量保证

实施质量保证是确保采用合理的质量标准和操作性定义的一个执行过程，它使用实施质量控制过程所产生的数据。质量保证部门或类似部门经常要对质量保证活动进行监督。无论其名称是什么，该部门都可能需要向项目团队、执行组织管理层、客户或发起人，以及其他未主动参与项目工作的干系人提供质量保证支持。实施质量保证也为持续过程改进创造了条件。持续过程改进是指不断地改进所有过程的质量。通过持续过程改进，可以减少浪费，消除非增值活动，使各过程在更高的效率与效果水平上运行。

（三）实施质量控制

实施质量控制是监测并记录执行质量活动的结果，从而评估绩效并建议必要变更的过程。质量控制工作贯穿项目的始终。质量标准既包括项目过程的质量标准，也包括项目产品的质量标准；项目成果既包括可交付成果，也包括项目管理成果，如成本与进度绩效。质量控制通常由质量控制部门或名称相似的组织单元来实施。通过质量控制活动，可识别造成过程低效或产品质量低劣的原因，并建议和/或采取措施来消除这些原因。

项目管理团队应具备质量控制方面的实用统计知识，尤其是抽样与概率知识，以便评估质量控制的结果。

六、人力资源管理

信息系统项目人力资源管理（human resource management）包括组织、管理与领导项目团队的各个过程。项目团队由为完成项目而有不同角色与职责的人员组成。项目团队成员也被称为项目员工，其类型和数量可能随着项目的进展而频繁变化。尽管项目团队成员各有不同的角色和职责，但让他们全员参与项目规划和决策仍是有益的。团队成员尽早参与，既可使他们对项目规划工作贡献专业技能，又可增强他们对项目的责任感。信息系统项目人力资源管理包括制定人力资源计划、组建项目团队、建设项目团队和管理项目团队，其具体流程如图 7—21 所示。

项目管理团队是项目团队的一部分，负责项目管理和领导活动，如各项目阶段的启动、规划、执行、监督、控制和收尾。项目管理团队也称核心团队、执行团队或领导团队。对于小型项目，项目管理职责可由整个项目团队分担，或者由项目经理独自承担。为了更好地开展项目，项目发起人应该与项目管理团队一起工作，特别是协助为项目筹资、明确项目范围、监督项目进程以及影响他人。

（一）制定人力资源计划

制定人力资源计划是识别和记录项目角色、职责、所需技能以及报告关系，并编制人员配备管理计划的过程。通过编制人力资源计划，识别和确定那些拥有项目所需技能的人力资源。在人力资源计划中，应该包括项目角色与职责记录、项目组织机构图，以及带人员招募和遣散时间表的人员配备管理计划。它可能还包括培训需求、团队建设策略、认可与奖励计划、合规性考虑、安全问题以及人员配备管理

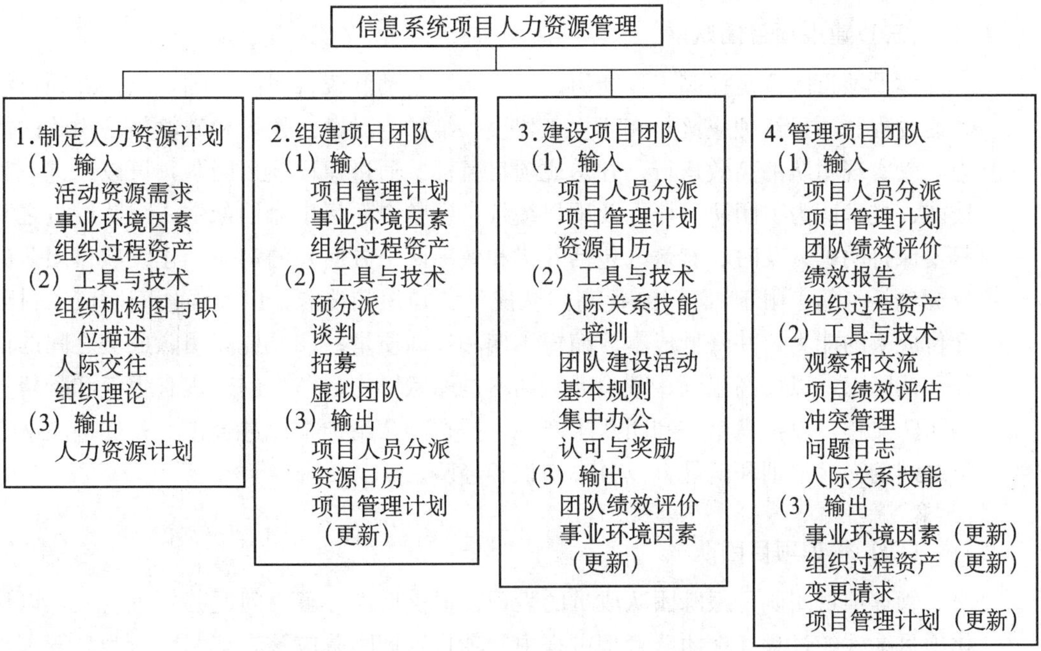

图 7—21　信息系统项目人力资源管理示意图

计划对组织的影响等。

在制定人力资源计划的过程中，应该特别关注稀缺或有限人力资源的可得性，或者各方面对这些资源的竞争。可按个人或小组分派项目角色。这些个人或小组可来自项目执行组织的内部或外部。其他项目可能也在争夺具有相同能力或技能的资源。这些因素可能对项目成本、进度、风险、质量及其他方面有显著影响。编制人力资源计划时，必须认真考虑这些因素，并编制人力资源配备的备选方案。

（二）组建项目团队

组建项目团队是确认可用人力资源并组建项目所需团队的过程。出于集体劳资协议、分包商人员使用、矩阵型项目环境、内外部报告关系及其他各种原因，项目管理团队对选择团队成员不一定拥有直接控制权。在组建项目团队的过程中应特别注意以下几点：（1）项目经理或项目管理团队应该进行有效谈判，并影响那些能为项目提供所需人力资源的人员。（2）如果不能获得项目所需的人力资源，可能影响项目进度、预算、客户满意度、质量和风险，可能降低成功概率，甚至最终导致项目取消。（3）如因制约因素、经济因素或其他项目对资源的占用等而无法获得所需的人力资源，在不违反法律、规章、强制性规定或其他具体标准的前提下，项目经理或项目团队可能不得不使用替代资源（也许能力较低）。

在项目规划阶段，应该对上述因素加以考虑并做出适当安排。项目经理或项目管理团队应该在项目进度计划、项目预算、项目风险计划、项目质量计划、培训计划及其他相关计划中，说明缺少所需人力资源可能造成的影响。

（三）建设项目团队

建设项目团队是提高工作能力、促进团队互动和改善团队氛围，以提高项目绩效的过程。项目经理应该具有建立、建设、维护、激励、领导和鼓舞项目团队的能力，以实现团队的高效运行，并达成项目目标。通过建设项目团队，可以改进人际技能、技术能力、团队环境以及项目绩效。在整个项目生命周期中，团队成员之间都要保持明确、及时、有效（包括效果和效率两个方面）的沟通。建设项目团队的目标包括（但不限于）：（1）提高团队成员的知识和技能，以增强他们完成项目可交付成果的能力，并降低成本、缩短工期和提高质量；（2）提高团队成员之间的信任和认同感，以提高士气、减少冲突和增进团队协作；（3）创建富有生气和凝聚力的团队文化，以提高个人和团队生产率，振奋团队精神，促进合作，并促进团队成员之间的交叉培训和辅导，以分享知识和经验。

（四）管理项目团队

管理项目团队是跟踪团队成员的表现，提供反馈，解决问题并管理变更，以优化项目绩效的过程。在团队管理过程中，项目管理团队应该观察团队行为，管理冲突，解决问题，并评估团队成员的绩效，同时，还需要借助多方面的管理技能来培养团队协作精神，整合团队成员的工作，从而创建高效团队。另外，项目经理应该向团队成员分配富有挑战性的任务，并对优秀绩效进行表彰。

通过管理项目团队，可以提交变更请求，更新人力资源计划，解决问题，为绩效评估提供输入，以及为组织数据库增加经验教训。

七、沟通管理

信息系统项目沟通管理（communication management）包括为确保项目信息及时且恰当地生成、收集、发布、存储、调用并最终处置所需的各个过程。项目经理的大多数时间都用在与团队成员和其他干系人的沟通上，无论这些成员和干系人来自组织内部还是组织外部。有效的沟通能在各种各样的项目干系人之间架起一座桥梁，把具有不同文化和组织背景、不同技能水平以及对项目执行或结果有不同观点和利益的干系人联系起来。信息系统项目沟通管理包括识别干系人、规划沟通、发布信息、管理干系人期望和报告绩效，其具体流程如图 7—22 所示。

（一）识别干系人

识别干系人是识别所有受项目影响的人员或组织，并记录其利益、参与情况和对项目成功的影响的过程。其中，项目干系人是指积极参与项目，或其利益可能受项目实施或完成的积极或消极影响的个人和组织，他们可能对项目及其可交付成果施加影响。这些干系人可能来自组织内部的不同层级，具有不同级别的职权；也可能来自项目执行组织的外部。

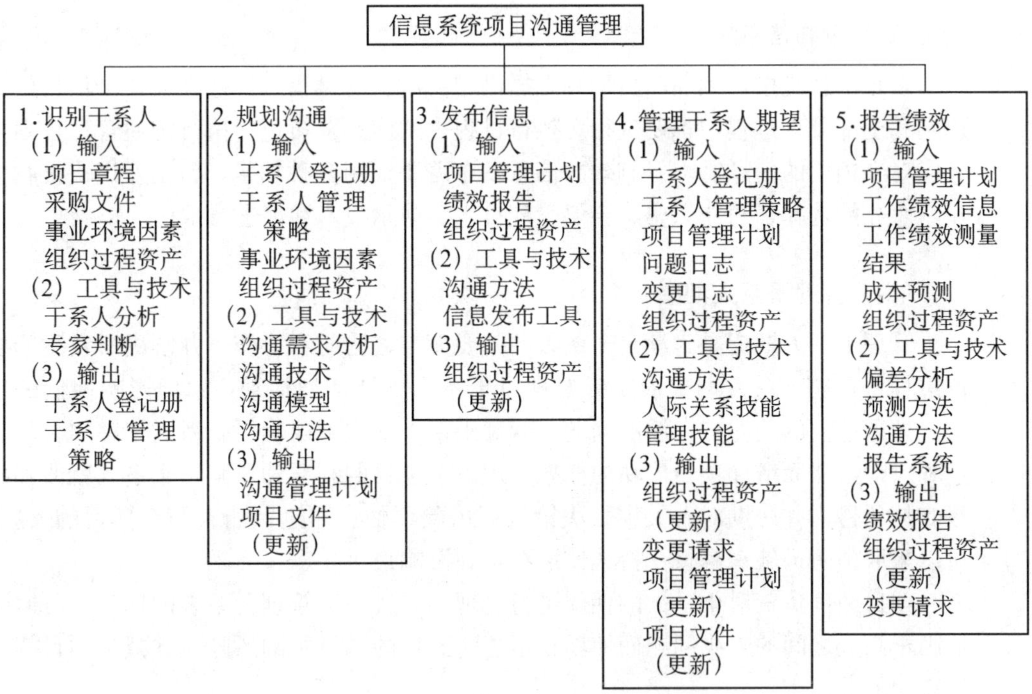

图7—22　信息系统项目沟通管理示意图

识别干系人需要在项目的早期进行，并分析他们的利益、期望、重要性和影响力，这对项目成功非常重要。之后，可以制定一个策略，用来接触每个干系人并确定其参与项目的程度和时机，以便尽可能提高他们的正面影响，降低潜在的负面影响。在项目执行期间，应定期对上述分析和沟通策略进行审查，以便做出必要的调整。

大多数项目都有为数众多的干系人。由于项目经理的时间有限，必须尽可能有效利用，因此应该按干系人的利益、影响力和参与项目的程度对其进行分类。这样一来，项目经理就能集中精力处理那些重要的关系，确保项目成功。

（二）规划沟通

规划沟通是确定项目干系人的信息需求，并定义沟通方法的过程。规划沟通过程旨在对干系人的信息和沟通需求做出应对安排，如谁需要何种信息，何时需要，如何向他们传递，以及由谁传递。虽然所有项目都需进行信息沟通，但是各项目的信息需求和信息发布方式可能差别很大。识别干系人的信息需求并确定满足这些需求的适当方法，是决定项目成功的重要因素。

沟通规划不当，将会导致信息传递延误、向错误的受众传递敏感信息或与某些干系人沟通不足等问题。因此，在整个项目生命周期中，应该对沟通规划过程的结果进行定期审查并做必要修改，以保证其适用性。

(三) 发布信息

发布信息是按计划向项目干系人提供相关信息的过程。该过程在整个项目生命周期和全部管理过程中都要进行。执行过程中的信息发布包括执行沟通管理计划以及应对未预期的信息需求。有效的信息发布需要采用多种技术，包括发送—接收模型、媒介的选择、写作风格、会议管理技术、演示技术和促进技术。

(四) 管理干系人期望

管理干系人期望是为满足干系人的需要而与之沟通和协作，并解决所发生问题的过程。管理干系人期望涉及针对项目干系人开展沟通活动，以便影响他们的期望，处理他们的关注点并解决问题。管理干系人期望可以确保干系人理解项目的利益和风险，从而增加项目成功的概率。理解了项目的利益和风险，干系人就能够积极支持项目，并协助对有关项目决策进行风险评估。通过预测人们对项目的反应，可以采取预防措施来赢得支持或使潜在负面影响最小化。

项目经理负责对干系人的期望进行管理。通过积极管理干系人的期望，可以降低因干系人之间的未决问题而使项目不能达到目的和目标的风险，并减少项目实施过程中的混乱。

(五) 报告绩效

报告绩效是收集并发布绩效信息的过程，这些信息包括状态报告、进展测量结果和预测情况。绩效报告过程包括定期收集、对比和分析基准与实际数据，以便了解和沟通项目进展与绩效情况，并预测项目结果。

绩效报告需要向每个受众适度地提供信息。绩效报告的格式可以是简单的状态报告，也可以是详细的描述报告。简单的状态报告可显示诸如“完成百分比”等绩效信息，或每个领域的状态指示图。详细的描述报告可能包括：(1) 对过去绩效的分析；(2) 当前的风险和问题状态；(3) 本期完成的工作；(4) 下一时期需要完成的工作；(5) 本期批准的变更的汇总；(6) 必须审查和讨论的其他相关信息。此外，一份完整的报告还应包括预测的项目完工时间和完工成本。

八、风险管理

信息系统项目风险管理（risk management）包括风险管理规划、风险识别、风险分析、风险应对规划和风险监控等各个过程，具体流程如图 7—23 所示。项目风险管理的目标在于提高项目积极事件的概率和影响，降低项目消极事件的概率和影响。

(一) 规划风险管理

规划风险管理是定义如何实施项目风险管理活动的过程。认真、明确地进行规

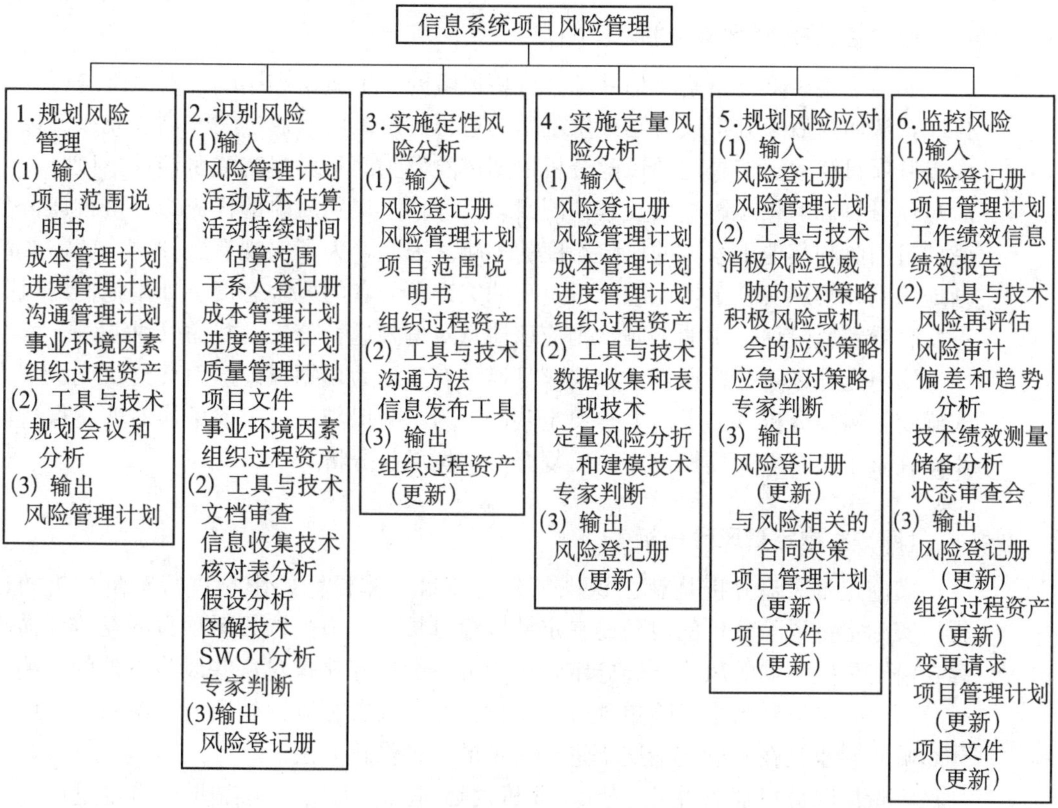

图 7—23　信息系统项目风险管理示意图

划，可以提高其他风险管理过程的成功概率。规划风险管理非常重要，不但可以确保风险管理的程度、类型和可见度与风险以及项目对组织的重要性相匹配，还可以为风险管理活动安排充足的资源和时间，并为评估风险奠定一个共同认可的基础。规划风险管理过程在项目构思阶段就应开始，并在项目规划阶段的早期完成。

（二）识别风险

识别风险是判断哪些风险会影响项目并记录其特征的过程。风险识别活动的参与者可包括：项目经理、项目团队成员、风险管理团队、客户、项目团队之外的主题专家、最终用户、其他项目经理、干系人和风险管理专家。虽然上述人员往往是风险识别过程的关键参与者，但还应鼓励全体项目人员参与风险识别工作。识别风险是一个反复进行的过程，因为在项目生命周期中，随着项目的进展，新的风险可能产生或为人所知。反复的频率以及每一轮的参与者因具体情况而异。应该采用统一的格式对风险进行描述，确保可以把项目中一个风险事件的影响与其他事件进行比较。项目团队应参与识别风险过程，以便创造并维持团队成员对风险及其应对措施的主人翁感和责任感。项目团队之外的干系人可以提供其他客观信息。

（三）实施定性风险分析

实施定性风险分析是评估并综合分析风险的发生概率和影响，对风险进行优先排序，从而为后续分析或行动提供基础的过程。组织可以通过关注高优先级的风险来提升项目绩效。实施定性风险分析根据风险发生的相对概率或可能性、风险发生后对项目目标的相应影响以及其他因素，来评估已识别风险的优先级。这类评估会受项目团队和其他干系人的风险态度的影响。因此，为了实现有效评估，就需要清晰地识别和管理实施定性风险分析过程的关键参与者的风险态度。如果他们的风险态度会导致风险评估中的偏颇，则应该注意对偏颇进行分析，并加以纠正。

实施定性风险分析通常可以快速且经济有效地为规划风险应对建立优先级，为实施定量风险分析（如果需要）奠定基础。为了确保与项目风险的实时变化保持同步，在整个项目生命周期内应该反复开展定性风险分析。

（四）实施定量风险分析

实施定量风险分析是就已识别风险对项目整体目标的影响进行定量分析的过程。实施定量风险分析的对象是在定性风险分析过程中被认为对项目的竞争性需求存在潜在重大影响的风险。实施定量风险分析的过程就是对这些风险事件的影响进行分析。它可以对每个风险单独进行量化评级，或者可以评估所有风险对项目的总体影响。它也是在不确定情况下进行决策的一种量化方法。

定量风险分析通常在定性风险分析之后进行。有时，不需要实施定量风险分析，就可以制定出有效的风险应对措施。在特定的项目中，究竟采用哪种（些）方法进行风险分析，取决于可用的时间和预算，以及对风险及其后果进行定性或定量描述的需要。在规划风险应对之后，应该随着监控风险过程的开展，重新实施风险定量分析，以确定项目总体风险的降低幅度是否令人满意。通过反复进行定量风险分析，可以了解风险的发展趋势，并揭示增减风险管理措施的必要性。

（五）规划风险应对

风险包括能影响项目成功的威胁和机会。规划风险应对是针对项目目标，制定提高机会、降低威胁的方案和措施的过程。规划风险应对过程在实施定性风险分析过程和实施定量风险分析过程之后进行，包括确定和分配某个人（即“风险应对责任人”）来实施已经过同意和获得资金支持的风险应对措施。在规划风险应对的过程中，需要根据风险的优先级来制定应对措施，并把风险应对所需的资源和活动加进项目的预算、进度计划和项目管理计划。拟定的风险应对措施必须与风险的重要性相匹配，能经济有效地应对挑战，在当前项目背景下现实可行，能获得全体相关方的同意，并由一名责任人具体负责。风险应对措施还必须及时，常常需要从几个备选方案中选择一种最佳的风险应对措施。

（六）监控风险

监控风险是在整个项目中，实施风险应对计划、跟踪已识别风险、监测残余风险、识别新风险和评估风险过程有效性的过程。项目管理计划中所列的风险应对措施应该在项目生命周期中实施，同时，需要持续监督项目工作，以便发现新风险、风险变化以及过时的风险。

监控风险过程需要采用诸如偏差和趋势分析等各种技术。这些技术需要以项目实施中生成的绩效信息为基础。监控风险可能涉及选择替代策略、实施应急或恢复计划、采取纠正措施，以及修订项目管理计划。风险应对责任人应定期向项目经理汇报计划的有效性、未曾预料到的后果，以及为合理应对风险所需采取的纠正措施。在监控风险的过程中，还应更新组织过程资产，以使未来的项目受益。

九、采购管理

信息系统项目采购管理（procurement management）包括从项目组织外部采购或获得所需产品、服务或成果的各个过程。项目组织既可以是项目产品、服务或成果的买方，也可以是卖方。信息系统项目采购管理过程包括规划采购、实施采购、管理采购和结束采购，具体流程如图 7—24 所示。

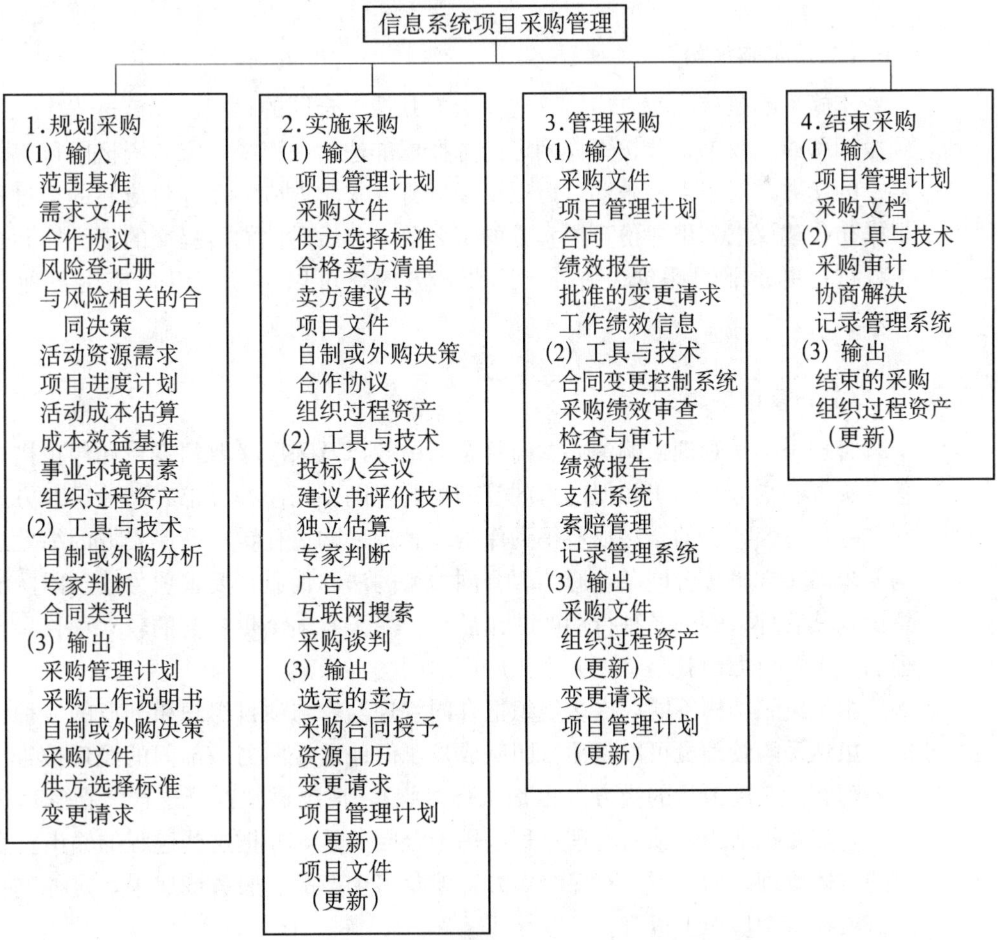

图 7—24　信息系统项目采购管理示意图

（一）规划采购

规划采购是记录项目采购决策、明确采购方法、识别潜在卖方的过程。规划采购需要识别哪些项目需求最好或必须通过从项目组织外部采购产品、服务或成果来实现，哪些项目需求可由项目团队自行完成。在规划采购过程中，要决定是否需要取得外部支持。如果需要，则还要决定采购什么、如何采购、采购多少，以及何时采购。如果项目需要从执行组织外部取得所需的产品、服务和成果，则每次采购都要经历从规划采购到结束采购的各个过程。如果买方希望对采购决定施加一定影响或控制，那么在规划采购过程中，还应该考虑对潜在卖方的要求。同时，也应考虑由谁负责获得或持有法律、法规或组织政策所要求的相关许可证或专业执照。

项目进度计划会对规划采购过程中的采购策略制定产生重要影响。在编制采购管理计划过程中所做出的决定也会影响项目进度计划。应该把采购管理计划编制工作与制定进度计划、估算活动资源和自制或外购决策等整合起来。在规划采购过程中，要考虑每个自制或外购决策所涉及的风险，也要审查为降低风险（有时向卖方转移风险）而拟使用的合同类型。

（二）实施采购

实施采购是获取卖方应答、选择卖方并授予合同的过程。在该过程中，团队收到投标书或建议书，并按事先确定的选择标准选出一家或多家有资格履行工作且可接受的卖方。对于大宗采购，可以反复进行寻求卖方应答和评价应答的全过程。可根据初步建议书列出一份合格卖方的短名单，然后对他们所提交的更具体和全面的文件进行更详细的评价。另外，选择卖方时，可以单独或组合使用各种工具与技术。

（三）管理采购

管理采购是管理采购关系、监督合同绩效以及采取必要的变更和纠正措施的过程。买方和卖方都出于相似的目的管理采购合同。任何一方都必须确保双方履行合同义务，确保各自的合法权益得到保护。管理采购过程旨在确保卖方的绩效达到采购要求，买方也按合同条款履约。合同关系的法律性质，要求项目管理团队清醒地意识到其管理采购的各种行动的法律后果。对于有多个供应商的较大项目，合同管理的一个重要方面就是管理各个供应商之间的界限。

由于组织结构不同，许多组织把合同管理当作与项目组织相分离的一种管理职能。虽然采购管理员可以是项目团队成员，但他通常向另一部门的经理报告。对于为外部客户实施项目的卖方（也是执行组织），情况通常都是这样。在管理采购过程中，需要把适当的项目管理过程应用于合同关系，并把这些过程的输出整合进项目的整体管理。如果项目有多个卖方，涉及多个产品、服务或成果，这种整合就经常需要在多个层面上进行。

在管理采购过程中，还需要进行财务管理工作，监督向卖方的付款。该工作旨在确保合同中的支付条款得到遵循，并按合同规定确保卖方所得的款项与实际工作进度相适应。向供应商支付时，需要重点关注的一个问题是，支付金额要与已完成的工作紧密联系起来。

在管理采购过程中，应该根据合同来审查和记录卖方当前的绩效或截至目前的绩效水平，并在必要时采取纠正措施。可以通过这种绩效审查，考察卖方在未来项目中实施类似工作的能力。在需要确认卖方未履行合同义务，并且买方认为应该采取纠正措施时，也应进行类似的审查。管理采购还包括根据合同终止条款来管理合同的提前终止（因便利或违约）。

在合同收尾前，经双方共同协商，可以随时根据合同的变更控制条款对合同进行修改。这种修改并不总是同时有利于买卖双方。

（四）结束采购

结束采购是完结单次项目采购的过程。要结束采购，就需要确认全部工作和可交付成果均可验收。因此，结束采购过程可以支持结束项目或阶段过程。

结束采购过程还包括一些行政工作，例如，处理未决索赔、更新记录以反映最后的结果，以及将信息存档供未来使用等。需要针对项目或项目阶段中的每个合同，开展结束采购过程。在多阶段项目中，合同条款可能仅适用于项目的某个特定阶段。在这种情况下，结束采购过程就只能结束该项目阶段的采购。采购结束后，未决争议可能需要进入诉讼程序。合同条款和条件可以规定结束采购的具体程序。

合同提前终止是结束采购的一个特例。合同可由双方协商一致而提前终止，或因一方违约而提前终止，或者为买方的便利而提前终止（如果合同中有这种规定）。合同终止条款规定了双方对提前终止合同的权利和责任。根据这些条款，买方可能有权因各种原因或仅为自己的便利而随时终止整个合同或合同的某个部分。但是，根据这些条款，买方应该就卖方为该合同或该部分所做的准备工作给予补偿，并就该合同或该部分中已经完成和验收的工作支付报酬。

十、知识管理

知识管理（knowledge management）是新兴的管理模式。在信息系统项目管理中，知识的地位和作用显而易见。如果得以有效管理，知识能用来缩短项目时间，提高质量。项目知识管理包括项目知识需求分析、人员及组织的知识结构调查、知识获取、知识学习、知识传播和共享、知识应用、知识创造等知识管理活动。

项目具有明显的阶段性，每个阶段都包括一系列的工作，所有的工作都由过程完成，因此，项目知识管理是一种面向过程的管理。将相关文档、出现的问题和解决方案、获得的经验及相关人员等按照项目实施的阶段、流程进行组织，通过知识与项目流程的结合，使项目工作变得更加有效。

项目的不同参与主体和管理层级对项目知识有不同的需求。大型项目涉及多个参与方，各参与方各自的职责和利益取向不同，其收集信息进而转换为知识为自己所用的关注点也不同。即便在一个单位内部，不同的管理层级对知识的需求也是不同的，如决策层需要融合性知识，管理层需要传递性知识（既包括高层的知识内涵，也包括下层知识的提升），基层需要技能性知识。

不同类型的项目具有不同的知识管理重点。不同项目类型需要采用不同的知识管理战略，这样才能为每种类型的项目提供最有价值的知识管理实践路径。

项目知识管理的理论框架可以从三个方面进行构建：

1. 项目知识管理活动流程及技术实现

项目知识管理活动流程及技术实现研究项目成员及组织如何开展知识管理活动以及如何构建项目知识管理系统，主要基于项目层知识管理和组织层知识管理两个层面来开展。项目层知识管理研究项目团队如何开展知识管理活动，主要包括项目知识共享、项目知识积累和跨项目知识转移。组织层知识管理研究长期性组织项目知识管理的流程及技术实现，主要从知识收集、知识集成、知识组织、知识存储等方面展开。

2. 项目知识管理保障

项目知识管理保障是研究组织为促进项目知识管理实施提供的保障措施和手段。这些保障措施和手段是提高知识管理成效的重要途径。可从以下三个方面进行：一是组织保障，包括建立知识管理战略，设置专职或兼职的知识管理机构，明确首席知识官的职位与地位等；二是基础设施建设，包括项目现场知识获取的便利性，网络资源的便利性，信息化水平，知识库的建设与应用，知识门户网站的建设与应用等；三是制度保障，包括建立标准化的工作流程，设立顾问制度，重视项目结束阶段的总结，为知识积累和贡献分配资源，建立知识共享的激励机制等。

3. 项目知识管理评估

项目知识管理评估是评价项目知识管理的实施效果。项目知识管理是一个逐步完善的过程，可从过程能力和基础设施能力两方面构建项目环境下的知识评价指标体系，并构建评价项目知识管理绩效的模型。

在知识经济时代，主动创造和运用知识去开展各种创新活动，成为人们获得更多财富的主导模式。项目是创新活动的载体，是知识经济社会最主要的活动内容之一。项目管理需要对知识、承载知识的人、项目的知识活动进行管理，因此，项目知识管理对搞好项目管理和提高项目管理水平具有重要作用。

基本概念

整体管理（integration management）

范围管理（scope management）

时间管理（time management）

成本管理（cost management）

人力资源管理（human resource management）

沟通管理（communication management）

质量管理（quality management）

风险管理（risk management）
采购管理（procurement management）
知识管理（knowledge management）

思考题

1. 什么是项目？试列举你身边的几个项目实例。
2. 信息系统项目的特点有哪些？
3. 信息系统项目的组织形式有哪些？说明它们各自的优缺点。
4. 简述项目管理知识体系。
5. 简述信息系统项目管理中整体管理、范围管理、时间管理、成本管理、质量管理、人力资源管理、沟通管理和风险管理各流程所包含的主要内容。

案例分析

Wadcom 公司：项目管理需要沟通

Wadcom 是一家跨国电信设备公司，在中国设有分支机构。公司在中国的组织结构如图 7—25 所示。

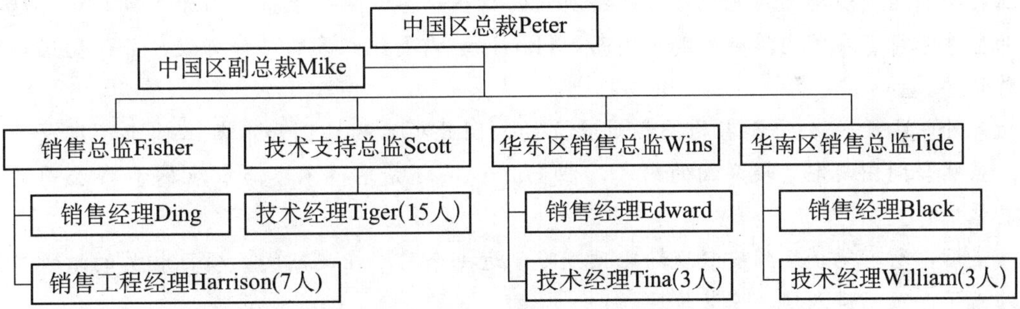

图 7—25　Wadcom 公司在中国的组织结构图

2000 年 7 月，Wadcom 公司与中国的运营商 A 公司签订了全国 29 个城市的 IP 电话设备供货合同，合同总值超过 1.5 亿元，计划一年完成。

为此，Wadcom 公司成立了专门的项目团队，由销售工程经理 Harrison 担任项目经理。项目团队的其他成员如表 7—6 所示。项目的干系人还包括 A 公司在国内 29 个城市负责确保现场安装环境的工程师，以及 A 公司聘请的负责系统测试的工程师。

表 7—6　　A 公司项目组成员

项目经理	销售团队	系统安装技术支持	开发团队	生产工厂	订单管理
Harrison，Jane 是 Harrison 的助手	Ding 为负责人，Bing 为售前工程师	Tiger 团队中的 6 人(华北)，Tina 团队(华东)，William 团队(华南)	Grant 为开发团队负责人，Art 为开发团队的项目经理	Nick 为生产项目经理	Jerry 为订单管理经理

7月20日，Wadcom公司中国区总裁Peter召开了第一次项目大会，开发团队中的Grant和Art以及生产项目经理Nick和订单管理经理Jerry通过电话参加会议。会上宣布了项目团队的组建事宜。

随后的一周，Harrison和助手Jane一起完成了项目说明书和项目计划的起草，并提请相关人员确认。之后，项目正式启动。

项目初期进展得很顺利。很快，Harrison和Jane就制定出了项目时间计划、资源管理计划和风险管理计划等。

此时，位于美国总部的开发团队项目经理Art提出，希望销售工程师能够提供更多的用户需求细节以便提高开发效率和准确性。为此，Harrison确定了为期一个半月的每周开发例会，要求Art和售前工程师Bing以及相关人员参加。

紧接着，订单管理经理Jerry告诉Harrison，由于事先没有沟通，出于"零库存"的考虑，公司没有过多备件，需要延长交货时间。Harrison在与生产项目经理Nick讨论后得知，交货时间可能比预期要晚两个月。显然，这是无法接受的。因此，Harrison将此问题提交给Peter。Peter要求Harrison确定为期两个月的每周两次的订单状态报告和协调会议，并要求相关的高层经理参加，尽量缩短交货时间。

在即将交货的前两周，在一次和A公司的研讨会上，Harrison突然得知A公司项目中有些辅助备件现场缺货，这将影响施工进度。无奈之下，Harrison要求系统安装和支持队伍在两周内到现场做实地勘察，并将所需的材料和备件统一上报。由于工期紧迫，这些辅助备件不得不在国内单独采购。因而，Harrison需要组织采购工作会议，并设置采购的工作程序。

此外，由于A公司各省局是相对独立的，因此项目的培训和准备工作比预期更为复杂。虽然合同中规定了较详细的内容，但Harrison还是不得不参与本应属于A公司的一些具体工作。

最后，所有货物运到安装现场比预期晚了近一个月。在此期间，项目相关的培训工作也结束了，项目进入现场安装阶段。

Harrison本以为项目前期那些繁杂的会议可以减少，然而很快他就发现新的问题接踵而来。由于恰逢国内春节假期，A公司各省局全部封网，项目不能按计划进行。Harrison需要重新计划各地的实施日期，这给原本紧张的工期又增加了压力。另外，由于工期的延误，负责施工的技术人员已开始忙于其他工程，Harrison不得不重新与负责技术支持的经理磋商安排。

经过近3个月的安装和调试，系统开始试运行。按照合同规定，尾款要等到验收合格后才能支付，双方都组织了各自的测试队伍。3个月后，系统通过测试，项目在2001年9月底结束。

资料来源：http：//www.pmshop.org/？article-91.html。

思考

1. 项目经理Harrison需要与哪些部门进行沟通？由于他在沟通管理方面做得不够，出现了哪些问题？

2. 在项目中，项目经理Harrison应怎样进行更有效的沟通管理？

第 8 章 管理信息系统的评价与运行管理

本章要点

1. 理解系统评价的含义和特点
2. 了解信息系统的评价指标及评价方法
3. 了解信息系统评估报告的内容
4. 熟悉管理信息系统运行管理的主要内容，并了解运行管理的组织和人员
5. 了解管理信息系统维护的内容
6. 了解信息资源管理的含义和内容

引　例

电力企业信息系统运行维护标准化管理

国家电网公司信息化 SG186 工程的竣工，标志着全球规模最大、用户和服务客户最多的一体化集团企业级信息系统全面投入使用。随着信息系统建设完成上线投入运营，系统越来越复杂，各业务系统间的耦合关系日趋紧密，建立与之相适应的运行维护能力，保障信息系统安全、稳定、高效运行，配合信息化建设，推动深化应用，提高用户满意度，传统的信息系统运行维护面临巨大挑战。

电力企业信息系统运行维护标准化管理，以标准化运行维护管理体系为基线，以流程化管理为手段，以运行维护管理平台为工具，是对 ITIL 最佳实践以及 ISO 2000 国际标准的本地化改造，有助于构建适合电力企业自身特点的信息系统运行维护管理体系。

建设一套标准、规范、完善的管理体系并不难，难的是如何能让这套体系切实“落地”，各环节严格按照管理制度和工作规范执行，体系执行力度恰到好处，管理流程行之有效，绩效考核切实起到推动作用而非形同虚设，等等。为达到上述目标，可从以下环节逐步实现运行维护工作的标准化和规范化：

（1）构建信息系统运行维护服务管理体系，提高信息系统运行维护管理水平。

（2）根据业务发展需要设立适当的信息化绩效考核指标，促进薄弱环节的提升。

（3）运行维护管理流程精细化“落地”，运行维护人员执行操作时均“有法可依”、“有据可查”，提高运行维护工作质量。

（4）实施运行维护质量管理，通过技术督察等手段，及时发现管理流程各环节执行

的不足，适时纠正预防，持续改进管理流程。

(5) 设计规范严谨的报表体系，定期统计数据信息，分析信息系统健康运行、运行管理、信息安全及业务应用等情况，推动信息系统运行维护服务及管理水平再创新高。

资料来源：http：//www.cpite.cn/2011/0210/1850.html。

第1节 管理信息系统的评价

管理信息系统的评价是一项困难的工作。首先，与一般工程不同，信息系统工程的投资不可能是一次性的，也不可能只是硬件上的投资。随着系统的建设和运行，需要一系列不明显的费用投资，如开发费用、软件费用、运行费用、维护费用等，而这些费用所占的比例越来越大。其次，信息系统的见效有着显著的滞后性、相关性和不明显性。信息系统的效果要在系统建成并使用相当长一段时间之后才能显现，而且信息系统的效益与管理体制、管理基础、用户使用的积极性、用户的技术水平等密切相关。因此，影响信息系统的因素非常多，定性的、定量的因素，技术的、艺术的、观念的因素等交叉在一起，使得管理信息系统的评价成了极为复杂的课题，故研究管理信息系统的科学评价过程及评价方法，对促进管理信息系统的建设，加速企业信息化进程，具有重要的意义。

一、系统评价的概念和特点

管理信息系统评价（system evaluation）是指系统转换投入运行后，对新系统所做的全面评价，是系统开发的最后一个步骤。它是确保系统按预期要求运行的系统分析过程。

系统评价的特点是：

(1) 多因素和多指标。信息系统作为评价对象，涉及的因素众多、规模庞大、结构复杂，且描述系统整体特性和反映系统目标的指标体系是多层次的，因此，系统评价是多因素、多指标和多层次结构的。

(2) 定性分析与定量分析相结合。系统评价时，既有定量的指标又有定性的指标，因此，需要定量和定性分析相结合。

(3) 动态分析与不确定性分析相结合。评价需要评价尺度和标准，而尺度和标准与人的价值观密切相关，故动态分析与不确定性分析对系统评价至关重要。

二、信息系统评价指标体系

信息系统评价需要建立和收集软件系统准确的、易于测量的指标。为了不断提高信息系统的效率和质量，系统开发者和用户面临的压力越来越大。为此，借助测量指标可控制和评价软件系统的性能及开发者、维护者和用户的业绩，也可将测量指标用于控制软件系统的开发和维护工作。其次，系统评价过程中产生的信息能够揭示软件流程中的许多问题，增进人们对流程的了解，同时提高软件的性能。最后，系统评价指标体系（index system）能够改进信息系统的利益相关者——高层管理员、职员、软件管理员、用户和外部人士之间的沟通。由此可见，建立科学的评价指标体系对于评价管理信息系统至关重要。该评价指标体系不仅包括管理信息系统的开发运行者，也包括管理信息系统的直接用户，更包括对环境（即外部社会）的影响。在此借鉴清华大学侯炳辉教授等人从三个角度考虑的信息系统评价指标体系（如图 8—1 所示）。该指标体系包括 26 个指标，去掉重复的指标，余下 20 个指标。各指标说明见表 8—1。

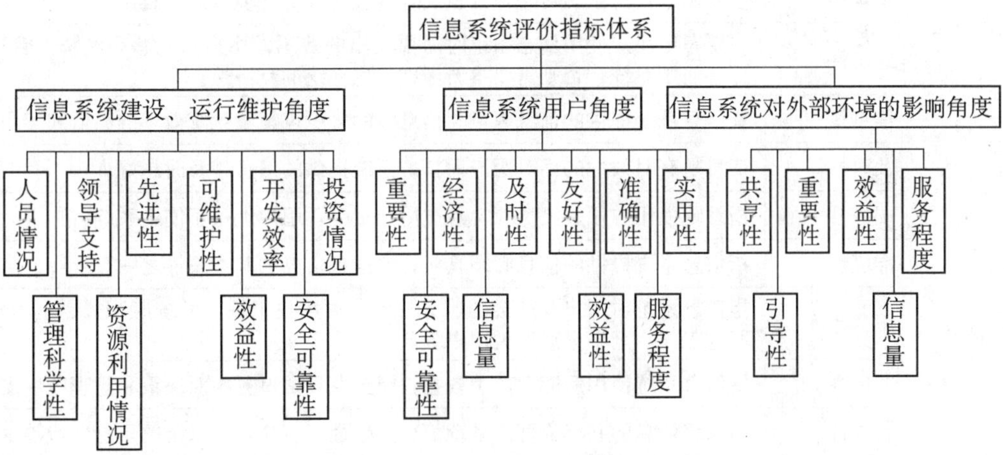

图 8—1　信息系统评价指标体系图

表 8—1　信息系统评价指标说明

指标	说明
人员情况	包括信息系统所配置的人员数量、质量及结构。足够的数量、一定的质量以及合理的结构可保证信息系统建设的质量以及运行维护水平。
管理科学性	指是否有完整的规章制度、值班制度、日志记录制度、健全的安全防火系统、资料和设备管理制度、系统运行维护制度等。
领导支持	主管领导对信息系统的建设、运行维护的支持是保证信息系统建设成功、系统正常运行和产生效益的重要因素。领导不支持，即使系统能够建设好，也不会产生足够的效益。
资源利用情况	信息系统主要包括设备、信息和人力资源。资源利用情况主要考虑设备和信息的利用率及人力是否有浪费等。
先进性	指信息系统在总体上是先进的，不仅能产生较大的效益，而且具有较长的生命周期。
可维护性	这是一个明显的指标，系统的维护、扩充、修改是日常工作，可维护性差的系统其生命力也较弱。

续前表

指标	说明
效益性	包括经济效益和社会效益，其中经济效益又分为直接经济效益和间接经济效益。直接经济效益是指应用信息系统直接带来的成本减少和收入提高；间接经济效益是指应用信息系统带来了企业管理的一系列变革，促进了企业管理水平的提高，从而为企业带来的经济效益。社会效益主要考虑信息系统应用后给社会各方面带来的效益。信息系统的效益评价具有一定的难度，很难清晰地进行定量和定性的描述。
开发效率	指信息系统的建设速度。信息系统从规划到正常运行的周期越短，开发的效率越高。开发效率低下可能导致系统尚未投入运行就已落后或被淘汰。
安全可靠性	指系统的资源和信息资源不受自然和人为有害因素的威胁和危害。
投资情况	指建立系统应有合理的投资，有些系统功能少，但投资较大。理想的结果是在达到系统要求的基础上，投资越少越好。
重要性	主要衡量信息系统对用户的重要程度及对外部环境的影响程度。
经济性	主要考虑用户使用信息系统时需要支出的费用。用户只有感到经济上合理才会愿意使用系统，否则需要重新考虑信息系统的经济性。
信息量	指信息系统提供的信息数量。信息量的多少可衡量系统效率的高低和实用性。
及时性	信息是有时效性的。对用户而言，系统提供的信息越及时越好。
友好性	指系统使用方便、灵活，容易被用户接受，用户也乐于使用系统。
准确性	指信息系统提供的信息必须真实，这也是信息的基本属性之一。
服务程度	指信息系统对用户及社会的服务程度。对用户来说，系统应积极、主动地做好服务工作，全心全意地为用户服务。
实用性	指信息系统使用后能否产生效益，能否在日常事务中对决策和管理产生支持。
共享性	指系统信息的共享程度。系统信息共享程度越高，其系统的重复建造越少。
引导性	指示范引导。信息系统的建设应对未建设系统产生示范引导作用，在建造经验、开发方法及具体的技术方案上可供大家借鉴、使用。

三、信息系统评价方法

信息系统评价方法有定性评价方法、定量评价方法和综合评价方法。其中，定性评价方法有同行评议法、专家评价法、德尔菲法、调查研究法等；定量评价方法有成本效益分析法、边际成本效益分析法等；综合评价方法有层次分析法、模糊数学法、统计分析法、系统工程法、智能化评价法等。

四、信息系统评估报告

信息系统评价结束后，应根据评价结果写出系统评估报告。评估报告的内容包括：（1）系统运行的一般情况；（2）系统的使用效果；（3）系统的技术性能；（4）系统的经济效益；（5）系统存在的问题及改进意见。

第 2 节　管理信息系统的运行管理

一、管理信息系统的运行管理的主要内容

管理信息系统的运行管理（operation management）主要包括系统日常运行管理、对系统运行情况的检查与评价以及系统文档的规范管理。

1. 系统日常运行管理

信息系统投入使用后日常运行的管理工作量巨大，不仅包括机房环境和设施的管理，更多的是做好系统运行情况记录、日常运行维护、系统安全性与可靠性维护、临时信息服务等工作。这些工作主要由系统管理人员完成。

（1）系统运行情况记录。系统运行情况记录主要用于反映系统的状态和运行效率。做好运行记录，有助于考核系统运行中完成任务的数量和质量，考核系统功能发挥的程度和系统的技术性能，因此，运行记录对于系统的评价和改进具有重要的参考价值。运行记录主要包括工作数量记录、工作质量记录、系统服务质量记录、系统性能记录、系统维护情况记录等。

1）工作数量记录。包括提供服务的时间，提供各种信息的数量，满足用户查询要求的数量等。这些数量反映了信息系统工作的负荷及提供信息服务的规模，也反映了计算机应用系统功能的最基本数据。

2）工作质量记录。包括处理有关作业所需时间，提供信息服务的质量，维持系统运行所花费的人力、物力等。

3）系统服务质量记录。主要反映系统提供信息的方式和内容用户是否满意，所提供的数据信息是否符合用户要求等。

4）系统性能记录。主要包括系统运行的可靠性、安全性、可维护性；系统运行中的各种故障情况；无故障时间；系统被非法输入或错误输入或受病毒侵害的情况与次数等。

5）系统维护情况记录。包括系统维修工作的内容、发生的情况、问题分析、维护时间及具体的执行人员等。

在系统的日常运行中，无论在正常状态下还是发生故障时，都应该做好系统运行管理的有关记录。为使记录规范化，应设有相关的记录登记表或登记册，由当事人直接按表格要求填写，并登记日期、时间，签上记录者的姓名。

（2）日常运行维护。日常运行维护是指为保证系统日常运行处于良好状态，需要时刻监视系统软硬件的工作情况，及时发现系统不正常运行的现象或苗头，以便采取相应的预防措施。具体包括数据的收集、整理、录入、处理，以及软件的安装升级、硬件的维护和设施管理等。

（3）系统安全性与可靠性维护。系统安全性主要指硬件设备、应用软件和文档以及数据的安全，因此，在系统的日常管理中，维护系统的安全性与可靠性有着非

常重要的作用。硬件设备的安全主要靠建立规章制度并严格执行；应用软件的安全要求妥善保管原版应用软件，建立备份，制定相应的使用文档制度并严格执行。此外，为防止系统内的数据损坏、丢失或被篡改、滥用，应利用加密技术并规定使用系统的权限。

（4）临时信息服务。临时信息服务主要涉及临时性的查询检索、一次性报表的生成、临时性的统计、预测或方案预算等。

2. 对系统运行情况的检查与评价

信息系统建成并运行一段时间后，要对其技术性能及经济效益等进行评价。评价的目的是检查系统是否达到预期目标，技术性能是否达到设计要求，系统的各种资源是否得到充分利用，经济效益是否理想，指出系统的长处与不足，为以后的改进和扩展提出意见。

3. 系统文档的规范管理

信息系统的文档是系统建设过程中的“痕迹”，是系统维护人员的工作指南，也是开发人员与用户交流的工具。规范的信息系统文档意味着系统是按工程化思想开发的，信息系统的质量有了形式上的保障。相反，文档的欠缺、随意性和不规范化，将导致原有系统开发人员流失后系统不可维护、不可升级，进而不可扩展。因此，要建立良好的信息系统，文档管理工作必不可少。

二、管理信息系统的运行管理的组织与人员

为保证管理信息系统的正常运行，应设置相应的组织机构、配置相应的人员及制定各项运行管理制度。

1. 组织机构的设置

系统运行管理的组织机构对提高管理信息系统运行效率十分重要。随着人们认识的不断提高和企业信息化进程的深入，越来越多的企业意识到信息系统的重要性，信息系统在企业中的地位也逐步提高。在我国，负责系统运行的大多是信息中心、计算中心、信息处等信息管理职能部门，这些部门的职责一般是引入和配置信息技术、开发和组织信息资源、为所在组织提供信息服务以及支持组织战略目标的实现。因此，它们主要完成以下工作：信息化建设规划的策划、制定与实施；信息资源的开发、组织与管理；信息化建设项目的组织、管理与实施；信息系统的管理与维护；信息人员的组织、培养与管理；为组织各阶层提供信息服务。

2. 人员配置

系统运行人员的配置主要根据系统的规模、难易程度和应用管理范围来确定，通常包括系统主管人员、数据收集人员、数据校验人员、程序员和信息系统操作人员。

（1）系统主管人员。负责组织各方面人员协调一致地完成系统所担负的信息处理任务，掌握系统的全局，保证系统结构的完整，确定系统改善或扩充的方向，并按此方向组织系统的修改及扩充工作。

(2) 数据收集人员。负责及时、准确、完整地收集各类数据，并通过所要求的途径把它们送到专职工作人员手中。数据是否准确、完整、及时，是评价他们工作的主要指标。

(3) 数据校验人员。主要工作是保证送到录入人员手中的数据从逻辑上讲是正确的，即保证进入信息系统的数据正确地反映了客观事实。

(4) 程序员。在系统主管人员的组织下，负责完成系统的修改和扩充，为满足使用者的临时要求编写所需要的程序。

(5) 信息系统操作人员。他们的任务是按照系统规定的工作规程进行日常的运行管理。

3. 人员培训

人员培训的内容主要包括管理理论、计算机基础知识和信息系统三个方面。

(1) 管理理论。涉及现代管理方法的基本思想、管理决策的基本概念、数据分析的常用方法等。

(2) 计算机基础知识。涉及计算机软硬件知识、常用软件的操作和相关网络知识。

(3) 信息系统。涉及信息的概念、性质与作用，系统的概念与特点，信息系统的概念、意义、开发方法与开发过程概要，企业信息系统的介绍等。

4. 运行管理制度

管理信息系统投入正式运行以后，信息就不断地输入系统，经过加工后又不断地输出，提供给各有关部门使用。任何一点疏忽都将产生意想不到的后果，因此，必须建立严格的系统运行管理制度。具体包括以下六个方面：

(1) 系统运行的操作规程、修改规程、运行日志填写规程及定期维修制度。

(2) 系统及系统设备的安全管理制度。

(3) 系统信息安全性、保密性的管理制度。

(4) 用户的操作使用规程。

(5) 系统运行人员的岗位责任制和相应的规章制度。

(6) 各类人员的职权范围和责任。

第 3 节　管理信息系统的维护

管理信息系统的维护 (system maintenance) 是在系统交付使用之后，为了改正错误或满足新的需要而修改系统的各项活动。在这个过程中，主要包括四项维护：改正性维护、适应性维护、完善性维护和预防性维护。

在软件交付使用后，由于开发时测试得不彻底、不完全，必然会有一部分潜藏的错误被带到运行阶段中，因此，有必要纠正软件性能上的缺陷，排除实施中的误使用。这种诊断和改正错误的过程称为改正性维护。

随着计算机科学技术领域各方面的不断进步，经常推出新操作系统或旧系统的升级版本，增加或修改外部设备和其他系统部件；同时，应用软件的使用寿命远远长于最初开发软件时的运行环境的寿命。为了使软件适应这种变化而修改软件的过程称为适应性维护。

在软件的使用过程中，用户往往会对软件提出新的功能与性能要求。为了满足这些要求，需要修改或再开发软件，以扩充软件功能、增强软件性能、提高加工效率、增强软件的可维护性。这种情况下进行的维护活动称为完善性维护。这项维护通常占据软件维护工作的大部分。

为了提升未来的可维护性或可靠性，或给未来的改进奠定更好的基础而修改软件，这类维护通常称为预防性维护。目前，预防性维护相对比较少。

上述软件维护中，完善性维护占全部维护活动的一半以上。国外的统计数据显示，完善性维护占全部维护活动的 50%～66%，改正性维护占 17%～21%，适应性维护占 18%～25%，其他维护活动只占 4%左右。值得注意的是，这些维护活动必须应用于整个软件配置，维护软件文档和维护软件的可执行代码同等重要。

第 4 节　信息资源管理

一、信息资源管理概述

20 世纪 70 年代初，国内外从事信息资源理论研究的专家、学者开始探讨信息资源管理的理论问题。信息资源管理作为一个较新的领域，受到了普遍关注，学者也从不同角度给出了信息资源管理的定义。将西方研究人员的主要观点归纳起来可分为四种类型，即管理哲学说、系统方法说、管理过程说和管理活动说。管理哲学说将信息资源管理看作一种哲学或者思想，如马钱德（D. A. Marchand）和克雷斯林（J. C. Kresslein）认为："信息资源管理是一种对改进机构的生产率和效率有独特认识的管理哲学。"系统方法说将信息资源管理看作一种方法或者技术，如里克斯（B. R. Ricks）和高（K. F. Gow）认为："信息资源管理是为了有效地利用信息资源这一重要的组织资源而实施规划、组织、用人、指挥、控制的系统方法。"管理过程说将信息资源管理看作一种管理过程，如怀特（M. S. White）提出："信息资源管理是有效地确定、获取、综合和利用各种信息资源，以满足当前和未来的信息需求的过程。"管理活动说将信息资源管理看作一种管理活动，如比思（C. M. Beath）认为："信息资源管理是把合理的信息在合适的时间提供给决策或协调工作的活动。"可见，尽管西方学者对信息资源管理的认识不尽相同，但这些定义不仅提出了信息资源管理这一术语，而且从多种角度探讨了信息资源管理的内涵，为信息资源管理的研究开辟了新的领域并奠定了基础。

国内对信息资源管理的研究开始于 80 年代，中国学者在西方学者研究的基础上提出了一些新的见解，如中科院的孟广均教授认为："信息资源管理就是利用全部信息资源实现自己的战略目标"，中山大学的卢泰宏教授在其著作中指出："信息资源管理是信息管理的综合，是一种集约化管理”，霍国庆博士在其论文中指出：“信息资源管理是为了确保信息资源的有效利用，以现代信息技术为手段，对信息资源实施计划、预算、组织、指挥、控制、协调的一种人类管理活动。”

综合上述国内外观点，我们认为，信息资源管理既是一种管理思想，也是一种管理模式。这里将信息资源管理定义为：信息资源管理（information resources management，IRM）是指管理者为达到预定的目标，运用现代化管理手段和管理方法来研究信息资源在经济活动和其他活动中的利用规律，并依据这些规律对信息资源进行组织、规划、协调、配置和控制的活动。

二、信息资源管理的研究内容

信息资源管理是为了确保信息资源的有效利用，以现代信息技术为手段，对信息资源实施计划、预算、组织、指挥、控制、协调的人类管理活动。信息资源管理是一个集成领域，是由多种人类信息活动整合而成的特殊形式的管理活动。

信息资源管理的主要内容是信息需求分析、信息资源建设、信息资源开发。

1. 信息需求分析

信息需求是指人们在从事各种社会活动的过程中，为解决不同的问题所产生的对信息的需要。信息需求是引发信息行为的原动力。既具备信息需求又具有信息行为的人称为信息用户，包括个人用户和团体用户。

信息需求是信息用户的基本特征之一。根据信息用户的类型，将信息需求分为个人信息需求和组织信息需求。

个人信息需求主要反映在以下方面：物质生活的信息需求，精神、文化生活的信息需求，劳动和其他社会工作的信息需求，社会交往与互助的信息需求，适应社会的信息需求，增长知识的信息需求，创造活动的信息需求，实现某种生活目标的信息需求，产生某种兴趣的信息需求，等等。

团体用户产生的组织信息需求主要是指社会组织为实现各自的目标和宗旨所形成的一系列需求。在组织内部，不同层次的工作人员有不同的信息需求，这与其工作内容、性质和目的有密切关系。操作层工作人员的工作性质决定了他们的信息需求相对单一，需求量比较小。专业技术人员的信息需求种类依其工作性质而定，通常需要原始的、未经加工处理的数据，原因在于他们的工作性质要求他们分析其中的细节。至于管理人员的信息需求，一般来说，任何一个组织内部都有高层、中层和基层管理人员之分，尽管他们在组织中的作用各不相同，但由于均从事管理工作，因而他们在工作内容和性质上有诸多相同之处，他们的信息需求主要有：计划；管理控制；关键问题分析；领导和礼仪活动；直接监督；业务控制；人事管理。

决策是一种管理活动，决策过程分为三个阶段：首先发现问题，然后设计和分析可能的解决方案，最后选择执行一个方案以解决问题。决策者在组织中的地位不同，其面对的问题也不同，因而表现出不同的信息需求特征。

信息需求分析要坚持发展的观点，认识到信息需求也会随着组织内外环境的变化而相应地发生改变，要尽可能准确、全面地分析组织的信息需求，推进组织的信息资源建设。

2. 信息资源建设

由于全社会的信息数量激增，导致每个社会组织都似乎置身于信息海洋之中，但并非所有的信息都能满足组织活动的需要。对纷繁复杂的信息世界，组织的信息资源建设应遵循一定的原则以保证信息资源管理目标的实现。这些原则包括：完整性、目的性、及时性、流动性、易用性、安全性。

信息源即信息的来源，分析组织的信息源是进行信息资源建设的重要步骤，其目的在于明确信息收集的方向。根据不同的分类标准，可以将信息源区分为不同的类型。

信息的收集方法多种多样，其目的在于获取能满足组织需求的信息，促进组织的发展。通常有以下方法：积累、购买、座谈、观察、参加社交活动、参加本行业的正式会议、联机检索、联网等。不同的信息获取方法和手段适用于不同的环境，应结合组织自身的条件，采用适当的方法获取信息。

(1) 信息的整序。组织从各种渠道收集的信息，必须经过整序，一般来说，对信息进行整序的方法有三种：分类法、主题法和数据库技术方法。

(2) 信息的存储。信息收集和整序工作完成之后，存储信息成为另一项重要工作。非数字化信息可以参考图书馆等文献信息部门的藏书方法，根据分类结果，按文献编目规则进行编目后，对其进行排序，购置相应设施存放此类信息。对于数字化信息，可以保存在计算机数据库中并加以备份。

信息资源建设以满足信息用户的需求为目标，围绕组织的各项活动，开展信息收集、整序和存储工作，为信息资源的开发和利用打好基础。

3. 信息资源开发

开发和利用信息资源是实现信息资源管理目标的核心。开发信息资源是为了更有效地利用信息资源，开发是利用的前提，利用则是开发的最终目的。开发信息资源的意义主要表现在以下方面：提高组织的工作效率，改善组织的经营效果，增强组织的灵活性和适应性，提高组织的创新力。

开发信息资源是针对生产增值信息产品而言的。增值信息产品的生产应注意：广泛收集与本行业相关的信息资源，发现线索，追踪线索，确定信息产品是否具有增值性，利用增值信息产品。商业增值信息产品的开发大致包括：收集信息，发现线索，追踪线索，确认价值，利用信息。收集是开发之始，利用是最终目的。

创新型增值信息产品大多有一定的科技含量，有的侧重于对老产品的革新和改良，有的则着重于发明、创造出新产品。生产过程基本遵循以下步骤：收集信息，深入研究，结合个人智慧或集体智慧生产出信息产品，利用信息产品，创造经济效益。

开发信息资源是创造性的活动，对开发人员的基本素质、专业素养等方面有较高的要求。这类开发活动能增强组织的竞争力，提高组织信息资源管理的质量和水平，从而为组织目标的实现提供可靠的保证。

利用信息资源在某种意义上也是开发活动的重要组成部分，二者相辅相成，开发是为了利用，利用也是为了更好地开发。在利用信息资源的过程中，应注意确认信息的价值、及时性和有效性。

开发和利用信息资源是实施信息资源管理的核心。组织的决策者应高度重视这项能给组织带来机会的工作，组织信息工作人员和其他员工也应以高度的责任心开发增值信息产品，同时关注宏观信息资源管理活动，以服务于整个组织的经营和管理。

三、信息资源管理的组织机构形式

企业信息资源管理的组织机构有功能型、产品型和矩阵型三种基本类型。

1. 功能型组织机构

功能型组织机构是按照企业信息资源管理的基本功能进行组织划分，每个分支机构执行一个专业化功能（如图 8—2 所示）。功能型组织机构可对企业中的全部信息资源进行集中、统一的管理，而且由于分支机构隶属于相应的信息资源管理功能，技术人员对特定的系统功能在技术上负责，因此具有专业分工细的特点，有利于人员的专业化。但是，信息资源管理人员的地位相对较低，尚属于辅助和从属的职能。

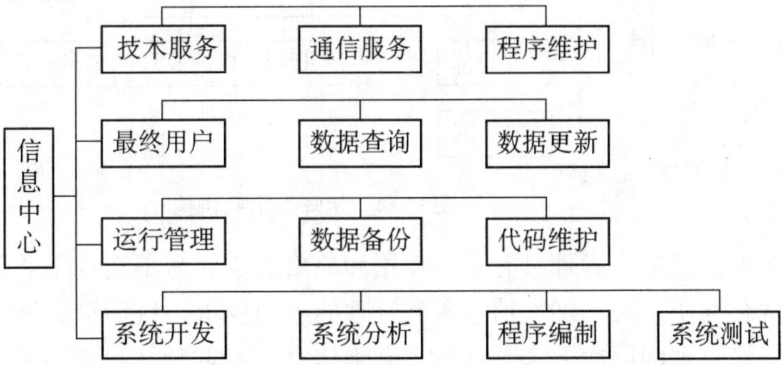

图 8—2　功能型组织机构

2. 产品型组织机构

产品型组织机构是按产品或服务的类型进行机构划分，企业的每个部门面向一种产品或一种服务的管理，在产品部门内部都设有自己的信息资源管理分支机构（如图 8—3 所示）。企业信息资源管理者在业务上隶属于某一特定产品部门，在功能上向产品部门经理负责。由于他们贴近业务管理职能，接受产品部门经理的领导，因此对用户的需求有明确的了解和认识，能够较快速而准确地满足用户的信息需求。但在部门内部难以对某些信息技术专业功能进行管理，缺乏信息资源的规范制约和全面利用，并且由于部门中的信息资源管理人员处于辅助、服务性地位，缺乏激励机制和个人发展空间，容易产生企业信息人员队伍不稳定的弊病。

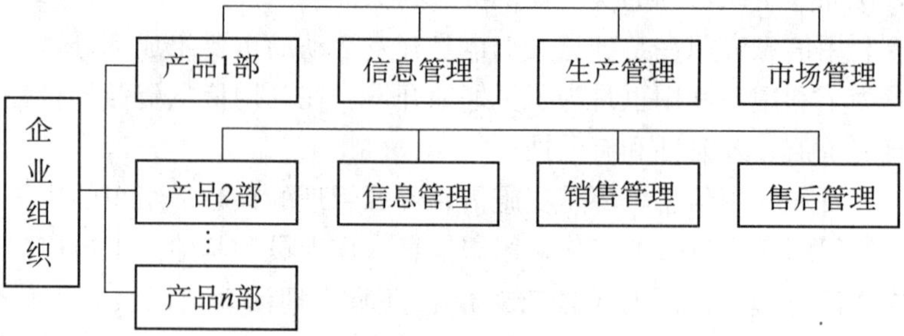

图 8—3　产品型组织机构

3. 矩阵型组织机构

矩阵型组织机构是功能机构和产品机构的组合机构，每个产品或服务部门内部的信息资源管理人员不仅要接受本部门经理的领导，同时要接受相应的信息资源管理功能机构负责人的领导（如图 8—4 所示）。矩阵型组织机构综合了上述两种机构的特点，既利于专业技术的发挥，又可以较快速而准确地满足部门的信息资源需求。

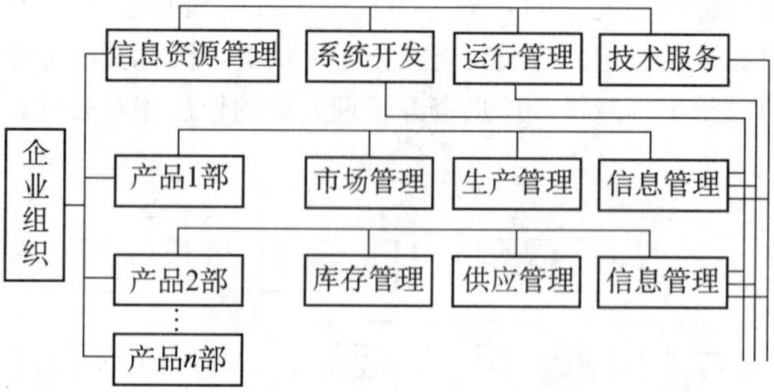

图 8—4　矩阵型组织机构

企业信息资源管理具有重要作用和战略地位。为了实现企业信息资源的高效管理和优化利用，必须加大信息资源管理的组织权重，将信息资源主管人员的地位提高到战略管理的层次上来，这样，高级信息主管或称首席信息官（CIO）的职位应运而生。目前在工业发达国家的企业一般都设有 CIO 职位，全权负责企业信息资源管理工作。传统的企业信息管理部门大多隶属于财务部门、总经理办公室或其他职能部门，信息主管则属于纯技术性和服务性职位，接受副总经理的领导。现代企业的 CIO 则位于企业的最高行政领导——总经理（总裁）的直接领导和管理之下，其实就相当于主管信息管理的副总经理，能够参与企业的重大决策，对组织的战略管理具有支配地位。相应地，信息资源管理部门（如信息中心、信息部等）也升格为与其他职能部门并列的独立职能部门，对企业内部的全部信息资源进行协调统一的管理。这也是知识经济时代，企业组织机构设置的突出特点之一，充分体现了信息资源管理的重要性和必要性。

基本概念

系统评价（system evaluation）
指标体系（index system）
运行管理（operation management）
系统的维护（system maintenance）
信息资源管理（information resources management，IRM）

思考题

1. 系统评价的特点有哪些？
2. 信息系统评价可以从哪些方面进行？
3. 信息系统评估报告包括哪些方面？
4. 系统日常运行管理包括哪些内容？
5. 信息系统的运行管理制度主要有哪些？
6. 简述信息系统的四项维护。
7. 什么是信息资源管理？它的研究内容是什么？
8. 简述企业信息资源管理的三种组织机构形式。

案例分析

系统维护工作应该如何外包

长阳重型机械制造集团公司是 H 省机械制造业的知名企业，主营厂矿重型配套设备的制造、销售。从 2000 年开始，由于集团公司高层决策得力，企业效益逐年递增。为适应发展需要，2004 年，组建了集团信息管理中心，一次性投入千万余元，整合了各分公司及几十个部门的诸多信息孤岛，完成了集团数据中心机房的建设，实现了全集团公司各类数据的集中管理和分类共享，以数据中心为核心的信息化网络辐射到了下属各分公司、各管理部门、生产车间、销售部门乃至重要的用户单位。

集团的网络上运行着办公、生产、销售等数据，利用已建成的网络资源，公司经常召开集团内部的各类视频会议，开展网上论坛、视频节目等多种形式的活动。长阳集团的信息化建设不仅大幅提高了公司的生产力，同时也提升了公司的文化氛围，为公司增加了有形与无形的效益。

这几年，信息中心杨主任为集团的信息化建设呕心沥血，成了集团公司的公众人物。但近来，有两个问题一直困扰着杨主任：一是如何摆脱信息中心目前的困境；二是长阳集团信息化网络硬件及部分应用软件的维护、升级能否实行外包？

事情还得从 2008 年底的年会说起。会上，以往对信息中心的赞扬声消失了，领导与有些单位的发言中，似乎还隐含着对信息中心的诸多不满，归结起来有以下两个方面：一是信息中心服务不及时、不到位；二是集团公司信息化建设进展不大，生产、销售中的一些与信息化有关的问题迟迟得不到有效的解决，对某些生产环节造成了影响。

有些人甚至直截了当地说，当年信息中心的创新精神已经不再。杨主任当时的心情复杂极了，只能频频点头称是，表示要好好查找根源，2009年给大家一个满意的交代。

会后，杨主任与信息中心的所有人员多次讨论，大家确有同感：信息中心已风光不再，2008年一年，年初所列出的几项任务，由于种种原因均未圆满完成。但大家觉得很委屈，因为从2004年至今，四年过去了，在这四年中，信息中心近十个人一直忙忙碌碌：车间的数控机床出了问题，某个管理部门需要增加或修改应用软件，某个用户的计算机出了故障，甚至生活区某个领导家里上不了外网等，所有问题都找信息中心解决。全公司所有网络节点，几千个网络终端用户，哪里有问题，哪里就有信息中心人员的身影，节假日加班加点成了家常便饭。

特别是每次集团需要引进新的设备时，信息中心都要派两三人去外地出差，学习并配合相关部门，以便新进设备能顺利地接入系统。每次一去就是十天半个月，个别的甚至长达半年。还有，日复一日的中心机房值班，加上大量的事务性工作，都需要人来完成。杨主任本人会议多，管理事务繁忙，小四十的人，自感精力不如前几年。

总之，信息中心确实没有更多精力来考虑集团公司信息化建设再上一个台阶的事情。大家议论来议论去，委屈归委屈，还是抱着积极的态度，提出了多种解决方案。例如，考虑到不少用户终端计算机还是四年前的产品，建议更换升级，以减少信息中心的维护工作量；向人事部门申请增加信息中心人员编制，以应对庞杂的事务性工作；适当抽时间对下属信息管理人员进行技术培训，以使他们掌握与本部门相关的信息技术知识，分担一部分原来由信息中心人员担负的设备及软件的维护工作，等等。

议论到最后，大家认为，如果把目前的工作分分类，将那些大量的、事务性的重复劳动交给社会上相关专业公司来做，可以将信息中心人员从比较低端的技术服务层面剥离出来，去从事其他的创新项目；一些技术含量较高、难度较大、不易掌握的维护工作，也交给与该项目相关的专业公司来完成，信息中心人员仅实施与之相关的宏观决策监控及质量把关。以上的想法也就是目前IT行业所说的"外包"。这样，信息中心的现有人员可以重新分工，一部分人员将精力放在监督管理、协调、监控外包单位的工作上，另一部分人员可以将主要精力用于信息化建设的调研活动，吸取先进经验，规划集团公司的信息化建设向更深层次发展，以达到有效提高集团现有生产力的目的。

从长期来看，应该说这是一个具有战略意义的举措。但令杨主任担心的是，实施外包的方式，公司的投入肯定要增加，此种想法能否让集团领导层接受，还有涉及生产技术、商务运作等方面的一些机密如何处理。尽管大家提了很多设想，但对于集团公司来讲，"外包"这个理念毕竟是个新生事物，从未实施过，没有这方面的经验可借鉴，万一搞砸了，可不是一般的问题，因此，杨主任至今尚未正式向领导层提出"外包"的设想。

资料来源：http：//solution. chinabyte. com/452/8888952. shtml。

思考

1. 信息中心面对目前的状况该怎么办？
2. 如果将信息中心的工作外包，应该怎样向领导提出？

第Ⅳ篇

实 验

实验一 Experiment 1 财务管理系统

实验环境：使用金蝶 K/3 系统的财务管理系统。

实验数据：由金蝶公司资料整理。

实验内容：本实验包括三部分内容：建账、账套初始化和日常账务处理，详细数据及实验要求如下。

第 1 节 建账

目的：掌握建账的基本程序及注意事项。

要求：按照下列资料在 K/3 中间层建立一个账套并对其进行系统设置，启用账套。

资料：

一、新建公司机构及账套

(1) 公司机构代码：01。

(2) 公司名称：广东非凡。

(3) 账套号：01.01。

(4) 账套名：非凡工业。

(5) 账套类型：标准供应链解决方案。

(6) 数据实体：系统会自动给出，无须客户命名。

(7) 数据库文件路径：C：\MSSQL7\DATA\；或 D：\MSSQL7\DATA\；或默认。

二、设置账套参数

(1) 公司名称：广东非凡工业有限公司。

(2) 记账本位币：人民币；货币代码：RMB。

(3) 账套启用期间：2012 年 01 月 01 日。

三、添加用户

添加的用户见表 A1—1。

表 A1—1 用户

用户名	认证方式	用户组	权限
张华	密码认证（不设密码）	Administrators（系统管理员组）	无须授权
李萍	密码认证（不设密码）	Users（一般用户组）	授予所有权限

第2节 账套初始化

目的：掌握对账套进行初始化的步骤及操作要点。

要求：根据下列给出的资料按顺序完成账套系统基础资料的维护及初始数据录入并结束初始化工作。

资料：

一、从模板中引入会计科目（文件——从模板引入，选择：新会计准则科目）

二、设置总账系统参数

操作菜单：系统设置——系统设置——总账——系统参数。

总账：指定本年利润科目和利润分配科目。

三、系统资料维护

（一）增加两种币别

注意汇率小数点的切换（切换到英文标点状态），见表 A1—2。

表 A1—2 币别

币别代码	币别名称	记账汇率	折算方式	汇率类型
HKD	港元	0.81	原币×汇率=本位币	浮动汇率
USD	美元	6.29	原币×汇率=本位币	浮动汇率

（二）增加凭证字为“记”字

（三）增加两个计量单位组及相应的计量单位

添加的计量单位组及相应的计量单位见表 A1—3。

表 A1—3 计量单位组及相应的计量单位

计量单位组	代码	计量单位名称	系数
重量组	KG	公斤	1
	T	吨	1 000
数量组	J	件	1
	X	箱	50

（四）增加支票结算方式

增加的支票结算方式如表 A1—4 所示。

表 A1—4 结算方式

代码	名称
JF06	支票

（五）新增相关核算项目资料

1. 新增“客户”资料

新增的客户资料如表 A1—5 所示。

表 A1—5　　客户资料

代码	名称
01	天河区（上级组）
01.01	长城公司
01.02	天达公司
02	越秀区（上级组）
02.01	宏碁公司
02.02	上海公司

2. 新增“部门”资料

新增的部门资料如表 A1—6 所示。

表 A1—6　　部门资料

代码	名称
01	财务部
02	行政部
03	销售部（上级组）
03.01	销售一部
03.02	销售二部
04	生产部

3. 新增“职员”资料

新增的职员资料如表 A1—7 所示。

表 A1—7　　职员资料

代码	名称	部门
001	张华	财务部
002	李萍	行政部
003	王林	销售一部
004	赵立	销售二部
005	刘红	生产部
006	孙晴	生产部

4. 新增“供应商”资料

新增的供应商资料如表 A1—8 所示。

表 A1—8　　供应商资料

代码	名称
01	海珠区（上级组）
01.01	恒星公司
01.02	南方公司
02	白云组（上级组）
02.01	王码公司
02.02	强发公司

5. 新增“产成品”核算项目

新增的产成品核算项目如表 A1—9 所示。

表 A1—9 产成品核算项目

属性名称	属性类型	属性长度
标准成本	实数	
出厂价	实数	
零售价	实数	
销售政策	文本	255

操作菜单：系统设置——基础资料——公共资料。

（六）会计科目的维护

1. 增加会计科目

增加的会计科目如表 A1—10 所示。

表 A1—10 会计科目

科目代码	科目名称	外币核算	期末调汇	数量金额辅助核算	核算项目
1002	银行存款	所有币别	√		
1002.01	建设银行	人民币			
1002.02	中国银行	美元	√		
1002.03	工商银行	港元	√		
1221	其他应收款				
1221.01	职员				职员
1403	原材料				
1403.01	甲材料			√（计量单位：公斤）	
1403.02	乙材料			√（计量单位：公斤）	
1801	长期待摊费用				
1801.01	报刊费				
6602	管理费用				
6602.01	工资及福利费				
6602.02	折旧费				
6602.03	通信费				部门、职员
5001	生产成本				
5001.01	工资及福利费				
5101	制造费用				
5101.01	折旧费				
5101.02	工资及福利费				
6001	产品销售收入				部门、职员、物料
6603	财务费用				
6603.01	利息				
6603.02	汇兑损益				

2. 会计科目的修改

会计科目的修改见表 A1—11。

表 A1—11　　会计科目修改

科目代码	科目名称	往来业务核算	核算项目
1122	应收账款	√	客户
2202	应付账款	√	供应商

操作要点：

（1）设外币核算的科目时，一定要注意选择相应币别，如果一级科目下有明细科目是按外币核算的，则一级科目要设为核算所有币别。

（2）在会计科目下以挂接核算项目的方式设明细账，与在科目下直接增加明细科目得到的账簿结果是一样的，还可解决科目设置重复、臃肿的麻烦，但不是必须要这样设置，关键是要结合企业的实际情况灵活掌握。

（3）设置数量金额辅助核算的物料明细科目时，注意必须先新增物料明细科目，再去系统资料维护处添加具体的“物料”资料，否则易出现错误信息。若客户已购买 K/3 购销存业务模块，则不需要在存货科目下新增明细科目，只要通过修改会计科目功能，在一级科目里利用核算项目卡片挂接物料辅助核算即可。另外，别忘了在设数量金额明细科目时选择计量单位组和缺省单位。

（4）如已购买应收、应付子系统，则总账里的往来科目，如应收账款、应付账款等必须设定按客户或供应商核算项目核算，不能下设往来单位二级明细科目，否则应收、应付子系统无法自动生成有关凭证，只有通过手工调整修改后才能生成。

（5）如果录入明细科目后在系统资料界面看不到，在“工具”菜单下选择“选项”中的显示明细科目一项即可。

（七）新增“物料”资料

对于未购买 K/3 业务流程模块，需要利用总账系统对某些存货科目进行简单的数量金额核算的用户，在设“物料”核算项目的具体内容时要注意，必须在设好相关存货明细科目后再去添加“物料”核算项目，否则，新增的存货明细不能进行真正的数量金额辅助核算。

已购买 K/3 业务流程模块的用户则无须在总账系统设置存货的明细科目，只要在存货一级科目里挂接“物料”核算项目即可。详见表 A1—12。

表 A1—12　　物料资料

先设上级组01 材料
　　　　　02 产品

代码	名称	属性	计量单位	计价方法	存货科目	销售收入	销售成本
01.01	甲材料	外购	公斤	加权平均	1403.01	6051	6402
01.02	乙材料	外购	公斤	加权平均	1403.02	6051	6402
02.01	A 产品	自制	件	加权平均	1405	6001	6401
02.02	B 产品	自制	件	加权平均	1405	6001	6401

注意：以上新增的系统资料如有错误，可通过工具栏“属性”按钮修改，或用“删除”按钮删除，但如果录入初始数据后系统不允许再修改或删除这些会计科目，客户可通过“禁用”功能将有错、不再使用且不能修改或删除的系统资料禁止使用。其具体操作为：在系统资料维护里，指定某一具体系统资料，按右键选择“禁用”即可。

四、初始余额录入

操作菜单：系统设置——初始化——总账——初始数据录入。

1. 初始余额录入见表 A1—13

表 A1—13 初始余额

科目名称	外币/数量	汇率	借方金额	贷方金额
库存现金			30 000	
银行存款——建设银行			500 000	
银行存款——中国银行	200 000	6.29	1 258 000	
银行存款——工商银行	100 000	0.81	81 000	
应收账款			150 000	
原材料——甲材料	1 000		20 000	
原材料——乙材料	500		50 000	
长期待摊费用——报刊费			2 000	
其他应收款——职员	张华		5 000	
坏账准备				5 000
固定资产			5 600 000	
累计折旧				900 000
应付账款				300 000
短期借款				100 000
实收资本				6 391 000
合计			7 696 000	7 696 000

2. 应收账款科目期初数据见表 A1—14

表 A1—14 应收账款科目期初数据

客户	时间	事由	金额
长城公司	2011 年 12 月 6 日	销货款	80 000
宏碁公司	2011 年 11 月 25 日	销货款	70 000
合计			150 000

3. 应付账款科目期初数据见表 A1—15

表 A1—15 应付账款科目期初数据

供应商	时间	事由	金额
恒星公司	2011 年 9 月 12 日	购料	120 000
王码公司	2011 年 6 月 3 日	购料	180 000
合计			300 000

注意：如果已购买应收、应付管理系统，则应收、应付款项初始数据可在应收、应付管理系统里录入后再传递到总账系统，而不需要在总账系统里录入。

操作要点：

（1）录入外币科目金额时，要注意切换相应币别。

（2）录入下设核算项目的科目金额时，要点击核算项目栏的“√”进入特定界面输入。

（3）录入数量金额辅助核算的科目金额时，点击该科目将会弹出数量栏，在那里录入数量。

（4）试算平衡时要注意，如企业有外币业务，则必须转换成综合本位币进行试算。

五、切换币别为综合本位币，进行试算平衡检查

六、试算平衡结束初始化工作

第 3 节　日常账务处理

目的： 掌握 K/3 财务系统的日常账务处理工作。

要求：

（1）根据下列资料录入记账凭证，对其进行审核、过账并查看各种账表。

（2）进行往来业务核销。

（3）利用自动转账功能结转有关费用。

（4）进行期末调汇、结转损益等业务处理并进行期末结账。

资料：

一、录入记账凭证

（一）录入记账凭证举例

1. 提现类

5 日，提取现金 10 000 元备用。

摘要： 提现

借：库存现金　　10 000

　贷：银行存款——建设银行　　10 000

2. 应付往来业务类

10 日，偿还欠恒星公司的货款 120 000 元。

摘要： 偿还欠款

借：应付账款——恒星　　120 000

　贷：银行存款——建设银行　　120 000

注意： 记得选择相应的供应商名称。

3. 多核算项目类

15 日，销售一部王林向宏碁公司销售 A 产品 60 000 元，货款暂欠。

摘要： 赊销产品

借：应收账款——宏碁公司　　60 000

　贷：产品销售收入——销售一部/王林/A 产品　　60 000

注意： 必须录完所有核算项目内容：客户、部门、职员、物料。

4. 数量金额业务类

20 日，采购甲材料 1 000 公斤，单价 50 元/公斤；乙材料 500 公斤，单价 40 元/公斤，以建设银行存款支付。

摘要： 采购材料

借：原材料——甲材料　　50 000

——乙材料 20 000

贷：银行存款——建设银行 70 000

注意：在“单位”单元格录入计量单位，“单价”单元格录入单价，“数量”单元格录入数量，系统会自动计算金额。

5. 涉及外币业务类

25 日，收到某外商交来投资款 20 000 美元，存入中国银行美元户，当日汇率为 6.32∶1。

摘要：收到投资

借：银行存款——中国银行（20 000×6.32） 126 400

贷：实收资本 126 200

资本公积 200

注意：在“币别”单元格里选择币别，在“汇率”单元格里录入记账汇率 6.32，在原币金额处录入原币 20 000 美元，系统会自动计算折合的本位币数额。

6. 管理费用类

30 日，支付本月通信费。

摘要：支付通信费

借：管理费用——通信费/销售一部/王林 500

——通信费/生产部/刘红 400

——通信费/行政部/李萍 300

贷：现金 1 200

注意：记得逐一录入部门、职员核算项目信息。

7. 应收往来业务类

30 日，收回宏碁公司欠货款 60 000 元，存入建设银行。

摘要：收回欠货款

借：银行存款——建设银行 60 000

贷：应收账款——宏碁公司 60 000

注意：选择相应的客户名称。

（二）录入记账凭证的注意事项

（1）凭证号、序号由系统自动编排，用户无须自己编号。

（2）录入凭证日期时点击“日期”旁的按钮，弹出日历后选择即可，也可自己手工自行输入。但应注意，系统不接受当前会计期间之前的日期，只允许输入当期或以后各期业务，而且过账时，只处理本期的记账凭证。

（3）凭证摘要的录入方法有三种：直接录入；如选择了“查看”菜单“选项”中的自动携带上条分录摘要信息，则系统会自动复制上条记录摘要到下条，或者在英文标点状态下，双击键盘右边“Del”按键，也可以快速复制上条分录摘要；按 F7 键或工具栏上的“代码”按钮建立摘要库，需要时调用。

（三）建立摘要库的步骤

点击记账凭证中的摘要栏，按下 F7 键或工具栏“代码”按钮→编辑→新增→

录入类别、代码、名称（如没有“类别”，需点击类别旁的按钮去增加）→保存。如再增加摘要，则重复此操作。

输入会计科目的方法有几种：直接手工录入会计科目代码；定义了助记码的可输入助记码；如在“查看”菜单选项中选择“自动显示代码提示窗口”，双击代码提示窗口的科目即可；按 F7 键或工具栏中的“代码”按钮也可以调出会计科目模板来选择。

按空格键可转换金额的借贷方向；负号可使金额变为红字；Ctrl+F7 键可将凭证中借贷方差额自动找平。

如果会计科目设了按核算项目核算，只有在将所有核算项目内容填列完毕后，系统才允许保存凭证。

二、凭证其他相关操作及账簿查询

（1）对前面的所有记账凭证进行审核、过账。

（2）假设当月 5 日的提现记账凭证金额出错，正确的金额应为 1 000 元，用红字冲销法更正。

（3）制作一张提现的模式凭证。

（4）查看各种总分类账、明细账等。

（5）查看管理费用多栏式明细账。

（6）查看科目余额表、试算平衡表等。

（7）查看“管理费用——通信费”及“产品销售收入”的核算项目组合表。

三、往来管理

（1）利用核销管理功能进行应收账款、应付账款的核销。

（2）查看往来对账单及账龄分析表。

四、制作几张自动转账凭证

（1）摊销应由本月负担的报刊费。

名称：摊销报刊费（见表 A1—16）。

表 A1—16　　摊销报刊费自动转账凭证定义

转账期间	会计科目	方向	转账方式	比例	包含本期未过账凭证
1—12	管理费用——办公费	自动判定	转入	100%	
	待摊费用——报刊费	自动判定	按公式转出	100%	包含

公式：ACCT（"1801.01","C","", 0, 1, 1,""）/12（待摊费用年初余额/12）

注意：先增加代码为 6602.04 的“管理费用——办公费”明细科目。

（2）按短期借款年初余额 100 000 元和 3%年利率计算本月应负担的短期借款利息。

名称：计提短期借款利息（见表 A1—17）。

表 A1—17　　计提短期借款利息自动转账凭证定义

转账期间	会计科目	方向	转账方式	比例	包含本期未过账凭证
1—6	财务费用——利息	自动判定	转入	100%	
	预提费用	自动判定	按公式转出	100%	包含

公式：ACCT（"2001","C","",0，1，1,""）×0.03/12（短期借款年初余额×0.03/12）

五、期末处理

（1）进行当月的期末调汇操作，生成凭证并审核过账。

港元：期末汇率为 0.78∶1。

美元：期末汇率为 1∶6.40。

（2）结转当期损益（注意先将当月未过账凭证全部过账）。

（3）将结转损益的记账凭证过账。

（4）期末结账。

实验二 工资管理系统

Experiment 2

实验环境：使用金蝶 K/3 系统的工资管理系统。

实验数据：由金蝶公司资料整理。

实验内容：详细数据及实验要求如下。

目的：掌握工资管理系统的处理流程及日常工作的具体操作方法。

要求：

(1) 对工资系统进行初始化设置，添加基础资料。

(2) 设置工资项目，定义工资计算方法，录入工资数据进行工资计算。

(3) 计算个人所得税，分配工资费用。

(4) 查看各种工资报表，结账。

资料：

一、建立工资类别方案

类别名称：全体员工

是否多类别：否

币别：人民币

是否银行代发：是

是否代扣所得税：是

是否扣零：否

操作要点：

设置工资类别时应注意，单类别才能用于核算工资数据，而汇总类别主要用于汇总多个单类别的工资数据，且只能查看，不能进行工资数据的计算。因此，在建立独立的工资类别时，不要选择多类别。

二、系统维护

系统参数：要求结账与总账期间同步。

三、设置

(一) 导入或新增部门资料

导入或新增的部门资料如表 A2—1 所示。

表 A2—1 部门资料

代码	名称
01	财务部
02	行政部
03	销售部（上级组）
03.01	销售一部
03.02	销售二部
04	生产部

操作要点：

（1）如果用户已在总账系统中添加了部门资料，可从总账系统导入部门信息。

（2）从总账系统导入部门信息时，相同的部门信息只能引入一次，以后如想再引入相同的部门信息，只能通过其他工资类别引入。

（3）部门信息一旦使用，不能进行修改操作。

（二）导入并修改或新增的职员资料

导入并修改或新增的职员资料如表 A2—2 所示。

表 A2—2 职员资料

代码	名称	职员类别	部 门	个人账号
001	张华	管理人员	财务部	2712356487
002	李萍	管理人员	行政部	2712568435
003	王林	销售人员	销售一部	2713258741
004	赵立	销售人员	销售二部	2713856984
005	刘红	生产人员	生产部	2714521436
006	孙晴	生产管理人员	生产部	2713632541

操作要点：

（1）设定职员资料时应注意，必须设定职员的部门、职员类别，否则无法进行工资费用分配，这两项是分配工资费用的依据。

（2）离职职员资料不要直接删除，否则会影响相关历史数据的正确性。对于此类职员，可通过“禁用职员”选项进行变动处理。

（3）禁用后的职员如想恢复使用，可在职员管理窗口中选择“禁用”按钮恢复职员的资料。

（三）增加银行资料

增加的银行资料如表 A2—3 所示。

表 A2—3 银行资料

代码	名称	账号长度
1001	建设银行天河支行	10

操作要点：

（1）在设定银行资料时，应注意设定账号长度，不要把账号长度误认为企业在该银行的具体账号而录入。

（2）此项一般只有银行代发工资的单位才必须设定。

四、核算

（一）工资项目设置

工资项目设置如表 A2—4 所示。

表 A2—4　　工资项目设置表

项目名称	类型	位数	属性	项目名称	类型	位数	属性
职员代码	文字		其他	应发合计	数值	2	增项
职员姓名	文字		其他	房租水电	数值	2	减项
部门	文字		其他	代扣所得税	数值	2	减项
基本工资	数值	2	增项	医疗保险	数值	2	减项
浮动工资	数值	2	增项	养老保险	数值	2	减项
津贴	数值	2	增项	工会	数值	2	减项
加班	数值	2	增项	扣款合计	数值	2	减项
独补	数值	2	增项	实发合计	数值	2	增项
病假	数值	2	减项	个人账号	文字		其他
事假	数值	2	减项				

操作要点：

（1）新增工资项目时，如果在工资项目名称的下拉框中有我们需要增加的项目，必须从下拉框中选择，系统会自动取有关信息进行显示，无须手工录入（下拉框中的工资项目资料主要来源于职员信息卡片）。

（2）设定工资计算公式时需要用的工资项目都必须预先在此设定，否则无法设置公式。

（3）设置工资项目时，必须注意设定工资项目的类型，只有数值型工资项目才能参与工资数据加减运算，文字型的则不能。

（二）工资计算公式设置

公式名称：全体员工。

应发合计＝基本工资＋浮动工资＋津贴＋加班＋独补

扣款合计＝病假＋事假＋房租水电＋代扣所得税＋医疗保险＋养老保险＋工会

实发合计＝应发合计－扣款合计

操作要点：

（1）设定计算公式时请先点击“新增”按钮，出错时，可点击“编辑”按钮进行修改。一种计算方法中可设定多个运算公式。

（2）设定公式时，项目框里的工资项目可通过双击鼠标左键进行选择，运算符号、条件语句只要单击运算符按钮即可。

（3）利用条件语句设定公式时，语句间的“…”符号要先删除，然后设定判断条件。

五、数据

（一）设置工资数据输入过滤器

过滤器名称：全体员工。

计算公式：全体员工。

工资项目：全选。

（二）工资数据录入

录入的工资数据如表 A2—5 所示。

表 A2—5 工资数据

职员姓名	基本工资	浮动工资	津贴	加班	独补	病假	事假	房租水电	医疗保险	养老保险	工会
张华	1 800	2 000	600	400				800	36	90	9
李萍	1 400	900	380	320	15			331	28	67.5	7
王林	1 200	1 100	360	410		90		500	24	62.5	6
赵立	900	670	240	320			380	228	18	36	4
刘红	1 250	1 000	250	480	15			250	30	75	7
孙晴	1 500	1 600	400		15			327	27	72.5	5

操作要点：

（1）白色的单元格可直接录入，黄色的单元格由系统自动计算，无须手工录入，也不允许直接修改数据。

（2）录入整列相同数据时，可利用工具栏中的“计算器”帮助录入，无须单个录入。

（3）代扣所得税一项可先空出，不录入数据，待个人所得税计算完成后，可从所得税计算表中引入。

（三）利用“工资计算”功能计算工资

注意：“工资计算”功能除了可对工资进行计算外，还可进行工资数据的复制。当工资表中有一些诸如“基本工资”之类每期数值基本保持不变的项目数据时，在“工资计算”模块设置一个名为“固定项目”的工资方案，把那些每期数值基本保持不变的工资项目选上，需要时复制到下一期，可减少下一期工资数据录入的工作量。但是，此前要先设一个没有任何内容的空白工资公式，以便在工资方案里将其选为计算公式。

（四）个人所得税计算

个人所得税初始化设置如表 A2—6 所示。

表 A2—6 个人所得税初始化设置

名 称	个人所得税计算
税率类别	含税级距税率
所得项目	应发工资
所得计算	应税所得=应发合计－独补－医疗保险－养老保险
所得期间	2012 年 1 月
外币币别	人民币
基本扣除	3 500

将计算出的个人所得税引入工资修改模块当中的“代扣所得税”一栏并保存。

（五）工资费用分配

工资费用分配如表 A2—7 所示。

表 A2—7 **工资费用分配表**

分配名称	工资分配			
凭证字	记			
摘要内容	分配工资费用		分配比例	100%
部门	职员类别	工资项目	费用科目	工资科目
行政部	管理人民	应发合计	管理费用——工资及福利费	应付工资
财务部	管理人员	应发合计	管理费用——工资及福利费	应付工资
销售一部	销售人员	应发合计	产品销售费用——工资及福利费	应付工资
销售二部	销售人员	应发合计	产品销售费用——工资及福利费	应付工资
生产部	生产人员	应发合计	生产成本——工资及福利费	应付工资
生产部	生产管理人员	应发合计	制造费用——工资及福利费	应付工资

（六）福利费用分配

福利费用分配如表 A2—8 所示。

表 A2—8 **福利费用分配表**

分配名称	福利费分配			
凭证字	记			
摘要内容	计提职工福利费		分配比例	14%
部门	职员类别	工资项目	费用科目	工资科目
行政部	管理人员	应发合计	管理费用——工资及福利费	应付福利费
财务部	管理人员	应发合计	管理费用——工资及福利费	应付福利费
销售一部	销售人员	应发合计	产品销售费用——工资及福利费	应付福利费
销售二部	销售人员	应发合计	产品销售费用——工资及福利费	应付福利费
生产部	生产人员	应发合计	生产成本——工资及福利费	应付福利费
生产部	生产管理人员	应发合计	制造费用——工资及福利费	应付福利费

注意：如果应发合计里包括福利费，用户需在工资项目设置处另行定义一个诸如“福利计提基数”的工资项目，并在公式设置处定义它的计算公式，把福利费扣除出来，以此作为计提职工福利费的基数。

六、变动

将行政部张华转为销售一部。

七、查看各种工资报表

八、期末结账

操作要点：

一旦结账，上月工资数据将不能再修改。如需修改，可通过点击“数据”模块中“期末结账”找到反结账选项，进行反结账。反结账的操作只有系统管理员才能进行。

实验三 供应链管理系统

Experiment 3

实验环境：使用金蝶 K/3 系统的供应链管理系统。

实验数据：由金蝶公司资料整理。

实验内容：本实验包括三部分内容，建账、初始化和日常业务处理，详细数据及实验要求如下。

第1节 建账

目的：掌握建账的基本程序及注意事项。

要求：按照下列资料在 K/3 中间层建立一个账套并对其进行系统设置，启用账套。

资料：

一、新建公司机构及账套

(1) 公司机构代码：01。

(2) 公司名称：广东非凡。

(3) 账套号：01.01。

(4) 账套名：非凡工业。

(5) 账套类型：标准供应链解决方案。

(6) 数据实体：系统会自动给出，无须客户命名。

(7) 数据库文件路径：C：\ MSSQL7 \ DATA \；或 D：\ MSSQL7 \ DATA \；或默认。

二、设置账套参数

(1) 公司名称：广东非凡工业有限公司。

(2) 记账本位币：人民币；货币代码：RMB。

(3) 账套启用期间：2012 年 01 月 01 日。

(4) 会计期间：自然年度会计期间。

三、添加用户

添加的用户见表 A3—1。

表 A3—1　用户

用户名	认证方式	用户组	权限
张华	密码认证（不设密码）	Administrators（系统管理员组）	无须授权
李萍	密码认证（不设密码）	Users（一般用户组）	授予所有权限

第 2 节　供应链系统初始化

目的： 掌握对供应链系统进行初始化的步骤及操作要点。

要求： 根据下列给出的资料按顺序完成供应链系统基础资料的维护及初始数据录入并结束初始化工作。

注意： 对于供应链系统，只要在其中任意一个系统进行初始化，其他系统也会同时完成。

资料：

一、从模板中引入会计科目（新会计准则科目）

二、设置核算参数

（1）启用年度：2012 年；启用期间：1 期。

（2）核算方式：数量、金额核算。

（3）库存更新控制：单据保存后立即更新。

（4）门店模块设置：不启用门店管理。

注意： 核算参数一经设定并结束初始化，将不能返回再修改。

三、系统设置（双击“系统设置”）

（1）单据编码规则（按系统默认设置）。

（2）其他：

1）审核人与制单人可为同一人。（供应链整体选项）

2）去掉“若应收应付系统未结束初始化，则业务系统发票不允许保存”的“√”。（供应链整体选项）

3）选择“外购入库生成暂估冲回凭证”选项，暂估冲回凭证生成方式：单到冲回。（核算系统选项）

四、资料维护（基础资料）

（一）增加两种币别

注意汇率小数点的切换（切换到英文标点状态），见表 A3—2。

表 A3—2　币别

币别代码	币别名称	记账汇率	折算方式	汇率类型
HKD	港元	0.81	原币×汇率＝本位币	浮动汇率
USD	美元	6.29	原币×汇率＝本位币	浮动汇率

（二）增加凭证字为“记”字

(三) 增加两个计量单位组及相应的计量单位

添加的计量单位组及相应的计量单位见表 A3—3。

表 A3—3　　计量单位组及相应的计量单位

计量单位组	代码	计量单位名称	系数
重量组	KG	公斤	1
	T	吨	1 000
数量组	J	件	1
	X	箱	50

注意：一个计量单位组，系统只默认一个计量单位，默认计量单位的系数为 1。此计量单位组中其他的计量单位都为辅助计量单位，辅助计量单位的系数是多少，则其为默认计量单位的多少倍。

操作要点：

(1) 如果计量单位组下有计量单位，必须先将计量单位删除，才能删除该计量单位组。

(2) 在设置物料信息时，物料只能获取默认的计量单位，所以用户有多少必须用的计量单位，则必须设置多少个计量单位组。

(四) 增加支票结算方式

增加的支票结算方式如表 A3—4 所示。

表 A3—4　　结算方式

代码	名称
JF06	支票

(五) 会计科目的维护

1. 增加会计科目

新增的会计科目如表 A3—5 所示。

表 A3—5　　新增会计科目

科目代码	科目名称	外币核算	期末调汇	数量金额辅助核算	核算项目
1002	银行存款	所有币别	√		
1002.01	建设银行	人民币			
1002.02	中国银行	美元	√		
1002.03	工商银行	港元	√		
1221	其他应收款				
1221.01	职员				职员
1403	原材料				
1403.01	甲材料			√(计量单位：公斤)	
1403.02	乙材料			√(计量单位：公斤)	
1801	长期待摊费用				
1801.01	报刊费				

续前表

科目代码	科目名称	外币核算	期末调汇	数量金额辅助核算	核算项目
6602	管理费用				
6602.01	工资及福利费				
6602.02	折旧费				
6602.03	通信费				部门、职员
5001	生产成本				
5001.01	工资及福利费				
5101	制造费用				
5101.01	折旧费				
5101.02	工资及福利费				
6001	产品销售收入				部门、职员、物料
6603	财务费用				
6603.01	利息				
6603.02	汇兑损益				

2. 会计科目的修改

会计科目的修改如表 A3—6 所示。

表 A3—6　　会计科目修改

科目代码	科目名称	往来业务核算	核算项目
1122	应收账款	√	客户
2202	应付账款	√	供应商

操作要点：

(1) 设外币核算的科目时．一定要注意选择相应币别，如果一级科目下有明细科目是按外币核算的，则一级科目要设为核算所有币别。

(2) 在会计科目下以挂接核算项目的方式设明细账，与在科目下直接增加明细科目得到的账簿结果是一样的，还可解决科目设置重复、臃肿的麻烦，但不是必须要这样设置，关键是要结合企业的实际情况灵活掌握。

(3) 设置数量金额辅助核算的物料明细科目时，注意必须先新增物料明细科目，再去系统资料维护处添加具体的“物料”资料，否则易出现错误信息。若客户已购买 K/3 购销存业务模块，则不需要在存货科目下新增明细科目，只要通过修改会计科目功能，在一级科目里利用核算项目卡片挂接物料辅助核算即可。另外，别忘了在设数量金额明细科目时选择计量单位组和缺省单位。

(4) 如果录入明细科目后在系统资料界面看不到，在“工具”菜单下选择“选项”中的显示明细科目一项即可。

(六) 新增相关核算项目资料

1. 新增“部门”资料

新增的部门资料如表 A3—7 所示。

表 A3—7 部门资料

代码	名称
01	财务部
02	行政部
03	销售部（上级组）
03.01	销售一部
03.02	销售二部
04	生产部
05	仓管部

2. 新增“职员”资料

新增的职员资料如表 A3—8 所示。

表 A3—8 职员资料

代码	名称	部门
001	张华	财务部
002	李萍	行政部
003	王林	销售一部
004	赵立	销售二部
005	刘红	生产部
006	孙晴	生产部
007	高起	仓管部

3. 新增“供应商”资料

新增的供应商资料如表 A3—9 所示。

表 A3—9 供应商资料

代码	名称
01	海珠区（上级组）
01.01	恒星公司
01.02	南方公司
02	白云组（上级组）
02.01	王码公司
02.02	强发公司
03	IBM 公司

4. 新增“客户”资料

新增的客户资料如表 A3—10 所示。

表 A3—10 客户资料

代码	名称
01	天河区（上级组）
01.01	长城公司

续前表

代码	名称
01.02	天达公司
02	越秀区（上级组）
02.01	宏碁公司
02.02	上海公司
03	SOP 公司

5. 新增“仓库”资料

新增的仓库资料如表 A3—11 所示。

表 A3—11　**仓库资料**

代码	名称	仓库属性	仓库类型
001	原材料仓	良品	普通仓
002	半成品仓	良品	普通仓
003	产成品仓	良品	普通仓
004	待检仓	在检品	在检仓
005	赠品仓	良品	赠品仓
006	代管仓	良品	代管仓

6. 新增“物料”资料

对于未购买 K/3 业务流程模块，需要利用总账系统对某些存货科目进行简单的数量金额核算的用户，在设“物料”核算项目的具体内容时要注意，必须先设好相关存货明细科目后再去添加“物料”核算项目，否则，新增加的存货明细不能进行真正的数量金额辅助核算。

已购买 K/3 业务流程模块的用户则无须在总账系统设置存货的明细科目，只要在存货一级科目里挂接“物料”核算项目即可。详见表 A3—12。

表 A3—12　**物料资料**

先设上级组 01 材料
02 产品

代码	名称	属性	计量单位	计价方法	存货科目	销售收入	销售成本
01.01	甲材料	外购	公斤	加权平均	1 403.01	6 051	6 402
01.02	乙材料	外购	公斤	加权平均	1 403.02	6 051	6 402
02.01	A 产品	自制	件	加权平均	1 405	6 001	6 401
02.02	B 产品	自制	件	加权平均	1 405	6 001	6 401

注意：以上新增的系统资料如有错误，可通过工具栏“属性”按钮修改，或用“删除”按钮删除，但如果录入初始数据后系统不允许再修改或删除这些会计科目，客户可通过“禁用”功能将有错、不再使用且不能修改或删除的系统资料禁止使用。其具体操作为：在系统资料维护里，指定某一具体系统资料，按右键选择“禁用”即可。

五、初始余额录入

操作菜单：系统设置——初始化——存货核算——初始数据录入。

初始余额录入见表 A3—13。

表 A3—13 初始余额

代码	名称	起初数量	起初金额
01.01	甲材料	1 000	20 000
01.02	乙材料	500	50 000
02.01	A产品	0	0
02.02	B产品	0	0

操作要点：

（1）录入初始化数据时，首先要选择具体的仓库，分不同的仓库录入数据。在此不能直接选择“全部仓库”，否则无法录入数据。

（2）物料的计价方法如采用先进先出法、后进先出法或分批认定法，则在录入初始数据时必须通过双击“批次/顺序号”进行输入。

（3）把录入的初始数据与总账的存货科目数据核对，确认无误后再启用系统。

六、录入初始单据并进行单据审核

（1）2011 年 12 月 14 日收到恒星公司发来甲材料（01.01）100 公斤，暂估价为 20 元（原材料仓）。

（2）2011 年 12 月 30 日向长城公司发出乙材料（01.02）100 公斤，单价为 100 元（从原材料仓发出）。

操作要点：

在执行启用业务系统操作时，必须保证单据已审核才能启用。

启用业务系统

注意：业务系统一旦启用，初始数据就不能进行修改。

第 3 节　供应链系统日常处理

一、采购管理系统

目的：掌握 K/3 采购系统的日常业务处理工作，熟悉业务的操作流程。

要求：

（1）根据以下业务资料进行采购系统各种业务单据的制作。

（2）进行采购单据的审核。

（3）进行采购发票的钩稽。

（4）掌握各种账表的查看技巧。

资料：

1. 货到单未到

行政部人员李萍于 2012 年 1 月 3 日向南方公司订购甲材料 1 000 公斤，单价 20 元（不含税价）。2012 年 1 月 10 日货到，当日行政部门通知仓库入库，仓库管理员高起经检验合格后入库（原材料仓）。2012 年 1 月 10 日南方公司开出增值税发票。

业务流程：采购申请单→采购订单→收料通知单→外购入库单→采购发票。

2. 暂估入库

行政部人员李萍于 2012 年 1 月 10 日向王码公司订购乙材料 1 000 公斤，单价 100 元（不含税价）。2012 年 1 月 11 日货到，当日行政部门通知仓库入库，仓管人员高起检验合格后入库（原材料仓）。

业务流程：采购订单→收料通知单→外购入库单→采购发票（下月发票到后做）。

3. 单货同到

行政部人员李萍于 2012 年 1 月 20 日向王码公司订购乙材料 100 公斤，单价 110 元（不含税价）。2012 年 1 月 25 日货到，当日行政部门通知仓库入库，仓管人员高起入原材料仓。同日收到王码公司开出的增值税发票。

业务流程：采购申请单→采购订单→收料通知单→外购入库单→采购发票。

4. 单先到货后到

行政部人员李萍于 2012 年 1 月 5 日向南方公司订购甲材料 100 公斤，单价 30 元（不含税价）。2012 年 1 月 27 日收到南方公司开出的增值税发票，次日货到，行政部门通知仓库入库，高起验收入库（原材料仓）。

业务流程：采购订单→采购发票→收料通知单（从采购发票获取）→外购入库单。

5. 退货业务

仓管人员高起发现 2012 年 1 月 25 日向王码公司购入的乙材料有质量问题，决定并于 2012 年 1 月 29 日从原材料仓退货。2012 年 1 月 30 日王码公司开出红字增值税发票。

业务流程：红字外购入库单→红字采购发票。

6. 收到部分货物

行政部人员李萍于 2012 年 1 月 6 日向强发公司订购 A，B 产品各 1 000 件，单价分别为 500 元、800 元（不含税价）。2012 年 1 月 8 日收到强发公司发来 A，B 产品各 500 件，行政部门通知仓库入库，仓管人员高起验收入库（原材料仓）。

业务流程：采购订单→收料通知单→外购入库单。

7. 代管物资业务

2012 年 1 月 30 日收到南方公司发来的代管物资甲材料 100 公斤，入代管仓。

业务流程：通过收料通知单做代管仓入库。

8. 受托代销业务

（1）2012 年 1 月 25 日收到受托方南方公司发来的 A 产品 100 件，单价 500 元。

（2）2012 年 1 月 28 日代销给天达公司 50 件，单价 700 元。

（3）2012 年 1 月 10 日把未销售完的 A 产品 50 件退回给受托方南方公司。

业务流程：收料通知单→外购入库单→采购发票→销售出库单→销售发票→退料通知单。

处理方法：

（1）收到受托商品时，做一张收料通知单，注意此时的仓库应当是待检仓，如没有建立待检仓，则要先增加待检仓。

（2）销售受托商品时，要从待检仓转出相同数量的商品，先做外购入库单，入库单必须选择（待检仓）收料通知单关联，入实仓，同时生成采购发票（此发票是与委托方的结算发票），还要做一张实际的销售发票和销售发出单，发给目标客户。

（3）当还有受托商品要退回给受托方时，只要再做一张退料通知单，从待检仓发回给受托方。

操作要点：待验仓只核算数量，不核算金额。

二、销售管理系统

目的：掌握K/3销售系统的日常业务处理工作，熟悉业务的操作流程。

要求：

（1）根据以下业务资料进行销售系统各种业务单据的制作。

（2）进行销售单据的审核。

（3）进行销售发票的钩稽。

（4）掌握各种账表的查看技巧。

资料（以下业务如无具体说明，作为赊销处理）：

1. 开票与发货同时进行

天达公司于2012年1月10日向销售二部销售人员赵立订购A产品10件，销售价700元（不含税价）。2012年1月13日销售部通知仓库发货，同日仓库发货，销售部开具销售发票。

业务流程：销售订单→发货通知单→销售出库单→销售发票。

2. 先开票后发货

长城公司于2012年1月15日向销售二部销售人员赵立订购B产品20件，销售价1 000元（不含税价）。2012年1月17日销售部开具销售发票，2012年1月20日销售部通知仓库发货，同日仓库发货。

业务流程：销售订单→销售发票→发货通知单（从销售发票获取）→销售出库单。

3. 销售退货

长城公司购买的B产品5件，因有质量问题于2012年1月23日退货，同日仓库将退回货物入库。销售部于2012年1月1日开出红字发票。

业务流程：红字销售出库单→红字销售发票。

4. 现销

2012年1月25日天达公司向销售员王林购买A产品5件，销售价750元（不含税价）。同日销售部开具销售发票并发货。货款即时支付。

业务流程：销售发票→发货通知单（从销售发票获取）→销售出库单。

5. 销售分次发货

2012年1月27日长城公司向销售员赵立购买A产品50件，销售价1 100元（不含税价）。货物分别在1月28日发出10件，1月30日发出40件。月末开出销售发票。

业务流程：销售出库单（分两张单录入）→销售发票（获取单据时同时选择两张单据关联生成）。

操作要点：

获取单据时，如需选择多张单据，可按 Ctrl 或 Shift 键选择单据。

6. 分期收款销售业务

2012 年 1 月 26 日销售员赵立以分期收款方式向天达公司销售 B 产品 30 件，销售价 115 元（不含税价）。约定 2012 年 1 月 30 日向天达公司收取第一期 B 产品 10 件的货款，并开具相应的销售发票。

业务流程：销售出库单→（收款时做）销售发票。

操作要点：

制作凭证时，要注意凭证模板的设置，在结转分期收款销售收入的同时，要将分期收款发出商品结转为销售成本。

钩稽发票时，出库单的本次钩稽数量为开票的数量，与实发数量并不一致。

三、仓存管理系统

目的：掌握 K/3 仓存系统各种出入库业务单据的制作；库存盘点的操作流程等日常业务处理方法。

要求：

（1）根据以下资料进行仓存系统各种出入库业务单据的制作。

（2）对仓库进行期末库存盘点，并进行库存数量调整。

（3）掌握各种账表的查看技巧。

资料：

1. 生产领料单

生产部刘红于 2012 年 1 月 10 日向仓库领用甲材料 100 公斤。

2. 生产退料（红字生产领料单）

生产部刘红于 2012 年 1 月 15 日退回甲材料 10 公斤到原材料仓。

3. 产品入库单

生产部孙晴于 2012 年 1 月 20 日入库 A 产品 100 件，B 产品 100 件。

4. 委外加工出库单

2012 年 1 月 17 日刘红领用甲材料 500 公斤，发送到天达公司加工。

5. 委外加工入库单

2012 年 1 月 25 日天达公司将加工好的 A 产品 100 件送回原材料仓。

业务流程：委外加工出库→委外加工入库。

6. 调拨单

2012 年 1 月 26 日发现 A 产品应该入产成品仓，而现在入了原材料仓，现更改重新入库。

7. 盘盈、盘亏单

企业于 2012 年 1 月 30 日进行仓库盘点，发现实际库存甲材料比账面多 50 公斤，A 产品比账面少 80 件，作盘盈、盘亏处理。

8. 其他出库单

销售人员赵立于 2012 年 1 月 31 日从产成品仓库领取了 3 件 A 产品送给客户上海公司。

四、存货核算系统

目的：掌握 K/3 存货核算系统各种出入库核算；凭证制作；期末结账等处理方法。

要求：

(1) 根据以下资料进行存货系统各种出入库核算。

(2) 制作各种业务的凭证模板，生成各种业务凭证。

(3) 进行期末结账、期末存货的金额调整。

(4) 掌握各种账表的查看技巧。

资料：

(1) 企业本月共发生了 800 元采购运输费，按采购物料的金额分摊入物料的入库成本，并确定本月发生的外购物料的入库成本（外购入库核算）。

(2) 确定企业自制产品的入库成本，经过核算确定：A 产品 500 元，B 产品 800 元（自制入库核算）。

(3) 企业 2012 年 1 月 25 日委外加工后物料入库，确定其成本 510 元（委外加工入库核算）。

(4) 计算本月红字出库产品的成本，根据产品入库计算成本，B 产品销售退回单位成本为 800 元（红字出库核算）。

(5) 财务人员根据甲材料的入库成本确定其盘盈成本 20 元/公斤。

(6) 计算本月发出材料的成本（材料出库核算）。

(7) 计算本月发出产品的成本（产品出库核算）。

(8) 生成本期发生的业务凭证（记账凭证管理）。

业务流程：制作凭证模板→生成凭证→修改凭证→审核凭证。

(9) 金额调整单（在存货核算系统的期初余额调整项中做）。

企业于 2012 年 1 月 31 日发现账上甲材料的金额比实际少了 300 元，但数量正确。

补充说明：

a. 在制作产品入库凭证前必须说明一点，当所有生产的费用归集到生产成本后，财务人员先手工在总账中做一张凭证：

借：生产成本——成本汇总

　贷：生产成本——直接材料

　　　　　　——工资及福利费

　　　　　　——制造费用

其次，在设定产品入库单凭证模板时，分录为：

借：产成品

　贷：生产成本——成本汇总

b. 在设定模板时，以采购发票为例进行操作，分录为：

借：材料采购

　　应交税金——应交增值税——进项税（发票税金）

　　　　　　——应交增值税——进项税（运费税金）

　贷：应付账款

　　　银行存款

采购发票模板设定如表 A3—14 所示。

表 A3—14　　采购发票模板

科目来源	科目	借贷方向	金额来源	摘要	核算项目
单据上物料的存货科目		借	采购发票不含税金额	外购材料	
凭证模板	应交税金——进项税	借	采购发票税金		
凭证模板	应交税金——进项税	借	采购发票运费税金		
凭证模板	应付账款	贷	采购发票价税合计		供应商
凭证模板	银行存款	贷	采购费用		

（10）期末结账。

操作要点：

如果本期还有未处理的出入库单据，则不能结账。

实验四 电子政务

Experiment 4

实验环境：能运行 Windows 2003 以上版本的微型计算机，能连接互联网。

实验内容：本实验包括政府信息化现状调查和政府网站评估两部分，具体实验要求如下。

第1节 政府信息化

一、实验目的

（1）了解政府信息化的现状及意义。

（2）国内外政府门户网站设计的比较分析。

（3）通过对国内外政府网站的比较分析及对国内各级政府信息化的了解，思考我国政府信息化工作未来的改革方向。

二、实验内容与要求

（1）通过搜索引擎搜索国内政府相关网站，并登录浏览，了解相关栏目的设置，查阅相关文件和资料。例如，通过百度搜索中国政府门户网站，如图 A4—1 所示。类似地，可搜索其他各级政府网站，了解其相关栏目设置和文件资料。

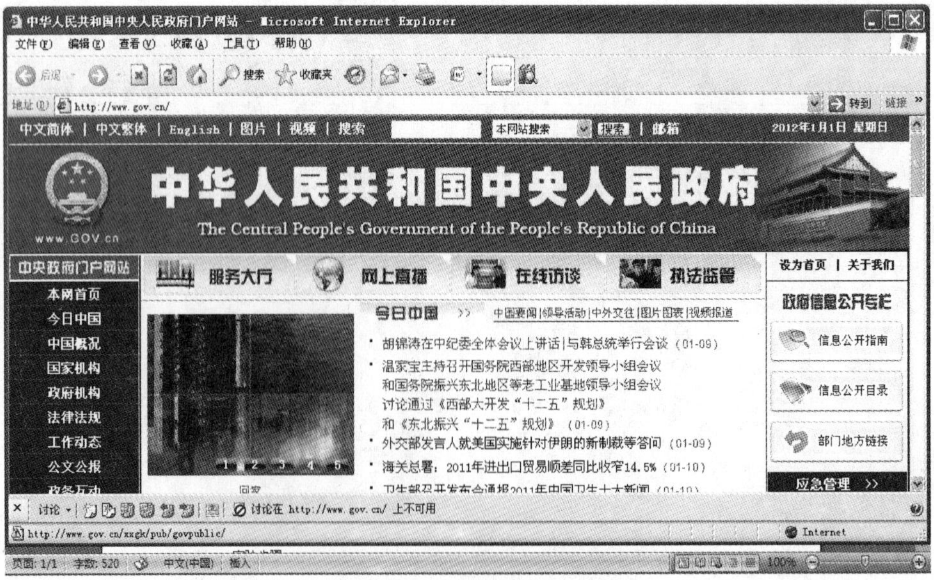

图 A4—1 中国政府网站首页

（2）通过搜索引擎搜索国外政府相关网站，并登录浏览，了解相关栏目的设置，查阅相关文件和资料。例如，通过 Google 搜索美国政府门户网站，如图 A4—2 所示。类似地，可搜索其他各级政府网站，了解其相关栏目设置和文件资料。

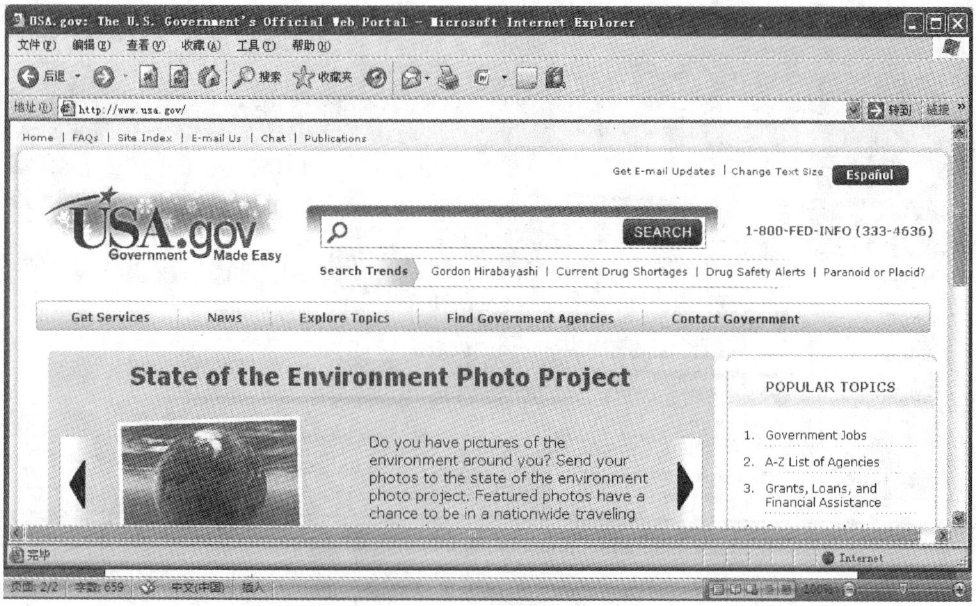

图 A4—2　美国政府网站首页

（3）搜索电子政务研究的相关网站，对其进行分析，了解电子政务的研究方向，如中国电子政务网（见图 A4—3）、电子政务研究网（见图 A4—4）等。类似地，可搜索其他相关网站。

图 A4—3　中国电子政务网首页

图 A4—4 电子政务研究网首页

（4）由学生自主搜索电子政务的相关网页和栏目，根据搜索信息，对国内外政府信息化的特点和发展状况、框架设计等问题进行总结，并思考我国政府信息化工作未来的改革方向和可采取的措施。

第 2 节 政府网站评估

一、实验目的

（1）深入了解部分政府网站。

（2）进一步熟悉政府网站的构架。

（3）了解网站评估的方法，对具体网站进行有效的评估。

二、实验内容与要求

1. 评估对象的确定

选择自己熟悉的两个或两个以上政府网站作为评估对象。

2. 建立网站评估指标体系及评分规则

从网上搜索政府网站评估指标体系，根据自己选择的政府网站，构建适合的指标体系。指标体系及评分规则如表 A4—1 所示，设置的指标体系可为多级指标体系。

表 A4—1　　政府网站评估指标体系表

一级指标	二级指标	评分说明（指标量化的标准：用数字表示得分）
信息上网	政府公告	政府公文网络版只有一年以前的：1；有最近一年内的：2；有最近三个月的：3；有最近一个月的：4；无此栏目或有栏目但无内容：0。
	政策法规	国家、省（自治区、直辖市）、市三级法规中，如果全有记为3，只有其中两种记为2，只有一种记为1；若市级法规中能明显见到最近三个月的，在前面的基础上再加1分；无或有栏目但无内容：0。（若链接到其他网站的数据库，也可认为有政策法规）
	政务新闻	有：1；无或有栏目但无内容：0。（政务新闻的更新放在时效性中考察）
	机构设置与职责说明	有机构设置：1；有所辖部门职能简介：2；无或有栏目但无内容：0。
	本地概览	有：1；无或有栏目但无内容：0。
网上信息使用指南	办事指南	按照职能部门分和按照事务项目分，两者都有：2；只有一个：1；无或有栏目但无内容：0。（注：办事指南可能分散在各职能部门的网页内）
	网上查询	新闻查询、政策法规查询、办事指南查询中有一项：1；有两项：2；有三项：3；不能使用或根本没有：0。
	便民服务	天气预报（如果不是当天的视为无）、交通信息、费用查询、电话号码查询、人才市场等按有的项数记分，有几项记几分；有除此之外的信息，加1分。
	网上导航和返回首页	网站导航和返回首页有一项：1；有两项：2；无：0。
	特殊界面服务	有：1；无：0。
网上办公	网上咨询	设置栏目：1；可用：2；无：0。
	网上申报	设置栏目：1；有办事程序：2；提供表格下载：3；在线提交：4；结果查询：5；无：0。
	网上审批	设置栏目：1；办公程序：2；在线审批：3；结果查询：4；无：0。
	政府网上采购	（与政府采购网的链接也算）栏目设置：1；采购信息发布：2；采购招标：3；采购合同：4；无：0。
对外经济服务	招商信息	按投资政策、投资项目、投资程序、投资服务机构中有的项数记分，有几项记几分；无：0。
	旅游信息	按旅游景点、旅行社或酒店信息、交通信息中有的项数记分，有几项记几分；无：0。
互动性	政府信箱	有此栏目：1；网站上有回复信息：2；做 E-mail 测试时一周内有回复（衡量回复的速度）：3；无：0。
	交流论坛	设置栏目：1；可实现交流的：2；无：0。
	网上监督	有：1；无：0。
链接情况	与省内地级市	链接正确有效：1；链接无效或没有：0。
	与上级部门	链接正确有效：1；链接无效或没有：0。
	与所辖区县	链接正确有效：1；链接无效或没有：0。
	与下属部门	链接正确有效：1；链接无效或没有：0。

续前表

一级指标	二级指标	评分说明（指标量化的标准：用数字表示得分）
网络安全	网络安全条款	有：1；无：0。
	网络安全措施	有：1；无：0。
时效性	时效性	新闻更新速度，一个月以内的：1；一周以内的：2；三天以内的：3；一天以内的：4；一个月以前的：0。
国际化程度	外文版本	无外文版标记：0；有外文版标记但无网页：1；只有1或2个页面：2；有2～10个页面：3；10个页面以上：4。同时记下外语语种（含繁体字）。最后评分时按所有语种中得分最高者算。
隐私性	隐私信息保护条款	有：1；无：0。

3. 评估分析

根据表A4—1中的指标体系及评分原则，对选择的网站进行评估。评估从以下三个方面进行：

（1）根据各个指标的得分，对所选网站各个指标分别进行比较分析。

（2）根据各个指标的得分，计算各网站的总分，然后进行综合的比较分析。

（3）根据各个指标及综合分析，提出政府网站的改进方向。

实验五 电子商务

Experiment 5

实验环境：能运行 Windows 2003 以上版本的微型计算机，能连接互联网。

实验内容：本实验包括网上购物和网上开店两部分，具体实验要求如下。

第 1 节　网上购物

一、实验目的

（1）了解电子商务的不同类型。

（2）通过体验淘宝网购物过程，理解 B2C 电子商务的原理。

（3）触类旁通，熟练应用各类电子商务网站。

（4）进一步认知电子商务与管理信息系统的关系。

二、实验内容与要求

1. 注册登录

（1）打开淘宝网网站（http：//www. taobao. com/），按照淘宝网的要求注册，成为淘宝网的注册会员。

（2）点击“免费注册”，打开页面如图 A5—1 所示。

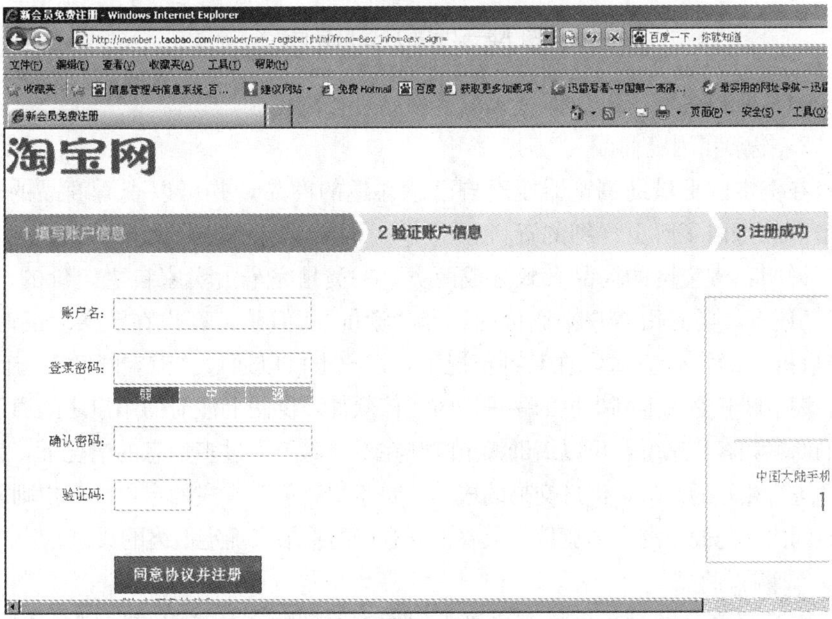

图 A5—1　注册界面

按提示填写和完成相应信息。

说明：在注册时，客户的地址、联系方式等信息尽量认真、详细填写，因为这些信息可能会在客户购买商品时用到。客户还应根据自己的需要选择支付方式，在客户确定购买商品之前，需要激活自己的支付宝账户。

(3) 点击“登录”，打开页面如图 A5—2 所示。

图 A5—2 用户登录界面

填写账户名和密码后即进入淘宝网站进行浏览和购物。

2. 搜索和浏览商品

在淘宝网上借助浏览器搜索自己感兴趣的商品，并可以查看商品的一般信息。单击商品可以了解更详细的资料。

说明：淘宝网的商品大致分成两类，一类是完全由卖家自主定价的，即“一口价”，还有一类是由客户来竞价的，即“竞价”。但是，客户在购买商品时，如果是“一口价”的定价方式，在某种情况下，客户也可以通过“淘宝旺旺”与商家商量价格。淘宝旺旺是淘宝网提供的一种即时通信软件，供网上注册的用户之间通信。对于一般的商家和客户来说，可以借助淘宝旺旺在不泄露个人过多信息的情况下，针对产品或服务进行相互的交流，促进交易的成功。对于“竞价”方式的定价，客户则需要在规定的时间内参与商家的商品竞价，最终根据竞价的结果来确定最终的买家。

3. 购买商品

在选择商品的过程中，客户可以根据查看到的商品信息来决定是否购买，如果确定购买，便将商品放入“购物车”。

4. 用支付宝付款

在客户确定需要购买选择的商品后，打开淘宝网的“结算中心”，选择适合自己的支付方式，通过支付宝付款。客户在使用支付宝付款时，需要确认一下自己需要的发货方式、收货地点、联系方式等信息。

说明：支付宝（中国）网络技术有限公司是国内领先的独立第三方支付平台，由阿里巴巴集团创办。它为中国电子商务提供“简单、安全、快速”的在线支付解决方案，始终以“信任”为产品和服务的核心，不仅从产品上确保用户在线支付的安全，同时让用户通过支付宝在网络间建立起相互的信任，为建立纯净的互联网环境迈出了非常有意义的一步。

采用支付宝付款，买家需要注册一个支付宝账户，利用开通的网上银行给支付宝账户充值，或者使用更简单快捷的支付宝卡通，然后用支付宝账户在网站上购物并使用网上支付将货款汇给支付宝公司，支付宝公司收到支付的信息后，卖家才会发货，买家收到商品后在支付宝上确认，支付宝公司收到买家确认收货并满意的信息后，最终给卖家付款。每个身份证可以授权五个支付宝账户。

5. 等待发货

客户使用支付宝付款以后，商家会根据客户选择的发货方式发货，同时，客户需要根据不同的发货方式等待一定的时间收货。

6. 客户收货

客户在等待一段时间后，商品通过物流运输方式送达客户选择的收货地点，客户会根据自己选择的商品来验货和确认收货。

7. 确认支付

客户在收到货物后，需要再次通过支付宝证实自己是否收到货物，如果确认收到货物，客户则需要确认支付。

8. 商家评价

最后，客户还可以根据商家提供的服务和产品的情况，给商家一定的评价。这样就基本完成了一次淘宝网的购物过程。

9. 尝试在京东商城、凡客等网站上进行网上购物练习

第2节　网上开店

一、实验目的

(1) 了解网上开店流程。

(2) 体验网上开店。

(3) 深刻认识电子商务、管理信息系统与信息资源管理的关系。

二、实验内容与要求

1. 注册登录

同第1节。

说明：在注册时，商家需要按淘宝网的注册要求提交相关的身份信息，如地址、联系方式、身份证号码等。在相关信息通过淘宝网的注册审核后，商家才能进行下一步的操作，同时，商家还应根据自己的需要选择收款方式，激活自己的支付宝账户。

2. 申请支付宝认证

(1) 打开淘宝网，并进入“我的淘宝”进行认证操作。

(2) 选择支付宝认证，登录“我的支付宝”账户，在“我的支付宝”账户的首页选择“申请认证”；可以选择“支付宝卡通”和“其他方式认证”两种方式，这里以选择“其他方式认证”为例。在完成上面的操作单击“立即申请”后弹出填写身份证件信息的网页，填写自己的身份证证件号和真实姓名，以及一些相关个人信息和银行账户信息，完成后核对并单击“提交”，等待审核通过即完成申请认证。

3. 发布商品

打开淘宝网并登录，选择“我要卖”，商家需要从“一口价”和“拍卖”两种发布方式中选择一种发布方式。

例如，以“一口价”方式发布产品。需要选择出售产品的类目，类目应和产品的属性类别相对应，然后确认，继续正确地填写出售商品的详细信息，以便买家可以方便地找到商家的产品。如果商家发布的产品达到 10 件（不同的产品），则可以选择免费开店。商家可以根据淘宝网的提示来完成整个创建店面的过程，这样商家就可以拥有自己的店面。在创建完自己的店面后，商家需要记住自己店面的地址和相关信息。

4. 发货

(1) 登录“我的淘宝”，单击“已卖出的宝贝”，找到需要发货的订单，单击“发货”，然后选择物流公司，单击“确认”完成下单操作。

(2) 物流公司揽收货物后，填写物流单号并确认之后即完成了发货的操作。

(3) 发货操作完成后，商家即可在“我的淘宝　已卖出的宝贝”中查询交易的买家是否收到货物。

5. 评价和提现

(1) 登录自己的支付宝账户，选择“提现”，将账户上的资金转到指定银行的账户上去，在 1～2 个工作日内，相应的款项将打到指定的账户。

(2) 当交易状态是“交易成功”时，商家便可根据实际情况给买家一个诚实的评价。

6. 选择登录其他你知道的网站，了解电子商务的其他开店模式并进行体验

主要参考文献

1. 孙滨丽．管理信息系统基础．北京：清华大学出版社，2008.

2. 宋克振，张凯．信息管理导论．北京：清华大学出版社，2012.

3. 娄策群．信息管理基础．2 版．北京：科学出版社，2009.

4. 毛基业，郭迅华，朱岩．管理信息系统——基础、应用与方法．北京：清华大学出版社，2011.

5. 张凯．信息资源管理．北京：清华大学出版社，2007.

6. 张小川．管理信息系统．北京：电子工业出版社，2009.

7. 葛世伦．企业管理信息系统——理论　方法　模型．北京：科学出版社，2010.

8. 张士玉．信息管理与信息系统专业导论教程．北京：清华大学出版社，2009.

9. 斯蒂芬·哈格，梅夫·卡明基．信息时代的管理信息系统（第 8 版）．北京：机械工业出版社，2011.

10. 薛华成．管理信息系统．5 版．北京：清华大学出版社，2007.

11. 张友生．系统分析师教程．北京：清华大学出版社，2010.

12. 童继龙等．P 道理：ERP 项目实施手记．北京：清华大学出版社，2011.

13. 周三多等．管理学——原理与方法．5 版．上海：复旦大学出版社，2009.

14. 迈克尔·哈默．企业行动纲领．北京：中信出版社，2002.

15. 迈克尔·波特．企业战略管理．北京：华夏出版社，2005.

16. 张刚．管理学基础文献选读．杭州：浙江大学出版社，2008.

17. 李·克拉耶夫斯基，拉里·里茨曼．运营管理——流程与价值链（第 7 版). 北京：人民邮电出版社，2007.

18. 黄梯云．管理信息系统．4 版．北京：高等教育出版社，2009.

19. Kenneth C. Laudon，Jane P. Laudon. 管理信息系统——网络化企业的组织与技术（第六版）．北京：高等教育出版社，2001.

20. 甘仞初．管理信息系统．北京：机械工业出版社，2001.

21. 麦克劳德．管理信息系统．北京：北京大学出版社，2006.

22. 周山芙．管理信息系统．2 版．北京：中国人民大学出版社，2004.

23. 普斯特，安德森．管理信息系统：解决商务问题的信息方案（第 3 版（影印版)). 北京：清华大学出版社，2005.

24. 蔡淑琴．管理信息系统．北京：科学出版社，2006.

25. 甘仞初．信息系统开发．北京：经济科学出版社，2000.

26. 姚家奕．管理信息系统．2 版．北京：首都经济贸易大学出版社，2007.

27. （美）项目管理协会．项目管理知识体系指南（第四版）．北京：电子工业出版社，2009.

28. 郭东强．现代管理信息系统．北京：清华大学出版社，2006.

29. 倪庆萍．管理信息系统原理．北京：清华大学出版社，2006.

30. 胡运机．管理信息系统．北京：清华大学出版社，2005.

31. 戈登·B·戴维斯．布莱克韦尔管理信息系统百科辞典．北京：对外经济贸易大学出版社，2001.

32. Ralph M. Stair，George W. Reynolds. 信息系统原理．北京：机械工业出版社，2005.

33. 郭劲光．电子政务实验．大连：东北财经大学出版社，2008.

34. 李兴国．管理信息系统案例．北京：清华大学出版社，2010.

35. 高阳等编译．管理信息系统——商务驱动的技术．北京：高等教育出版社，2011.

图书在版编目（CIP）数据

管理信息系统/贺盛瑜等主编．—北京：中国人民大学出版社，2012.12
高等院校精品课程教材
ISBN 978-7-300-16717-6

Ⅰ．①管… Ⅱ．①贺… Ⅲ．①管理信息系统-高等学校-教材 Ⅳ．①C931.6

中国版本图书馆 CIP 数据核字（2012）第 279954 号

高等院校精品课程教材
管理信息系统
贺盛瑜　孙艳玲　主编
Guanlixinxi Xitong

出版发行 中国人民大学出版社
社　　址 北京中关村大街 31 号　　**邮政编码** 100080
电　　话 010－62511242（总编室）　　010－62511398（质管部）
010－82501766（邮购部）　　010－62514148（门市部）
010－62515195（发行公司）　　010－62515275（盗版举报）
网　　址 http://www.crup.com.cn
http://www.ttrnet.com(人大教研网)
经　　销 新华书店
印　　刷 北京昌联印刷有限公司
规　　格 185 mm×260 mm　16 开本　　**版　　次** 2012 年 12 月第 1 版
印　　张 18.25 插页 1　　**印　　次** 2021 年 1 月第 4 次印刷
字　　数 420 000　　**定　　价** 35.00 元

教师教学服务说明

中国人民大学出版社工商管理分社以出版经典、高品质的工商管理、财务会计、统计、市场营销、人力资源管理、运营管理、物流管理、旅游管理等领域的各层次教材为宗旨。为了更好地服务于一线教师教学，近年来工商管理分社着力建设了一批数字化、立体化的网络教学资源。教师可以通过以下方式获得免费下载教学资源的权限：

（1）在“人大经管图书在线”（www.rdjg.com.cn）注册并下载“教师服务登记表”，或直接填写下面的“教师服务登记表”，加盖院系公章，然后邮寄或传真给我们。我们收到表格后将在一个工作日内为您开通相关资源的下载权限。

（2）如果您有“人大出版社教研服务网络”（http://www.ttrnet.com）会员卡，可以将卡号发到我们的电子邮箱，无须重复注册，我们将直接为您开通相关专业领域教学资源的下载权限。

如您需要帮助，请随时与我们联络：

中国人民大学出版社工商管理分社

联系电话：010-62515735，62515749，82501704

传真：010-62514775，62515732　　电子邮箱：rdcbsjg@crup.com.cn

通讯地址：北京市海淀区中关村大街甲59号文化大厦1501室（100872）

教师服务登记表

姓 名		□先生 □女士	职　称		
座机/手机			电子邮箱		
通讯地址			邮　编		
任教学校			所在院系		
所授课程	课程名称	现用教材名称	出版社	对象（本科生/研究生/MBA/其他）	学生人数
需要哪本教材的配套资源					
人大经管图书在线用户名					
院/系领导（签字）： 院/系办公室盖章					